Otto Pfleiderer

Religion und Religionen

Verlag
der
Wissenschaften

Otto Pfleiderer

Religion und Religionen

ISBN/EAN: 9783957005960

Auflage: 1

Erscheinungsjahr: 2015

Erscheinungsort: Norderstedt, Deutschland

Hergestellt in Europa, USA, Kanada, Australien, Japan
Verlag der Wissenschaften in Hansebooks GmbH, Norderstedt

RELIGION

UND

RELIGIONEN

RELIGION

UND

RELIGIONEN

VON

D. OTTO PFLEIDERER
PROFESSOR AN DER UNIVERSITÄT ZU BERLIN

MÜNCHEN

J. F. LEHMANN'S VERLAG

1906

Vorwort.

Die hiermit veröffentlichten Vorträge wurden im letzten Wintersemester an der Berliner Universität vor einem aus Studierenden aller Fakultäten und älteren Gastzuhörern bestehenden Publikum, einige davon überdies auch in einem Volkshochschulkurs gehalten. Die lebhafte Teilnahme, die sie beiderseits fanden, war mir ein erfreulicher Beweis dafür, wie sehr das Interesse für die religiösen Dinge heute in allen Kreisen im Wachsen begriffen ist.

Ich habe den Inhalt der frei gehaltenen Vorträge auf Grund einer stenographischen Nachschrift ohne wesentliche Änderungen für den Druck hergestellt, um den Eindruck des lebendigen Wortes auch für den Leser möglichst zu erhalten; nur die Zitate sind im Druck oft vollständiger gegeben, als es im Vortrag der knappen Zeit wegen möglich war. Der letzte Vortrag über den Islam konnte wegen des Semesterschlusses nicht mehr zur Ausführung kommen; hier aber durfte er um der Vollständigkeit willen nicht fehlen.

Es versteht sich von selbst, daß in dem engen Rahmen dieser Vorträge nur das Wesentliche aus dem reichen Stoff der Religionsgeschichte herausgehoben werden konnte. Ich ließ mich bei der Auswahl durch den Wunsch bestimmen, ein möglichst klares Bild von der Eigenart der einzelnen Religionen in ihrem Unterschied von- und Zusammenhang miteinander zu zeichnen. Zur Klarstellung der hierbei maßgebenden Gesichtspunkte dienen die einleitenden drei Vorträge. Für Leser, denen die philosophischen Reflexionen dieser ersten Vorträge ferner liegen, dürfte es sich vielleicht empfehlen, mit dem vierten zu beginnen, und erst nach der Lektüre des Geschichtlichen auch einen Blick auf die religionsphilosophischen Ausführungen zu werfen.

Im übrigen verweise ich auf mein größeres Buch: „Religionsphilosophie auf geschichtlicher Grundlage", 3. Aufl. 1896, und auf die Lehrbücher der allgemeinen Religionsgeschichte von Tiele, Chantepie de la Saussaye, Orelli und Menzies, wo auch die spezielle Literatur zu den einzelnen Religionen angegeben ist.

Groß-Lichterfelde, im März 1906.

Otto Pfleiderer.

Inhaltsverzeichnis.

Das Wesen der Religion.

Ehe wir die besonderen Religionen der Geschichte betrachten, müssen wir uns darüber verständigen, was wir unter der Religion überhaupt zu verstehen haben? Die einfachste Antwort auf diese Frage hat schon der alte Kirchenvater Lactantius mit der etymologischen Erklärung gegeben: „Religion ist die Gebundenheit an Gott durch das Band der Frömmigkeit." Diese Definition ist ganz richtig, nur bedarf sie näherer Bestimmungen, um ihre allgemeine Anwendbarkeit zu erweisen. Bekanntlich gibt es manche Religionen, die nicht an éinen Gott glauben, sondern an eine Mehrheit von Göttern oder Geistern oder auch an ein unbestimmtes Göttliches, eine Schicksalsmacht oder dgl. Wir werden also, damit unsere Definition auch auf diese Religionen passe, den Begriff „Gott" in einem allgemeinen Sinne zu fassen haben; sagen wir etwa so: das, woran sich der religiöse Mensch gebunden fühlt, ist eine übernatürliche, weltbeherrschende Macht. Freilich erhebt sich auch hiergegen sofort wieder der Einwand, daß die Götter der niederen Religionen doch nicht die „Welt" beherrschen, ja daß der Wilde diesen Begriff noch gar nicht kennt. Allerdings, der Begriff „Welt" in unserem Sinn, als Universum, setzt schon einen gebildeten Verstand voraus, wie wir ihn in den Anfängen der Menschheit noch nicht annehmen dürfen. Darum bleibt es aber doch richtig, daß schon der

Wilde „seine Welt", d. h. den Inbegriff seiner Erfahrungs-
gegenstände, an seinen Gott als die beherrschende Macht
gebunden glaubt. Die Gottheit ist eben überall die Macht,
die das Mannigfaltige des besonderen Daseins, den einzelnen
Menschen mit seiner Gesellschaftsgruppe und Naturumgebung, zu einem Ganzen verknüpft und dieses Ganze
irgendwie ordnend beherrscht.

Dieser überlegenen Macht gegenüber hat der Mensch
zunächst das Gefühl der Ohnmacht und der Abhängigkeit,
sein Wohl und Wehe weiß er von ihr abhängig. Das Wehe
wird ihm natürlich besonders fühlbar, und insofern ist es
nicht ganz unrichtig, wenn man gesagt hat: Die Furcht
war es zuerst, die Götter geschaffen hat. Aber doch ist das
nicht die ganze Wahrheit, denn so gut wie die Übel, die
er fürchtet, hat der Mensch auch die Güter, die er besitzt
oder erhofft, von jeher von der göttlichen Macht abhängig
gedacht, und so hat er sich nicht bloß durch Furcht, sondern auch durch Dankbarkeit und Vertrauen an sie gebunden gefühlt. Diese Seite des religiösen Gefühls hat
Goethe besonders betont in dem schönen Wort:

> „In unseres Busens Reine wogt ein Streben,
> Uns einem Höheren, Reineren, Unbekannten
> Aus Dankbarkeit freiwillig hinzugeben,
> Wir nennen's Frommsein."

Ein Wesen, dem ich mich in Dankbarkeit hingeben
kann, ist nicht bloß ein Gegenstand der Furcht, sondern
auch des Vertrauens. Damit aber wird die bloße Furcht
zur Ehrfurcht und das bloße Abhängigkeitsgefühl zum
Gefühl der Verpflichtung zum Gehorsam, zur freiwilligen
Unterordnung und Hingebung. Ehrfurcht und Pflichtgefühl haben wir auch höheren Menschen gegenüber, vor
deren Macht wir uns beugen und auf deren freundliche

Gesinnung wir vertrauen. Aber Menschen gegenüber ist dieses Gefühl der Gebundenheit doch immer ein bedingtes, weil sie bei aller Überlegenheit doch immer auch mit uns auf gleicher Linie der menschlichen Beschränktheit und Unvollkommenheit stehen. Anders ist's mit der göttlichen Macht, die das Ganze unserer Welt beherrscht: sie steht in unermeßlicher Überlegenheit über uns und allen unseresgleichen, ihr gegenüber fühlen wir uns unbedingt abhängig, zu unbedingter Unterordnung verpflichtet, mit allem unseren Sein und Wollen an sie gebunden. Insofern hatte Schleiermacher recht, wenn er das religiöse Gefühl als das der „schlechthinnigen Abhängigkeit" bestimmte. Doch kann diese Definition leicht zu dem Mißverständnis verleiten, als ob die Religion in einer unfreien, sklavischen Abhängigkeit bestände, die alle Freiheit ausschließe. Das ist aber durchaus nicht der Fall. Schon damit, daß wir uns zur Unterordnung unter die göttliche Macht v e r - p f l i c h t e t fühlen, ist ja gesagt, daß diese Unterordnung eine freie Tat unseres Willens ist, nicht ein Schicksal, das wir passiv erleiden, sondern eine Selbsttätigkeit, die von uns gefordert wird. Die unfreie Notwendigkeit herrscht nur in der Natur, ihre Gesetze vollziehen sich von selbst; im Menschen aber wird das Gesetz des Ganzen zur Forderung an den Willen, deren Erfüllung nicht erzwungen, sondern nur freiwillig geleistet werden kann und soll. Treffend hat Schiller diesen Unterschied ausgedrückt in dem bekannten Distychon:

„Suchst du das Höchste, das Größte? Die Pflanze kann es
dich lehren:
Was sie willenlos ist, sei du es wollend, das ist's!"

Dieses wollende Verbundensein mit Gott ist die Frömmigkeit, ist der Glaube, den der Apostel Paulus als einen „Gehorsam des Herzens" bezeichnet hat. Und weiter: indem der Mensch sich in freiem Gehorsam an Gott hingibt, fürchtet er nicht etwa, um seine menschliche Freiheit und Würde zu kommen, sondern im Gegenteil vertraut er darauf, im Bunde mit Gott erst recht frei zu werden von den Hemmungen und Nöten der Welt, von den Schranken und Banden der Natur um uns und den noch schlimmeren der Natur in uns. Das mancherlei Begehren und Fürchten des natürlichen Menschen ist seine Knechtschaft, die ihn unfrei und unglücklich macht; darin stimmt das Urteil der Bibel mit dem der Weisen aller Zeiten überein — ich erinnere an die Stoiker und an Spinoza. Zur Befreiung aber von dieser unseligen Knechtschaft und Erniedrigung unter die Natur führt die Erhebung über sie zu Gott, die Hingebung des eigenen Willens an den göttlichen Willen in Gehorsam und Vertrauen. „Gott zu gehorchen, ist Freiheit", hat schon Seneka gesagt.

Freilich wird der Sinn dieser Befreiung, der Inhalt dieses Glückes, das der Fromme bei Gott sucht und von Gott erhofft, gar sehr verschieden vorgestellt, je nach der Stufe der geistigen und sittlichen Entwicklung der Menschen. Von der Bitte der Naturvölker um die Hilfe ihrer Götter zur Besiegung ihrer Feinde oder um Regen und Fruchtbarkeit ihrer Felder bis zum Gebet des frommen Psalmdichters: „Schaff in mir, Gott, ein reines Herz und gib mir einen neuen gewissen Geist!" ist's gewiß ein weiter Weg, dessen Stationen wir in der Geschichte der Religionen überblicken werden. Aber bei aller inhaltlichen Verschiedenheit der in der Religion erstrebten Zwecke bleibt sich doch das immer gleich: der Mensch sucht im Bunde mit Gott Befreiung von den Schranken der Welt und von der Unruhe des eigenen Herzens. Sie kennen ja wohl das schöne Wort in Augustins Bekenntnissen: „Du hast uns zu dir hin geschaffen, darum ist unser Herz ruhelos, bis es zur Ruhe kommt in dir!" Man könnte darin das Thema der ganzen Religionsgeschichte finden, die Triebkraft und das Gesetz ihrer Entwicklung von den naiven Anfängen der Naturreligion an bis zur höchsten Höhe der Geistesreligion. Hierbei ist aber wohl zu beachten: um eine Entwicklung, sei es im natürlichen oder im geistigen Leben, nach ihrem innersten Sinn und Prinzip zu verstehen, darf man nicht ihre niedersten Formen zum Maßstab nehmen und zum Erklärungsgrund für das Ganze machen, sondern umgekehrt, im Höchsten, was zuletzt herauskommt, hat man den Schlüssel zu suchen zur Erklärung des Ganzen, also auch schon seiner niedersten Anfänge. Was die Art der Eiche sei, läßt sich noch nicht aus der Eichel erkennen, sondern erst aus dem erwachsenen Baum, und was es um das Wesen des Menschen sei, zeigt noch nicht das neugeborene Kind, sondern erst der gereifte Mann. So auch darf man, was es um das Wesen der Religion sei, nicht nach ihren niedersten Anfängen beurteilen, sondern nach ihren späteren Höhepunkten; da erst enthüllt und offenbart sich der tiefe Sinn, der zu Anfang noch als unbewußter Trieb im kindischen Spiel versteckt war. Leider wird das heute vielfach übersehen, daher die wunderlichen naturalistischen Theorien mancher Gelehrten, die mit emsigem Bemühen die rohen Anfänge der Religion durchstöbern, aber für das eigentliche Wesen derselben keinen Sinn zu haben scheinen. Ich nenne statt aller anderen nur Feuerbach, den bekanntesten und in seiner Art geistvollsten Vertreter dieser einseitigen Richtung, die so viel dazu beigetragen hat, die religionsgeschichtlichen Studien bei vielen Freunden der Religion mißliebig und verdächtig zu machen.

Aus der unleugbaren Tatsache, daß es auf den niederen Religionsstufen meistens sinnliche und selbstische Wünsche sind, deren Erfüllung durch Gebete und Opfer erstrebt wird, hat Feuerbach den Schluß gezogen, daß die Religion überhaupt nichts anderes sei als ein Erzeugnis des selbstischen Herzens und der träumenden Phantasie, die Götter die „Wunschwesen", die der Mensch sich erdichte, um über seine Ohnmacht sich hinwegzutäuschen. Wie sollen wir uns dann aber das Rätsel erklären, daß eine pure Täuschung doch bei allen Völkern durch die Jahrtausende hindurch sich erhalten konnte? und daß ein Gebilde der Unvernunft, des kranken egoistischen Herzens sich gerade als das wirksamste Mittel zur Überwindung des natürlichen Egoismus, zur Begründung und Erhaltung vernünftiger Sitte, Ordnung und Kultur, kurz als das Hauptmittel der sittlichen Erziehung der Menschheit erwiesen hat, wie die Geschichte der Religion dies unbestreitbar lehrt? Wenn doch auch hier das Wort gelten wird: „Aus ihren Früchten sollt ihr sie erkennen", so werden wir aus ihren vernünftigen Wirkungen doch wohl den berechtigten Schluß ziehen dürfen, daß die Religion nach ihrem innersten Wesen (freilich nicht ebenso nach ihren stets unvollkommenen Erscheinungsformen) nicht Täuschung, sondern höchste Wahrheit sei, und ihr Ursprung nicht in der Unvernunft des selbstischen Herzens, sondern in der Vernunft zu suchen sei, dieser göttlichen Anlage unseres Geschlechts, die unsere Befähigung und Bestimmung zur Erhebung über die Natur enthält.

Daß der Gottesgedanke unserer Vernunft notwendig angehöre, darin stimmen alle ernsthaften Denker von Platon und Aristoteles an überein. Wir unterscheiden zwei Betätigungsweisen der Vernunft. Als erkennende (theoretische) strebt die Vernunft nach harmonischer Ordnung aller unserer Vorstellungen durch Zurückführung alles besonderen Seins und Geschehens auf seinen allumfassenden einheitlichen Grund; diese einheitliche harmonische Ordnung und Verknüpfung alles Mannigfaltigen ist die Idee der W a h r h e i t , das Letzte der theoretischen Vernunft, das allem ihrem Erkennenwollen zugrunde liegt. Sodann aber richtet sich die Vernunft auch auf die begehrende Betätigung unserer Seele und sucht auch hier Ordnung und Harmonie herzustellen, indem sie alle besonderen Willensziele oder Zwecke gliedert nach ihrem Wertverhältnis, je nachdem sie nicht bloß Zwecke des einzelnen und für den Augenblick, sondern für alle und für immer sind; und auch hierbei befriedigt sich das Einheitsstreben der Vernunft erst durch die Unterordnung aller besonderen Zwecke unter éinen höchsten unbedingt wertvollen Zweck, das ist die Idee des G u t e n , des Seinsollenden, das Letzte der praktischen Vernunft, das allem vernünftigen Wollen und Streben als höchstes Strebeziel oder Ideal vorschwebt. Wird nun die Vernunft bei dieser Zweiheit von obersten Ideen, der Wahrheit einerseits und dem Guten andererseits, sich definitiv beruhigen können? Bedenken wir wohl, daß beides keineswegs unmittelbar sich deckt; im Gegenteil, in der Welt der Erscheinungen bildet beides immer einen mehr oder weniger bestimmten Gegensatz, das Ideal des Seinsollens ist ja nie eins mit dem wirklichen Sein, sondern verhält sich zur Wirklichkeit immer in gewissem Grade bekämpfend und verneinend. So scheint also die praktische Vernunft, deren Leitstern das Ideal des Guten ist, mit der theoretischen Vernunft, die es mit der Wahrheit des Seins zu tun hat, in einem unversöhnlichen Zwiespalt zu stehen. Und doch ist es nur éine und dieselbe Vernunft, die eine vollkommene Einheit und Harmonie unseres ganzen Geisteslebens herzustellen sucht; wird sie also bei der Zweiheit und Zwiespältigkeit der Ideen des Wahren und des Guten sich endgültig beruhigen können? Manche meinten, sie solle das tun, weil sich ja doch eine Lösung dieses Gegensatzes in einer höheren Einheit nie werde beweisen lassen. Gewiß, in der Welt des Vielen und Werdenden, des Raumes und der Zeit wird die letzte Einheit nie zu finden, der Gegensatz des Seins und Seinsollens nie völlig verschwunden sein. Ebendarum kann die Vernunft, will sie nicht sich selbst aufgeben, nicht anders, als über die Welt sich erheben zu einer letzten und höchsten Einheit, in der alle Gegensätze, auch der des Wahren und des Guten, geeinigt sind, — zu Gott.

Ja, Gott heißt das lösende Wort aller Welträtsel, auch des schwersten, das im Gegensatz des Seins und Sollens liegt; im Gottesgedanken findet das Einheitsstreben der Vernunft das Endziel, darin es zur Ruhe kommen kann, das ihr aber schon von Anfang an immer vorschwebte als das treibende Motiv und Regulativ alles ihres erkennenden und zweckesetzenden Denkens, das also recht eigentlich das A und O, die Voraussetzung und das Ziel aller ihrer Gedanken ist. Ebendarum aber, weil die Gottesidee die Voraussetzung der Wahrheit a l l e s unseres Denkens, der Grund des Zusammenhangs unseres g a n z e n Weltbildes ist, kann die Wahrheit dieser Idee nicht selbst wieder durch einzelne Gedankenreihen bewiesen, nicht als einzelnes Glied im Zusammenhang unseres Weltbildes aufgezeigt werden; das zu erwarten oder zu fordern, wäre einfach ein Selbstwiderspruch. Insofern bleibt es freilich immer dabei, daß Gott der Gegenstand des Glaubens ist und nicht eines durch Verstandesgründe beweisbaren Wissens.

Aber dieser Glaube ist nicht eine willkürliche Annahme,
etwa bloß auf Grund fremder Autorität oder gar mit Ver-
leugnung der Vernunft, sondern im Gegenteil, der Gottesglaube ist gerade die Offenbarung des innersten Wesens
der Vernunft überhaupt, ihrer über alle Willkür erhabenen
göttlichen Notwendigkeit, oder m. a. W. die Offenbarung
Gottes innerhalb des menschlichen Geistes. Natürlich
hebt diese „Offenbarung" die Selbsttätigkeit des Menschen
keineswegs auf, sie wird ihm ja nicht als eine fertige Gabe
zuteil, sondern als eine Aufgabe, als der unwiderstehliche
Drang, sich über alle Gegensätze des Endlichen zu erheben
zu der höchsten Einheit, die der Grund alles Seienden und
das Ziel alles Seinsollenden ist („von dem und durch den
und zu dem alles ist", Röm. 11, 36). Eben die Notwendigkeit dieser Aufgabe bürgt uns dafür, daß sie auch in irgend
welchem Grade lösbar ist; ist es ein göttlicher Geistesdrang,
der uns Gott zu suchen treibt, so ist es auch göttliche
Geisteskraft, die ihn uns wird finden lassen — finden
wenigstens so weit, als es uns Kindern der Zeit möglich
ist, den ewigen Geist zu erfassen, also immer nur annähernd,
nur unter der Hülle des Sinnbildes, nur im Spiegelbild des
Endlichen, nur im dunklen Rätselwort des ahnungsvollen
Geheimnisses. Aber so unzutreffend unsere Worte und so
unzulänglich unsere Begriffe für Gott sein und bleiben
mögen, die Wahrheit des Gottesglaubens selbst wird dadurch nicht erschüttert, ruht sie doch auf dem „Beweis
des Geistes und der Kraft" (I. Kor. 2, 4). Der Gottesglaube gibt unserer Vernunft die Bürgschaft für die Wahrheit seiner selbst und zugleich alles anderen Denkens und
Erkennens der Welt; er gibt unserem Gewissen die feste
Stütze seines Pflichtgefühls, gibt unserem Wollen den Mut
des Hoffens und unserem Handeln die Kraft des Vollbringens.

„Was kein Verstand der Verständigen sieht, das übet in Einfalt ein kindlich Gemüt!" Die schwerste Aufgabe des Menschenlebens ist es gewiß, den Ausgleich zu finden zwischen Notwendigkeit und Freiheit, zwischen der harten Wirklichkeit der Welt und den Idealen des hochstrebenden Herzens. Was dem Menschen dazu hilft, diese Aufgabe wenigstens annähernd zu lösen, das ist eben der Glaube an Gott, in dem jener Gegensatz ewig gelöst ist, weil er der Grund alles Seins und das Ziel alles Seinsollens zumal ist.

Also der Gottesglaube führt den Beweis seiner Wahrheit dadurch, daß er dem Menschen dazu verhilft, seine Bestimmung in der Welt zu erkennen und zu erfüllen. Aber er hilft nicht bloß Aufgaben zu lösen, er ist selbst auch — eben als die höchste Synthese, als die Einheit der tiefsten Gegensätze — das schwerste Problem, das der Menschheit aufgegeben ist, mit dem sie durch Jahrtausende der Geschichte hindurch gerungen hat und ferner zu ringen haben wird. „Es ist von Gott bestimmt, daß die Menschen Gott suchen sollen, ob sie etwa ihn fühlen und finden möchten, der ja nicht ferne ist von jedem von uns; denn in ihm leben und weben und sind wir" (Apostelgeschichte 17, 27). In diesem paulinischen Wort ist das Thema der ganzen Religionsgeschichte zusammengefaßt; sie ist ein stetes S u c h e n nach Gott, ein immer erneuter Versuch, ihn zu fühlen und zu finden, den Unergründlichen, der uns doch so nahe ist, den Unerfaßlichen, der uns doch alle als unser Lebenselement umfaßt. Daß nun bei diesen Versuchen, die höchste Einheit zu fühlen und zu finden, das Schwergewicht bald auf die eine, bald auf die andere Seite der in Gott geeinigten Gegensätze fiel, das läßt sich zum voraus erwarten, und ein Blick auf die Hauptformen der geschichtlichen Religionen bestätigt es. Zwei Gruppen stehen sich da gegenüber: die eine, die Gott in der Welt sucht, als den Grund des Seins, als das Wesen hinter den Erscheinungen, als das Gesetz der Notwendigkeit; die andere, die Gott denkt als das Ideal der Freiheit, als den überweltlichen Willen des Guten, als den Herrn und Lenker der Geschichte, durch die er seinen Zweck verwirklichen wird. Jene die Religionen der Innerweltlichkeit (Immanenz) oder des Pantheismus, bzw. Polytheismus, diese die Religionen der Überweltlichkeit (Transszendenz) oder des Monotheismus. Und dem verschiedenen Gottesgedanken entspricht die verschiedene Stimmung der Frömmigkeit: dort überwiegt die ruhige Beschaulichkeit, das an das gegenwärtige Walten der Gottheit hingegebene Gefühl, sei es der Freude oder der resignierten Ergebung; hier überwiegt das tätige Streben, der Kampf wider die Welt für Gott und die Hoffnung auf künftige Verwirklichung des göttlich Guten.

Um der späteren geschichtlichen Darstellung nicht zu sehr vorzugreifen, beschränke ich mich heute auf einige kurze Andeutungen. Die klassischen Vertreter der ersten Art (die man die ästhetisch-kontemplative nennen könnte) waren die Inder und Griechen. Beide begannen mit einer kindlich heiteren Naturreligion, die das Walten der Götter in den Erscheinungen der Natur und in den Ordnungen des Gesellschaftslebens verehrte und nur insofern das Göttliche über die Wirklichkeit hinausstellte, als sie in den Göttern die ästhetisch gehobene Lebenslust und Weltschönheit sah. Dann verblaßten allmählich die vielen Naturgötter, das beschauliche Denken begann, sie als die verschiedenen Erscheinungen des einen göttlichen Wesens zu denken, das als die Weltseele oder Brahma der beharrliche Grund hinter dem bunten Spiel der Erscheinungen, ja zuletzt das alleinige wahre Sein ist, dem gegenüber die Welt des Vielen und Veränderlichen zum wesenlosen Schein herabsinkt. Indem der Mensch diesen Schein durchschaut, wird er seiner Einheit mit dem All-Einen inne, wird frei von Lust und Weh der Welt und genießt in der stillen Ruhe der Entsagung das höchste innere Glück des Friedens, der, dem Wechsel der Zeit entrückt, über Fürchten und Hoffen erhaben ist. Eine beschauliche Frömmigkeit, die wohl den weltmüden Geist beruhigen, nicht aber ermutigen und kräftigen kann. Ähnlich war es bei den Griechen, als die schöne Götterwelt Homers versank in dem Pantheismus der eleatischen und heraklitischen Philosophie und orphischen Mystik. Auch da wird die Welt zum nichtigen Schein oder doch zum zwecklosen Kreislauf der Erscheinungen, zum sinnlosen Kinderspiel, von dem der Weise sich teilnahmlos und hoffnungslos zurückzieht. — Und nun dem gegenüber die Religion des zweckbewußten Kämpfens und Hoffens, deren klassische Vertreter im Altertum der iranische Prophet Zarathustra und die Propheten Israels waren. Da ist Gott das überweltliche Ideal des Guten, der selbstherrliche Wille, der in der Welt nicht aufgeht, sondern über ihr thront als ihr Schöpfer und Herr, dessen Herrschaft aber zur Zeit noch zu kämpfen hat mit den feindlichen Mächten der Wirklichkeit und nur mittels dieses Kampfes, in dem der Mensch für Gott mitzukämpfen verpflichtet ist, in der Zukunft obsiegen und das Reich des Guten zu Bestand bringen wird. Wie weit sind diese Propheten entfernt von dem kindlich heiteren Optimismus der Naturreligion! wie weit aber auch von der lebensmüden Resignation des Pantheismus! Ihre Frömmigkeit besteht darin, sich zürnend und richtend der schlechten Wirklichkeit entgegenzustellen und den Kampf für Gottes gute Sache zu führen wider die Lügengötter der Natur und wider die Ungerechtigkeit der Menschen. Eine tatkräftige Frömmigkeit, die in der Welt ein Kampffeld, im Menschen den Mitstreiter Gottes und in der Weltgeschichte den Weg zum Weltgericht und zur Gottesherrschaft sieht, aber freilich auch nicht frei ist von der Einseitigkeit und Leidenschaftlichkeit der Willensmenschen und Kampfnaturen.

Und nun das Christentum? Es steht über jenem Gegensatz, indem es von Anfang an die beiden Seiten, die Innerweltlichkeit und Überweltlichkeit Gottes, das Erlöstsein und Erlöstwerdensollen des Menschen, die Stimmung des Kämpfens und Hoffens und die des Friedens und der Freude im gegenwärtigen inneren Besitz des höchsten Gutes, zur Einheit zu verbinden suchte. Einerseits heißt es hier: „Dein Reich komme“ (und „die Welt vergehe!“ wie die ältesten Christen in ihrer pessimistischen Weltbeurteilung hinzufügten). Andererseits aber trat doch auch schon von Anfang an hinzu die Überzeugung, daß das Reich Gottes jetzt schon inwendig in uns da sei, als die vom göttlichen Geist in den Herzen gewirkte Gerechtigkeit, Freude und Friede (Röm. 14, 17. Lukas 17, 21). Gott ist einerseits der überweltliche Herr, der die Geschichte leitet auf den Zweck seines kommenden Reiches hin und der am großen Gerichtstag alle seine Feinde vernichten wird; aber andererseits sieht der christliche Erlösungsglaube die Einigung und Versöhnung des Göttlichen und Menschlichen schon als vollendete Tatsache in der Menschwerdung des Gottessohnes vollzogen und als dauernde Gegenwart vorhanden in der Einwohnung des göttlichen Geistes in den Herzen der Gotteskinder und in der Gemeinde der Gläubigen, die er zum Tempel Gottes weiht. Und demgemäß ist auch die fromme Stimmung hier ein stetes Ineinander von (oder Oszillieren zwischen) dem Gefühl des Friedens und der Freude im Bewußtsein des Erlöstseins und Gottverbundenseins und dem ungestillten Sehnen und Hoffen auf die künftige Erscheinung und Vollendung der Freiheit und Herrlichkeit der Kinder Gottes. So sucht das Christentum die entgegengesetzten Formen der früheren Religionen in sich zur Einheit zu verbinden; darin besteht seine große Überlegenheit an Fülle und Kraft der religiösen Wahrheit, aber freilich auch die größere Schwierigkeit, diese verschiedenen, in seinem prinzipiellen Wesen verknüpften Momente theoretisch und praktisch zur vollen Einheit zu vermitteln. Diese Vermittlung ist eben die Aufgabe seiner geschichtlichen Entwicklung, in deren Verlauf die Gegensätze, wenn auch nicht mehr in ihrer früheren Ausschließlichkeit, doch in irgend welchem Grade sich natürlich immer wieder bemerklich machen. Darum eben ist seine Geschichte so viel reicher, wie sein Wesen komplizierter ist, als bei jeder anderen Religion; es hat seine beschaulichen Denker, seine weltmüden Mystiker, seine Propheten des Zukunftsideales und seine kämpfenden Heroen und Männer der weltbeherrschenden Tatkraft — die einzelnen Charaktere gründlich verschieden und doch a l l e Christen, verbunden durch den über die individuellen Besonderheiten übergreifenden gemeinsamen Geist der Religion der „Gottmenschheit". Ich kann auf die Geschichte des Christentums hier nicht weiter eingehen; nur aus der Neuzeit möchte ich noch am Beispiel klassischer Denker und Dichter zeigen, wie die die Religionsgeschichte durchziehenden gegensätzlichen Grundrichtungen sich auch in Weltanschauungen, die nicht unmittelbar von der christlichen Kirche beeinflußt sind, erkennen lassen, weil sie eben in der menschlichen

Natur überhaupt begründet sind. Ich denke an Spinoza
und Goethe auf der einen, an Kant und Schiller auf der
anderen Seite.

In Spinoza ist der indische und griechische Pantheismus
wieder erstanden. Gott ist ihm eins mit der Natur, das
alleinige Wesen, das allen Erscheinungen zugrunde liegt
und sie alle durch das eherne Gesetz der Notwendigkeit verknüpft. Im Kreislauf des gesetzmäßigen Geschehens gibt
es nur Ursachen, aber keine Zwecke; diese sind nur von der
menschlichen Einbildungskraft hinzugedichtet. Auch der
Mensch ist, sofern er unter der Knechtschaft der Leidenschaften steht, dem starren Mechanismus des Naturgesetzes
unterworfen, aber er wird frei von diesem unseligen Zustand, wenn er die Unvernunft seiner Leidenschaften erkennt und alles äußere Geschehen im Lichte der Ewigkeit,
d. h. als flüchtige Erscheinung in dem nach ewigen Gesetzen
sich bewegenden All, betrachtet. In der denkenden Anschauung des göttlichen Alls das eigene kleine Selbst aufzugeben und in ruhiger Ergebung unter die Notwendigkeit
des Ganzen sich zu beugen, das ist die Frömmigkeit Spinozas.
Ebendiese beschauliche, selbstlose Gelassenheit war es,
was Goethe an Spinoza so ansprach, worin er die heilsame
Arznei für sein jugendlich heißes Temperament fand.
Goethe verklärte aber den Ernst des Spinozaschen Denkens
durch die ästhetische Naturfreude der antiken griechischen
Denkweise, die die Welt erfüllt sah von göttlicher Kraft
und Herrlichkeit:

> „Was wär' ein Gott, der nur von außen stieße,
> Die Welt im Kreis am Finger laufen ließe?
> Ihm ziemt's, die Welt im Innern zu bewegen,
> Sich in Natur, Natur in sich zu hegen,
> So daß, was in ihm lebt und webt und ist,
> Nie seinen Geist, nie seine Kraft vermißt!"

Für den Dichter, der in der Ordnung der Welt, in der
Schönheit der Natur, in den Eingebungen des Genius überall
dankbar und bewundernd das Walten und Schaffen der
Gottheit wahrnahm, war der Gedanke eines außerweltlichen
Gottes und einer gottverlassenen Welt unannehmbar und
unsympathisch. Diese Denkweise Goethes für unfromm
zu erklären, hat niemand ein Recht: richtig ist nur, daß sie
einseitig ist und nicht das ganze Wesen der Religion er-
schöpft. Das hat aber auch Goethe selbst gewußt und darum
dem eben zitierten Spruch zur Ergänzung diesen anderen
zur Seite gestellt:

> „Im Innern ist ein Universum auch,
> Drum ist's der Völker löblicher Gebrauch,
> Daß, was ein jeder Bestes hat und kennt,
> Er Gott, ja seinen Gott benennt,
> Ihm Himmel und Erde übergibt,
> Ihn fürchtet und, wo möglich, liebt!"

Hier ist Gott der Name für das Ideal, das die innere
Welt unseres Herzens bildet, aber über alle äußere Wirklichkeit weit erhaben ist, und dem wir doch, eben weil
wir es als das Beste, das unbedingt Wertvolle erkennen,
auch die Herrschaft über Himmel und Erde, die Macht der
Weltüberwindung zuschreiben müssen. Damit ist das Motiv
der überweltlichen Religion als berechtigt und in der menschlichen Natur begründet anerkannt, somit die Geltung der
innerweltlichen Religion auf ihr relatives Maß zurückgeführt,
was nicht ausschließt, daß für Goethe selbst das Schwergewicht auf dieser Seite lag.

Den Gegensatz zu Spinoza bildet Kant, der Philosoph
der Freiheit, des sittlichen Ideals und der scharfen Scheidung zwischen Natur und Geist, Sinnenwelt und Sittengesetz,
Sein und Seinsollen. Der Gottesglaube ist nach ihm nicht

auf unsere Erfahrung von der äußeren Welt zu begründen, sondern er ist nur durch unsere sittliche Vernunft gefordert, als Voraussetzung nämlich für die Möglichkeit der künftigen Verwirklichung des höchsten Gutes, in dem der für uns unüberwindliche Gegensatz von Vernunft und Sinnlichkeit, Tugend und Glückseligkeit, versöhnt werden soll, m. a. W. der Gottesglaube dient dem Rechtschaffenen als Bürgschaft der Hoffnung, daß seine Tugend künftig des Glückes, dessen sie würdig ist, teilhaftig werde, — eine Ansicht, gegen die sich gerade von den Voraussetzungen des strengen Kantschen Idealismus aus nicht unberechtigte Bedenken erheben ließen. Daher hat Kants großer Schüler Schiller aus seinem Idealismus das bleibend Wertvolle herausgenommen, ohne die ihm bei Kant noch anhaftenden Schranken festzuhalten. Nach Schiller ist der Gottesglaube nicht eine bloße Forderung, eine Annahme im Interesse des nach Vergeltung der Tugend durch Glückseligkeit verlangenden Menschen; vielmehr warnt er vor dem „Wahn", eine Vergeltung des Guten durch äußeres Glück jemals zu erwarten; und doch bleibt ihm der Glaube an das Ideal des heiligen Willens, der als der höchste Gedanke hoch über der Zeit und dem Raume webt, dieser Glaube bleibt ihm eine unmittelbare Gewißheit, von der das Herz uns Kunde gebe, und ohne die dem Menschen aller Wert geraubt wäre. Das Ideal soll aber nicht bloß eine überweltliche (abstrakte) Größe bleiben, sondern es soll in unseren Willen selbst aufgenommen und zur inneren Kraft und Freudigkeit guten Wollens und Tuns werden. Ebenhierin erblickte Schiller das Eigentümliche des Christentums, daß es an die Stelle des Gesetzes die freie Neigung gesetzt haben wolle, in der die „Menschwerdung des Heiligen" sich darstelle. Ausgegangen vom Kantschen Ideal, führte Schiller es herab ins wirkliche Menschenleben, wie Goethe, ausgehend von der Wirklichkeit, sich erhob zum Ideal.

Ebendiese zwei Richtungen ziehen sich durch die Religionsgeschichte hindurch und finden im Christentum ihre prinzipielle Einigung, die doch nicht hindert, daß immer aufs neue die Einen nach dieser und die Anderen nach jener Seite das Schwergewicht legen, je nachdem es ihrer Eigenart entspricht. Statt also darüber miteinander zu streiten, sollten wir uns vielmehr der Verschiedenheit der religiösen Charaktere freuen als des lebendigen Beweises von der Fülle der Wahrheit, des Geistes und der Kraft, die die Religion überhaupt und das Christentum insbesondere in sich schließt. Wer die Geschichte der Religion recht verstehen will, der möge sich an Goethes schönes Wort halten: „Gott anerkennen, wo und wie er sich offenbare, das ist eigentlich die Seligkeit auf Erden.“

Religion und Moral.

Ich habe im letzten Vortrag das Wesen der Religion zu beschreiben versucht, ohne dabei auf die Frage einzugehen, die in den Lehrbüchern noch immer eine so große Rolle spielt: ob die Religion Sache des Gefühls oder des Denkens oder des Willens sei? Eigentlich sollte das heute keine Frage mehr sein, da ja alle Psychologen darüber einig sind, daß diese drei seelischen Funktionen oder Zustände nicht so voneinander trennbar sind, daß bald nur das eine, bald das andere vorhanden wäre; wir mögen sie wohl logisch unterscheiden, aber in der Wirklichkeit des Lebens sind sie nie geschieden, sondern immer, in jedem vollen Bewußtseinsmoment, sind sie so untrennbar verbunden und in Wechselwirkung miteinander, daß keins ohne das andere sich verstehen läßt. Daß vor einem Jahrhundert die Romantik in ihrer leidenschaftlichen Reaktion gegen die flache Verständigkeit und den frostigen Moralismus der Aufklärung das Gefühl als das ein-und-alles in der Religion (wie in der Kunst) auf den Schild hob, das können wir zwar geschichtlich begreifen, aber darum dürfen wir doch das Urteil nicht zurückhalten, daß es ein fataler Irrtum war, denn er trug wesentlich die Schuld an dem Umsichgreifen der ungeheuren Konfusion, Gedankenlosigkeit und Anarchie in religiösen Dingen, an der wir heute leiden.

Das Gefühl ist überall nichts anderes als das Bewußt-
werden von einer Willenserregung durch eine Vorstellung;
je nachdem diese positiv oder negativ, anziehend oder
abstoßend auf einen Trieb wirkt, werden wir dessen bewußt
in einem Gefühl der Lust oder Unlust. Kann es also
überhaupt kein Gefühl geben ohne erregende Vorstellung,
dann natürlich auch kein religiöses Gefühl ohne irgend
welche Vorstellung von einem entsprechenden Objekt, von
irgend einer übermenschlichen Macht, von der sich der
Mensch abhängig, an die er sich gebunden fühlt. Irgend
eine Vorstellung vom Göttlichen ist also die Voraussetzung
für das Entstehen eines religiösen Gefühls. Allerdings aber
ist die bloße Vorstellung von Gott noch nicht Religion,
weil eben Religion eine Sache des ganzen Menschen ist. Es
kann einer eine Menge von Vorstellungen über Gott, vielleicht ein ganzes kirchliches Lehrsystem in seinem Kopfe
haben und dabei doch ein ganz irreligiöser Mensch sein,
so lange nämlich jene Vorstellungen bloße Wissenssache
sind und keine Resonanz im Willen haben, so lange sie
nicht religiöse Gefühle auslösen. Das Vorhandensein religiöser Gefühle ist also das Kennzeichen dafür, daß einer
nicht bloß von Gott weiß, sondern auch in seinem Willen
von ihm erregt, bestimmt ist, daß er ihn nicht bloß im Kopf
hat, sondern auch im Herzen. „Soll er dein Eigentum
sein, fühle den Gott, den du denkst!" — Die von den Vorstellungen ausgelösten religiösen Gefühle bleiben nun aber
nicht für sich als ruhende Zustände, sondern werden Trieb-
kräfte für den Willen, die ihn in der durch den Vorstellungs-
inhalt angezeigten Richtung in Bewegung setzen. Der
Wille reagiert zunächst innerlich auf die Gottesvorstellung,
indem er ein entsprechendes Verhältnis zu Gott eingeht,
seine Gebundenheit an den göttlichen Willen bejaht und

anerkennt, sich von ihm bestimmen läßt, sich ihm in Gehorsam hingibt. Und diese, zunächst innerliche, Willensbewegung tritt dann nach außen hervor in entsprechendem Handeln, im „Gottesdienst". Dieser vollzieht sich in doppelter Weise, teils in unmittelbarer Beziehung auf Gott, als Gottesdienst im engeren (kultischen) Sinn, teils in mittelbarer, durch das dem göttlichen Willen entsprechende sittliche Handeln auf die Menschen und Dinge in der Welt.

Nun kann es freilich ein direktes Handeln auf Gott im eigentlichen Sinne nicht geben, daher haben die Handlungen des kultischen Gottesdienstes eigentlich nur symbolische Bedeutung, sie sind der sinnbildlich-anschauliche Ausdruck der inneren Willensrichtung auf Gott, die unmittelbare Äußerung der frommen Gefühle und zugleich das Mittel der Anregung, Belebung, Mitteilung dieser Gefühle. Der wirkliche Gottesdienst ist eigentlich nur das sittliche Handeln in der Welt, sofern der Fromme es als eine Erfüllung der von Gott ihm gestellten Aufgaben, als einen Dienst für die Sache Gottes, für die Verwirklichung der göttlichen Zwecke in der Welt betrachtet. Jedoch ist zu beachten, daß diese unsere Unterscheidung zwischen eigentlichem und uneigentlichem, wirklichem und symbolisch-kultischem Gottesdienst dem naiven religiösen Bewußtsein noch nicht klar ist; dieses denkt vielmehr bei seinem kultischen Handeln nicht an eine bloße Symbolik, sondern meint damit wirklich der Gottheit unmittelbar einen Dienst zu tun, eine ihr angenehme und von ihr begehrte Leistung zu vollbringen, dadurch die Gunst der Gottheit zu gewinnen und ihre Gegenleistungen zu erkaufen. Da nun diese direkte kultische Leistung für die Gottheit von den sittlichen Zwecken der Gesellschaft absieht, sich mit diesen gar nicht oder doch nur zufällig und nebensächlich berührt, so ist

es recht wohl möglich und kommt oft genug vor, daß
zwischen dem kultischen Gottesdienst und den sittlichen
Zwecken der Gesellschaft ein Zwiespalt eintritt. Dann wird
die Religion, statt das stärkste Motiv der Sittlichkeit zu
sein, vielmehr deren schwerstes Hemmnis. Der letzte Grund
dieses Übels liegt in der kindlich-unverständigen Vorstellungsweise der primitiven Religion, die das Verhältnis zu
Gott ohne weiteres gleichstellt dem Verhältnis zu einem
mächtigen Menschen, also ihm einen selbstischen Willen,
besondere Bedürfnisse und eigensüchtige Wünsche zuschreibt, während doch der göttliche Wille der vollkommen
gute, sein Zweck also schlechthin eins ist mit dem allgemeinen höchsten Gut. Dieselbe Verendlichung Gottes ist
auch der Grund der Konflikte der religiösen Vorstellungen
mit dem weltlichen Wissen; denn wenn Gott als ein einzelnes
handelndes Wesen neben anderen und nur dem Stärke-
grad nach verschieden von den anderen endlichen Wesen
vorgestellt wird, so werden ihm besondere endliche Wirkungen zugeschrieben, die mit denen der anderen endlichen
Ursachen kollidieren, also den ursächlichen Zusammenhang des Ganzen, die Ordnung der Welt, durchbrechen und
aufheben, während in Wahrheit Gott als die unendliche
Macht und Weisheit gerade der ewige Grund der vernünftigen Ordnung der Welt und die Bürgschaft ihrer Erkenn-
barkeit für unser Denken ist. — Wir sind hiermit schon
zu der wichtigen Frage nach dem Verhältnis der Religion
zur Moral und zur Wissenschaft gekommen, die von
größter Bedeutung für die richtige Beurteilung der Religion,
in der Gegenwart sowohl wie in der Geschichte, ist. Wir
wollen daher etwas näher darauf eingehen.

R e l i g i o n   u n d   M o r a l — welch ein vielumstrittenes Thema ist das heute! Es gibt viele, die meinen, daß beide von Haus aus getrennt, gänzlich verschieden gewesen seien; die Religion habe ursprünglich nichts mit der Moral zu tun, sondern diese sei erst nachträglich von außen zu jener als ein Zufälliges hinzugekommen, daher werden sie auch nicht wesentlich zusammengehören, sie können sich also wohl noch mehr trennen, als sie jetzt schon getrennt seien, und es sei dies sogar im Interesse der Moral zu wünschen. Andere sind im Gegenteil der Überzeugung, daß eine Trennung beider nicht bloß im Widerspruch mit der ganzen bisherigen Geschichte, sondern auch mit der Natur der Sache wäre und nur zum größten Schaden beider Teile ausschlagen könnte. Prüfen wir diese Meinungen zunächst einmal hinsichtlich des geschichtlichen Tatbestandes!

Da kann nun nicht der geringste Zweifel sein; die Meinung, daß Religion und Moral ursprünglich völlig getrennt gewesen seien, ist grundfalsch, ein fast unbegreiflicher Irrtum. Es ist unter den ernsthaften Altertumsforschern heute allgemein anerkannt, daß alle Gesittung der Menschheit ihren Ursprung aus dem religiösen Glauben und Kultus genommen hat. Das Gefühl der Gebundenheit an die éine gemeinsame Gottheit einer bestimmten Gesellschaftsgruppe, das war das ursprüngliche Band aller sittlichen Zusammengehörigkeit und Gemeinschaft, das war der Quell der geselligen Ordnung und Gesittung der Menschheit. Die Weihe der Familie ist vom Kultus ausgegangen. Der Hausherd war der Hausaltar, der Hausvater war der Priester, der im Namen der Familie den Dienst der Hausgottheit vollzog. Dasselbe war im Stamm der Älteste oder Stammesfürst, im Volke der Volkskönig: die Repräsentanten der in der Gottheit begründeten Einheit des Stammes und des Volkes, die Träger des göttlichen Willens und

Mittler zwischen Gott und Menschheit; darum heißen sie
auch bei Homer „Zeusentsprossene". Auch alle Rechtsordnung der ältesten Völkerwelt war religiös geheiligt,
überall wurden die geschriebenen und ungeschriebenen Gesetze auf göttliche Stiftung und Offenbarung zurückgeführt.
Nicht bloß Moses Gesetz, auch bei den Indern das Gesetz
des Manu, bei den Persern das Zarathustras, bei den Griechen
das Lykurgs, bei den Römern das Numas galten als gott-
gegeben und waren von göttlichen Orakeln sanktioniert.
Hier und überall steht als höchste Quelle aller menschlichen Autorität und Ordnung die Gottheit selbst. Und
weil sie die Rechte und Gesetze der Menschen stiftete und
einsetzte, so galt sie folgerichtig auch, als die Schützerin
alles Rechtes und als die Rächerin alles Unrechtes. Dieser
Gedanke hat von jeher als eine gewaltige erziehende Macht
auf die Menschheit gewirkt. Der menschliche Richter
vollzieht sein Amt im Auftrag der richtenden Gottheit,
und wo seine Macht sich als unzulänglich erweist, da tritt
ergänzend ein die göttliche Nemesis und Dike und die
Erinnyen, die furchtbaren Töchter der Nacht. Aber auch
alle Wendepunkte im Leben der Einzelnen und der bürgerlichen Gesellschaft waren von Anfang an religiös geweiht.
So die Geburt des Kindes: es wird durch einen feierlichen
Akt unter den Schutz der Hausgottheit gestellt; die Mün-
digkeitserklärung, die Hochzeit, die Bestattung — sie
werden durch festliche, von der Gottheit gestiftete Bräuche
gefeiert. Und dann, das Beste und Köstlichste, was der
erwachende Menschengeist erzeugte: seine Künste waren
die Kinder der Religion; sie errichtete für die Götter den
Wunderbau der Tempel und schmückte deren Hallen mit
edlen Statuen und kostbaren Weihgeschenken. Aus den
lebhaften Wechselgesängen und Reigentänzen des Wein-

lesefestes des Dionysos entsprang das klassische Drama, die erschütternde Tragödie und die witzige Komödie der Griechen. Nicht minder aber auch die ernsten Geschäfte und Ereignisse im bürgerlichen Volksleben, die Rats- und Gerichtsversammlungen, das Ausziehen in den Krieg, das Gründen von Kolonieen — das alles geschah nach der Orakelweisung der Gottheit und im Vertrauen auf ihren Schutz. Ihr weihte auch das siegreich heimkehrende Heer seine Trophäen als Tribut des Dankes. So war das ganze Leben des Einzelnen und der Volksgemeinschaft umfaßt und durchdrungen, geordnet und geregelt, gehoben und geweiht von der Religion. Sie war nicht, wie bei uns, eine aparte Sache für sich, sie war die Seele des geselligen Lebens, das Band der bürgerlichen Gemeinschaft, die Triebfeder der opferwilligen Vaterlandsliebe, die Erzieherin zu edler Kultur, sie war die Weihe und Krone des Lebens. So war denn auch noch kein Unterschied zwischen Staat und Kirche; das weltliche und das religiöse Volksleben war noch éin untrennbares Ganzes, von denselben Gesetzen geordnet und demselben Zwecke dienend: der Ehre der Volksgottheit, die mit dem Bestand und Wohlsein des Volksganzen verknüpft ist.

Auf die Dauer konnte es so freilich nicht bleiben. Es ist ja der Religion eigentümlich, daß sie die überlieferten Vorstellungen und Bräuche mit großer Zähigkeit festhält. Darin beruht ihre Stärke, dadurch gibt sie dem flüchtigen und wandelbaren Leben der Menschenkinder Halt und Dauer und Bestand. Aber ebendasselbe, was ihre Stärke ausmacht, ist hinwiederum auch ihre Schwäche. Denn der vorwärts und aufwärts strebende Menschengeist kann nun einmal nicht immer gefesselt bleiben am Gängelband alter Überlieferungen und Satzungen. Wenn er die Augen auftut und sich umsieht in der Welt, findet er gar manches anders, als wie es in den frommen Vätersagen von Geschlecht zu Geschlecht überliefert war. Die Kulturarbeit der Gesellschaft wird komplizierter, die Tätigkeit der Einzelnen selbständiger und intensiver, damit löst beides sich von den festen überkommenen Formen der Religion los: Nicht mehr die Sitte und der Glaube der Väter, sondern der Mensch, das Meinen und Belieben des Einzelnen, wird jetzt für das Maß der Dinge erklärt. Damit ist zwar zunächst nichts gewonnen, eher verloren, aber doch ist's ein notwendiger Schritt auf dem Wege der menschlichen Geistesentwicklung, wie zur Zeit der griechischen Sophisten, so wieder in der Aufklärung (schon der Renaissance) der Neuzeit: Mit dieser Loslösung des Denkens und Wollens der einzelnen Subjekte von dem überkommenen Glauben und Brauch treten Religion und Moral in einen Gegensatz zueinander, der zum Kampfe führt. Die Phasen dieses Kampfes können wir jetzt nicht im einzelnen verfolgen; wir stehen noch mitten darin, und es ist gar nicht abzusehen, wann er beendet sein werde.

Manche meinen, der Kampf könnte bald zu Ende sein, man brauche bloß einzusehen, daß beide eben nichts miteinander zu tun haben; Sonntags möge die Religion für eine Stunde das Wort haben, sonst aber gehen Moral und Wissenschaft, unbekümmert um sie, ihre eigenen Wege. Ja, man geht noch weiter und behauptet, daß es mit der Moral nicht eher besser werde, als bis sie sich gänzlich von der Religion losgemacht habe, denn der Einfluß der Religion auf die Moral sei nur vom Übel. Sie mache, so heißt es, den Menschen unfrei; indem sie den Menschen dem fremden Willen der Gottheit unterwerfe, raube sie ihm die freie Selbstbestimmung, auf der doch alle sittliche Würde beruhe.

Indem sie zur Einschärfung ihrer Gebote die Motive der Furcht und Hoffnung brauche, verunreinige und erniedrige sie die Moral, denn ein Handeln aus Rücksicht auf Lohn und Strafe sei eine Pseudomoral. Ferner verweise die Religion den Menschen, statt auf seine eigene sittliche Kraft und Anstrengung, auf die göttliche Gnade und Vorsehung, die alles für ihn tue, ja sie spreche ihm sogar alle eigene Freiheit und Kraft zum Guten ab und lähme damit seine Tatkraft, mache ihn mutlos und träge, feige und untüchtig zum Kampfe ums Dasein. Dies um so mehr, als sie den Menschen immer nur auf das Jenseits verweise und das Erdenleben als nichtig und wertlos, als ein Jammertal darstelle, um das es sich nicht lohne sich zu kümmern; so verleide sie dem Menschen das irdische Arbeitsfeld, auf dem doch zunächst alle seine Pflichten und Aufgaben liegen, und mache ihn zu einem untüchtigen Erdenbürger. Die Religion als Kirche endlich habe ihre Satzungen, in denen sie für immer festgesetzt habe, was als wahr und gut gelten solle; damit verwehre sie dem Menschen das eigene Streben nach Wahrheitserkenntnis, das selbständige Urteilen und Prüfen, das Gewinnen einer eigenen festen Überzeugung, ertöte also seinen Wahrheitssinn, mache ihn verlogen oder stumpfsinnig; und indem immer die eine Kirche auf die andere schimpfe, sei die Religion die Anstifterin der schlimmsten Zwietracht, ja alles Unheils und Übels, unter dem die Völker leiden.

Was werden wir nun zu alledem sagen? Zunächst, meine ich, wollen wir uns hüten, den unbilligen Übertreibungen dieser Gegner mit gleicher Münze heimzuzahlen. Wir wollen nicht behaupten, daß es unter denen, die der Religion entfremdet sind oder zu sein meinen, gar keine sittlichen Menschen gebe; das widerspräche der Erfahrung.

Es läßt sich nicht leugnen, daß es auch unter denen, die jeder positiven Religion fernstehen, hochachtbare sittliche Charaktere gibt, die durch Gewissenhaftigkeit, Berufstreue und Eifer für das Gemeinwohl sich auszeichnen. Aber woher haben solche Menschen ihre sittlichen Grundsätze und Gesinnung? Sind sie nicht doch wohl die Frucht einer Erziehung, die ihnen das Gute von Jugend auf als das unbedingt Wertvolle eingeprägt und liebgemacht, ihr Pflichtgefühl geweckt, ihr Gewissen gebildet hat? Diese Erziehung aber haben sie erhalten von der sittlichen Gemeinschaft, in der sie aufwuchsen, und deren sittlicher Gemeingeist durchaus ruhte auf ihrer religiösen Weltanschauung. Dieses innige Verflochtensein der sittlichen und religiösen Überzeugung mag für das Bewußtsein einzelner Individuen verdunkelt sein, darum bleibt es doch eine unbestreitbare Tatsache, daß das sittliche Gemeinbewußtsein der menschlichen Gesellschaft auf ihrem religiösen Glauben beruht und mit ihm steht und fällt. Die geschichtliche Erfahrung lehrt unzweideutig, daß in Zeiten des religiösen Verfalls, der Glaubenslosigkeit und Skepsis, auch das sittliche Bewußtsein eines Volkes zu sinken und in Verwirrung und Zersetzung zu verfallen pflegt. Wie könnte dies auch anders sein? Woher sollte denn dem sittlichen Bewußtsein der Glaube an die Unbedingtheit der Pflicht, an die Heiligkeit des sittlichen Ideales erwachsen, wenn nicht aus dem Glauben an einen über alle Willkür der Menschen schlechthin erhabenen ewigen Willen des Guten, d. h. an Gott? Nur in dem Bewußtsein der Gebundenheit an den göttlichen Willen, der der gemeinsame Grund und das gemeinsame Gesetz und Ziel des Lebens aller Menschen ist, können diese sich auch miteinander durch das unzerreißliche sittliche Band der wechselseitigen Verpflichtung verbunden fühlen.

Darum ist's überall der religiöse Glaube der Völker, in dem die starken Wurzeln des Pflichtbewußtseins ruhen, der das Gewissen der Einzelnen und der Gesamtheit trägt und lebendig erhält, der die Unterordnung der einzelnen Glieder unter die Ordnung des Ganzen und ihre willige Hingebung an den Zweck des Ganzen dauernd verbürgt.

Wie steht es nun aber mit jenen Anklagen, die gegen den Einfluß der Religion auf die Moral erhoben werden? Vor allem ist zu sagen, daß dabei der wesentliche Unterschied übersehen wird zwischen der Religion selbst und ihren positiven kirchlichen Formen, Lehren, Satzungen und Bräuchen. Daß diese nicht die Religion selbst sind, sondern nur ihre stets unvollkommenen, zeitlich bedingten und zeitlich wandelbaren Darstellungsformen, Hüllen und Schalen („Vehikel" — Kant), diese Einsicht sollte man doch nachgerade jedem, der über diese Dinge mitreden will, zumuten dürfen. Und nicht minder auch die andere, daß das Gesetz der Entwicklung, unter dem wir ja heute alles natürliche und geschichtliche Leben zu betrachten pflegen, auch für die Religion wie für die Moral gilt. Beide sind nicht von vornherein als fertig gegebene Größen vorhanden gewesen, sondern mußten sich erst allmählich aus dem Groben herausarbeiten, aus sinnlicher Gebundenheit zu geistiger Freiheit sich erheben. Die Vernunft muß in der Menschheit durch mühsame Arbeit und Erziehung von Geschlecht zu Geschlecht allmählich zum Bewußtsein und zur Herrschaft gebracht werden. In dieser Erziehung zur Vernünftigkeit muß die Gattung ebensogut wie jedes Individuum gewisse Stufen durchlaufen, und jeder Erzieher weiß, daß auf den niederen Stufen noch nicht dieselben Anforderungen gestellt werden dürfen wie auf den höheren. Auf der kindlichen Entwicklungsstufe kann das Gute noch nicht aus vernünftiger Beurteilung erkannt und noch nicht aus freier Selbstbestimmung gewollt und getan werden, sondern da tritt es an jeden als äußeres Gebot heran, das die Unterwerfung des Eigenwillens unter den gebietenden Willen fordert. Ganz natürlich entspricht daher dieser Entwicklungsstufe die theokratische Form der Religion und Moral, d. h. die Vorstellung, daß das Gute das Gebot des dem Menschen fremden und äußerlichen Gotteswillens, des überweltlichen Herrn sei. In dieser Form des religiösen Bewußtseins verhält sich der Mensch zu Gott allerdings so unfrei, wie der Knecht zum Herrn, wie das unmündige Kind zum Erzieher. Aber so unvermeidlich diese Bewußtseinsform auf niederer Entwicklungsstufe ist, so wenig soll sie doch die bleibende sein. Als die Zeit erfüllt war, wurde die Zucht des Gesetzes aufgehoben und die Menschheit zur Freiheit der mündigen Söhne Gottes berufen. Das war das neue Bewußtsein der Gotteskindschaft, das das Christentum gebracht hat. „Für die Freiheit hat uns Christus befreit; so stehet fest und lasset euch nicht wieder ins Joch der Knechtschaft bannen!" sagt Paulus (Gal. 5, 1). Aber diese Freiheit des Christen ist nicht soviel als Willkür, sie steht ebenso hoch über der heidnischen Gesetzlosigkeit und Willkürfreiheit wie über der jüdischen Gesetzlichkeit und Unfreiheit. Es ist die Freiheit in Gott, in der Gewissensgebundenheit an ihn, die frei macht vom Zwange der Welt und zugleich in Liebe mit den Menschen verbindet, wie Luther sagt von der „Freiheit eines Christenmenschen", daß sie im Glauben aller Dinge Herr und in der Liebe aller Diener sei. Und ebendas ist auch der Grundgedanke der klassischen Philosophie des Idealismus, den Schiller in dem bekannten Wort ausgesprochen hat:

„Nehmt die Gottheit auf in euren Willen,
Und sie steigt von ihrem Weltenthron,
Und der grause Abgrund wird sich füllen,
Und die Furchterscheinung ist entflohn.
Des Gesetzes strenge Fessel bindet
Nur den Sklavensinn, der sie verschmäht,
Mit des Menschen Widerstand verschwindet
Auch des Gottes Majestät!"

Damit ist zugleich auch der Vorwurf wegen der unreinen Motive der religiösen Moral erledigt. Im Stande der Unmündigkeit, wo das Gute noch als das äußere Gebot eines fremden Willens erscheint, sind natürlich die Motive der Furcht und Hoffnung unentbehrlich. In dem Maße aber, als der Mensch dieser Unmündigkeit entwächst und zur wahren Freiheit der Gotteskinder sich erhebt, verlieren auch jene Motive ihre Bedeutung, und an ihre Stelle tritt die freudige Hingebung an das Gute als den Zweck Gottes, der zugleich unser eigener vernünftiger Lebenszweck ist, tritt der vernünftige Gottesdienst, der zugleich der Dienst der Menschen in selbstloser Liebe ist.

Was dann ferner den Vorsehungsglauben betrifft, sollte er wirklich den Menschen träge machen? Die Erfahrung spricht schwerlich dafür. Der wirklich fromme Vorsehungsglaube ist noch stets eine Stütze des sittlich strebenden und kämpfenden Menschen gewesen und eine Stütze, die schwer zu entbehren ist. Wie könnte der Mensch ausdauern im Ringen und Kämpfen um das Gute, wenn er nicht glauben würde an die Erreichbarkeit des Zieles, nicht hoffen dürfte auf den künftigen Sieg des Rechtes über das Unrecht, der Liebe über die Selbstsucht, der Wahrheit über die Lüge? Wie darf er aber diese Hoffnung hegen, wenn er nur auf die eigene schwache Kraft baut und nur auf die äußere Erfahrung blickt, in der so oft das Schlechte über das Gute siegt? Glaubt er aber an Gott als den Herrn der Welt und Lenker des Weltlaufes, dann weiß er gewiß, daß alles in der Welt den Zwecken Gottes dienen, zum Siege des Guten mitwirken muß. Auch die Gnade Gottes ist für den wahrhaft Frommen nichts weniger als ein Faulkissen der sittlichen Trägheit. Sehen Sie sich die großen Heroen der Religionsgeschichte an, einen Paulus, Luther, Calvin, Knox, waren das etwa träge Menschen oder nicht vielmehr die gewaltigsten Helden der Tatkraft? und das waren sie nicht obgleich, sondern gerade w e i l sie sich als Werkzeuge der göttlichen Gnade fühlten, getrieben und getragen vom göttlichen Geist, dessen Kraft sie in ihrer Schwachheit mächtig wußten.

Aber die Jenseitshoffnung, die Weltmüdigkeit und Himmelssehnsucht, muß sie nicht lähmend auf die sittliche Arbeit wirken? Nun ja, sie ist allerdings zeitweilig, wie im Ausgang der alten und wieder zu Zeiten in der mittelalterlichen Welt, als eine epidemische Krankheitserscheinung aufgetreten, die ähnlich zu beurteilen ist, wie die sentimentale Weltschmerzlichkeit in der jugendlichen Entwicklung mancher Individuen. Aber solche Zustände sind Entwicklungskrankheiten, die ihre Zeit haben und wieder vorübergehen. So ist auch die Christenheit nicht bei dieser Weltflüchtigkeit stehen geblieben, sondern hat sie aus der inneren Kraft ihres Glaubens heraus überwunden. Wir beten ja: „Dein Reich komme! Dein Wille geschehe wie im Himmel also auch auf Erden!" Wir hoffen also sein Kommen auf unsere Erde; diese Stätte unserer Leiden und Freuden, unserer Arbeit und Mühe soll, so hoffen wir, geweiht werden zu einem Reich des Guten, wo das Recht zur Macht wird und Friede und Gerechtigkeit sich küssen. Freilich bleibt auch bei dieser Hoffnung doch immer ein

Überschuß der Jenseitigkeit des Ideales, das nie ganz im Diesseits der erfahrungsmäßigen Wirklichkeit aufgehen kann. Das liegt in der Natur der Sache, im Wesen des Ideales und im Bedürfnis des menschlichen Gemütes. Wir können uns ja nicht verhehlen, daß wir trotz allem unserem Streben und Mühen doch nie zu einem endgültigen Ziel zu gelangen vermögen. „Es irrt der Mensch, so lang er strebt!" Das Ideal weicht immer weiter von ihm, entschwindet in immer höhere, weitere Ferne. Und doch gibt es eine Zufluchtsstätte, wo wir des Ewigen als eines Gegenwärtigen teilhaftig werden: es ist die fromme Andacht, sei es im stillen Kämmerlein oder in der gemeinsamen Feier der Gemeinde. Da erheben wir uns gewissermaßen zum Gesichtspunkt Gottes und schauen die Dinge der Zeit unter der Gestalt der Ewigkeit. Da wird das Werden zum Sein, und die Kluft zwischen Sein und Sollen, die für den sittlich Strebenden nie verschwinden kann und darf, ist aufgehoben im Ewigkeitsgefühl der Andacht. Wir blicken da mit dem Auge Gottes auf das immer werdende und strebende, immer unvollkommene Leben und sehen seine Lücken ausgefüllt und sehen seine Kämpfe vollbracht, wir schauen das Ideal im inneren Gesicht und fühlen es als lebendige Gegenwart. So ist die Religion nicht bloß die Wurzel der starken Kraft des Sittlichen, sie ist auch seine Krone und Vollendung, sie macht das Stückwerk der Erde zu einem Ganzen, sie erhebt uns aus Leid und Streit der Zeit zur Ewigkeit.

Religion und Wissenschaft.

So vielumstritten wie das Verhältnis der Religion zur
Moral, wovon das letztemal die Rede war, ist auch das
Verhältnis von Religion und Wissenschaft, das uns heute
beschäftigen soll. Um uns darüber klar zu werden, worin
der Grund der verschiedenen Konflikte zwischen Wissenschaft und Religion liege, und ob dieselben eine Lösung
erhoffen lassen, müssen wir vor allem zusehen, wie das
entsteht, was in der Religion den lehrhaften Stoff der Überlieferung, den Inhalt der Glaubensvorstellungen bildet.
Es muß also vor allem wohl unterschieden werden zwischen
der Religion als seelischer Lebensbestimmtheit des ganzen
Menschen und der Religionslehre als Wissensinhalt. Daß
diese allerdings zur Religion mitgehört, folgt aus dem, was
im letzten Vortrag über das notwendige Zusammensein
von Vorstellungen mit Gefühlen und Willensregungen in
der Religion gesagt worden ist; aber ebendamit, daß die
religiöse Vorstellung zw. r ein wesentliches Moment, aber
doch nur ein Moment im Ganzen des religiösen Seelen-
lebens bildet, ist schon auch gesagt, daß die religiöse Vorstellung und Lehre nicht mit der Religion selbst ohne
weiteres verwechselt werden darf. Die religiösen Vorstellungen können den tiefgreifendsten Wandlungen unter-
liegen, und doch kann die Religion als Grundstimmung
der Seele wesentlich dieselbe bleiben. Daraus folgt, daß

Konflikte zwischen der weltlichen Wissenschaft und den überlieferten religiösen Vorstellungen nicht das Recht der Religion selbst in Frage stellen, sondern nur ein Anzeichen dafür sind, daß die bisherige Vorstellungsweise nicht mehr die zureichende Form für das religiöse Leben ist und sonach mehr oder weniger einer Verbesserung und Erneuerung bedarf.

Die Wissenschaft bildet ihre Erkenntnisse mittels des denkenden Verstandes; je objektiver und nüchterner ein Denker einen Gegenstand erfaßt, je weniger er dabei seinen subjektiven Voreingenommenheiten, Neigungen und Stimmungen Einfluß verstattet, desto näher wird er der sachlichen Wahrheit kommen. In der Religion dagegen ist es zunächst gar nicht und später immer nur zum Teil und bedingterweise der Verstand, der die Lehre bildet, sondern es ist von vornherein die dichtende Phantasie, aus der die Elemente der Lehre, die religiösen Sagen, Mythen, Legenden stammen. Durch diese Verschiedenheit der Quellen ist natürlich ein großer Unterschied zwischen Religionslehren und Wissenschaft gegeben. Aber die religiöse Phantasie dichtet nicht willkürlich, sowie die Kunstdichtung durch die bewußte Arbeit des Dichters entsteht. Vielmehr sind die ursprünglichen Sagen Erzeugnisse des unbewußt dichtenden Volksgeistes, sie entstehen aus dem Zusammenfließen der in den Seelen vieler auftauchenden Bilder, man kann nicht sagen, wo und wie. Auch dichtet die religiöse Phantasie nicht etwa aus dem Blauen heraus, sondern anknüpfend an wirkliche Erfahrungen, an Erscheinungen der Natur und Erlebnisse der Geschichte, an Erfahrungen also, die in den Seelen vieler gleichartige religiöse Gefühle auslösten. Welche z. B.? Da ist's vor allem jene allgemeine Phantasiedichtung, die wir heute noch bei den Naturvölkern und bei den Kindern allgemein finden: die Beseelung der Naturdinge, die man als „Animismus“ zu bezeichnen pflegt; sie ist zwar noch nicht selbst Religion, wohl aber deren Grundlage, man könnte sie die elementarste Volksmetaphysik nennen. Unter den Naturerscheinungen werden natürlich von jeher die eindrucksvollsten die sein, die für die Lebenserhaltung der Menschen von einschneidendster Bedeutung sind, wie das Ersterben der Natur im Herbst und ihr Wiedererwachen im Frühling. Da nun die Phantasie überall in der Natur lebendige Seelen, Geister und Götter gegenwärtig sieht, so ist das Ersterben und Wiederaufleben der Natur ein Geschick der sie beseelenden Götter. Nun ist es aber die Art der dichtenden Phantasie, daß sie ein fortwährendes oder immer wiederkehrendes Geschehen in einer einmaligen Geschichte der Vergangenheit gleichsam verdichtet. So entstanden die Ursagen vom einstigen Tod und Wiedererstehen der Natur- und Fruchtbarkeitsgötter, des Osiris, Adonis, Attis, Dionysos, der Persephone u. dgl. Aus derselben Zurücktragung eines fortwährend wiederkehrenden Geschehens in der Natur in eine einmalige Geschichte der Vergangenheit entstand auch die babylonische Schöpfungssage, der die biblische verwandt ist, wie wir später näher sehen werden; ein Frühlingslied, in dem der alljährliche Sieg des Sonnengottes über die Mächte des Chaos gefeiert wurde, diente der Phantasie eines Sehers oder Priesters als Modell zur dichterischen Darstellung des ursprünglichen Hervorgehens der geordneten Welt aus dem Chaos des Uranfangs. Auch die Sintflutsage wird so entstanden sein, daß die häufig wiederkehrenden Überschwemmungen Mesopotamiens zu einem Epos von einer einmaligen Katastrophe der Urzeit verdichtet wurden.

Eine andere Frage drängte sich den Menschen frühe auf: woher kommt all das Übel in der Welt? woher die Krankheiten und Sorgen des Menschenlebens? warum müssen die Frauen mit Schmerzen gebären und die Männer im Schweiße ihres Angesichts arbeiten? Die Antwort auf diese Fragen lautet: Die Schuld an dem allem trägt der Vorwitz der Frau und die Schwachheit des Mannes — Eva und Adam, Pandora und Epimetheus = Prometheus!

Aus den Ursagen der Naturmythen und den Erinnerungen an Geschichtserlebnisse der primitiven Stämme entstehen dann weiterhin die Epen oder Heldenlieder, in denen man die älteste Form der Geschichtsüberlieferung sehen kann. Mit der Verbindung einzelner Stämme zu einem Volksganzen verbinden sich auch ihre Stammgötter zu einem nationalen Göttersystem, in dem die einzelnen Götter genealogisch verknüpft nach Rang und Geschäften unterschieden und einem obersten Volksgott untergeordnet werden, während die kleineren Stamm- und Lokalgötter zu Halbgöttern oder menschlichen Heroen der Urzeit degradiert werden. Die epischen Heroen sind die göttlichen Ahnherren, auf die die Stämme und Geschlechter ihren Ursprung zurückführen, und in deren Taten und Schicksalen sich z. T. die geschichtlichen Erinnerungen der Stämme widerspiegeln. Hierher gehören auch die Kultussagen, in denen priesterliche Familien die Geschichte ihres Heiligtums auf eine göttliche Stiftung und Offenbarung zurückführten, wie die Python-Apollonsage von Delphi, die Demeter-Koresage von Eleusis, die hebräischen Sagen von Gotteserscheinungen bei Hebron, Bethel u. dgl. Eine wichtige Epoche der Kultusgeschichte, den Übergang vom Menschen- zum Tieropfer, beschreiben die Sagen von der durch göttliche Intervention verhinderten Opferung Isaaks und Iphigeniens.

Am wichtigsten aber sind die Legenden, die sich knüpfen an die epochemachenden Persönlichkeiten der Religionsgeschichte, die Propheten und Reformatoren (bzw. die sogenannten Religionsstifter). Weil ihr Wort der Gemeinde ihrer Gläubigen als d i e Wahrheit gilt, so werden sie selbst für den Glauben zu Boten, Mittlern, ja Verkörperungen der Gottheit; ihr Leben wird ausgeschmückt mit Wundersagen, den Legitimationszeichen für ihre direkte Offenbarungsinspiration, so bei Moses, Zarathustra, Pythagoras, Buddha, Jesus. Bei diesen letztgenannten wird bald auch der Ursprung ihrer irdischen Person ins Himmlische zurückverlegt und aus dem Himmelswesen wird zuletzt geradezu ein Gott, ohne daß doch der irdische Mensch geleugnet werden soll. Für die volkstümliche Sage lag darin gar keine Schwierigkeit, das Menschliche zu vergöttlichen und das Göttliche zu vermenschlichen, war doch dieses beides von jeher das Thema aller epischen Heroenmythen. Die Schwierigkeit zeigte sich erst, als der denkende Verstand an den naiven Mythus mit der Frage herantrat, wie denn das eigentlich zu denken sein solle, ob denn ein wahrhafter Gott zu einem Menschen werden könne oder ein wahrhafter Mensch zu einem Gott? Diese Frage hat die Christenheit über ein halbes Jahrtausend hindurch beschäftigt und ist schließlich nicht etwa gelöst, sondern nur niedergeschlagen und fixiert worden in den widerspruchsvollen Formeln des Dogmas. Das Dogma ist also nicht, wie man oft meint, eine willkürliche Erfindung der Theologen, sondern es hat die aus der dichtenden Phantasie des Gemeindeglaubens entsprungene Sage zu seiner Voraussetzung und ist nur der Versuch des reflektierenden Verstandes, den Inhalt der frommen Sage

in begriffliche Formeln zu fassen. Den Kern des Zentral-
dogmas bildet überall die Grundidee, der eigenartige Charakter einer bestimmten Religion, aber so, daß die Idee an-
geknüpft wird an geschichtliche oder legendarische Ereignisse und veranschaulicht an der Person des grundlegenden
Propheten, die eben zu diesem Behuf natürlich idealisiert
wird. So ist für den Perser der Prophet Zarathustra die
Verkörperung seiner Religion des Kampfes und der Hoffnung auf künftige siegreiche Herrschaft Gottes; dem Buddhisten ist Gaotama Buddha die Verkörperung der Erlösung
durch Erkenntnis, Selbstverleugnung und Barmherzigkeit;
dem Christen ist Jesus Christus die Verkörperung der Gotteskindschaft, der Erlösung von der Welt und Versöhnung
mit Gott in Glauben und Liebe. An das Zentraldogma
knüpfen sich dann meistens noch weitere Lehren über
Weltanfang und Weltende, zu denen teils alte Mythen,
teils philosophische Spekulationen den Stoff darbieten.
Das alles wird schließlich künstlich verknüpft zu dem theo-
logischen Lehrganzen, das ein Diesseits und Jenseits, Geschichte (bzw. Legende) und Metaphysik und Moral umfassendes Weltbild beschreibt, dessen Anspruch auf auto-
ritative Geltung für den Glauben der Kirche so lange feststeht,
bis sein Widerspruch mit dem Wissen der fortschreitenden
Kultur erkannt wird.

Der Widerspruch gegen die kirchlichen Glaubenslehren
erhob sich zuerst von seiten der Naturwissenschaft. Als
im 16. Jahrhundert Kopernikus mit der Lehre auftrat, daß
die Erde nicht stille stehe, sondern sich mit den anderen
Planeten um die Sonne drehe, da sah Melanchthon in dieser
Lehre einen grundstürzenden Irrtum und verlangte ihre
obrigkeitliche Unterdrückung; er durchschaute ihren Wider-

spruch mit dem biblischen Schöpfungsbericht und Weltbild mit seinen weittragenden Konsequenzen viel schärfer
als die späteren Theologen, die gelernt haben, das kopernikanische Weltbild zwar im allgemeinen gelten zu lassen,
vor seinen Konsequenzen im einzelnen aber die Augen zu
verschließen. Was Kopernikus begonnen, setzte im 17.
und 18. Jahrhundert die Physik und Mathematik fort:
in ihrer Gewöhnung an genaues logisches und kausales
Denken bildete sich die Überzeugung von der strengen
Gesetzmäßigkeit alles Geschehens. Spinoza hat zuerst
diesen Gedanken zur Grundlage einer philosophischen
Weltanschauung gemacht und hat auch schon die Konsequenz daraus gezogen, daß es Wunder im eigentlichen
Sinne von übernatürlichen Naturereignissen nicht geben
könne, weil sie eine Aufhebung der Ordnung der Welt
bedeuten würden, die doch eins sei mit dem ewig unveränderlichen Wesen Gottes. Zuletzt kam im 19. Jahrhundert
die von Lamarck vorbereitete, von Darwin siegreich durchgesetzte Entwicklungslehre, nach der alle höheren Gattungen von irdischen Lebewesen einschließlich des Menschen aus gewissen einfachen Grundformen durch allmähliche und natürlich bedingte Umwandlungen hervorgingen.
Wo bleibt dann die biblische Schöpfung? wo das Paradies?
wo der vollkommene Urstand der Menschheit? An die
Stelle dieser friedlichen Idylle tritt ein halbtierischer Anfang
unseres Geschlechtes mit allen Schrecken des harten Kampfes
ums Dasein, mit einem langsamen und mühsamen Aufsteigen zur menschlichen Kultur; aber doch immerhin ein
Aufsteigen aus den Niederungen der tierischen Natur zur
geistigen Befreiung, und das ist doch am Ende ein erhebenderer Gedanke als das kirchliche Dogma vom Fall aus mythischer Höhe in abgrundgleiche Tiefe der Verdorbenheit!

Auch für die Geschichtswissenschaft ist der Entwicklungsgedanke wichtig geworden. Man lernte auch in der Geschichte genauer achten auf das allmähliche, durch keine Sprünge oder abrupten Neuanfänge durchbrochene Werden des Höheren aus dem Niederen; an die Stelle göttlicher Wunderakte trat der natürliche Zusammenhang des Handelns der Einzelnen unter dem bedingenden Einfluß der sozialen Zustände ihrer Zeit und Umwelt. Man erkannte, daß auch die hervorragendsten Heroen und bahnbrechenden Geister doch immer zugleich Kinder ihrer Zeit und mit deren Schranken in irgend welchem Grade behaftet waren, daß alles Zeitliche auch ein zeitlich beschränktes, relatives sei. Diese Grundsätze wurden dann auch auf die biblische Geschichte angewandt und führten hier zu einer gründlichen Umwälzung der traditionellen Ansichten. Man begann, die biblischen Schriften nach der in der Profanliteratur üblichen kritischen Methode zu untersuchen und ihre Unterschiede und teilweisen Widersprüche in den einzelnen Überlieferungen wie in ihrer Gesamtauffassung des Christentums zu beachten. Das Menschliche und zeitgeschichtlich Bedingte an den Aussagen und Lehren der biblischen Schriftsteller trat überall so deutlich zutage, daß der Glaube an die Unfehlbarkeit und direkte göttliche Eingebung des Bibelwortes sich nicht mehr behaupten ließ. Endlich erweiterte sich der Blick von der biblischen auf die allgemeine Religionsgeschichte. Da zeigten sich bald die auffallendsten Parallelen zwischen biblischen und heidnischen Sagen und Lehren, Parallelen, die zum Teil auf eine Abhängigkeit jener von diesen hinzuweisen schienen. Es sei nur erinnert an die Ähnlichkeiten zwischen der biblischen und der babylonischen Schöpfungs- und Sintflutsage, zwischen den Gesetzen Moses und Hammurabis, zwischen den jüdischen und persischen Lehren von Engeln und Teufeln, von Auferstehung und Weltgericht, zwischen den evangelischen und den buddhistischen Wunderlegenden. Damit trat die kritische Zersetzung der überlieferten Glaubenslehren, die an den Außendingen (Schöpfung und Weltbild) begonnen hatte, schließlich auch noch an den Mittelpunkt heran: auch die Christus- und Erlösungslehre wurde in Frage gestellt, mindestens ihres einzigartigen Wundercharakters entkleidet, an dessen Stelle auch hier die zeitgeschichtliche Bedingtheit trat. So ist der Kampf zwischen moderner Wissenschaft und alter Glaubenslehre auf der ganzen Linie entbrannt, mit größter Heftigkeit wird er von beiden Seiten geführt. Wir stehen heute noch mitten darin. Wie wird er ausgehen? Werden die recht behalten, die das Ende der Religion durch den Sieg der Wissenschaft kommen sehen? Oder die starren Verteidiger des überlieferten Glaubens, die überzeugt sind, daß er auch aus der heutigen Krisis unversehrt und unverändert hervorgehen werde? Oder vielleicht keiner von beiden streitenden Teilen?

Soviel ist jedenfalls gewiß, daß von einer Herrschaft der Kirche über die Wissenschaft heute und in Zukunft nicht mehr die Rede sein kann. Diese Herrschaft war nur so lange möglich, als die Kirche das ganze geistige Leben der Gesellschaft beherrschte und eine selbständige weltliche Wissenschaft noch nicht aufgekommen war, wie im Mittelalter. Das umgekehrte Verhältnis stellte sich später ein, als in der Zeit der Aufklärung der menschliche Geist sich seines Rechtes und seiner Fähigkeit zu selbständigem autoritätsfreiem Denken bewußt wurde. Da trat nun die

Wissenschaft auf mit dem Anspruch, über die Religion zu
herrschen. Der emanzipierte Verstand machte sich seine
„natürliche Religion" aus abgezogenen Begriffen zurecht,
und was an der geschichtlichen Religion zu diesem freien
Gebilde der Reflexion nicht paßte, das wurde einfach als
sinn- und wertlos beiseite geworfen. Das war das ebenso
einseitige Gegenstück zum früheren Autoritätsglauben,
daher konnte man dabei auch nicht bleiben. Es ist ja
klar, daß die Wissenschaft ebensowenig die Religion
machen kann wie die Kunst, denn beide sind ein geschichtlich gegebenes und sich entwickelndes Leben, das man durch
Raisonnement ebensowenig erzeugen wie vernichten kann.
Auch liegt der Zweck der Religion sowenig wie der der
Kunst in der Vermehrung unseres Wissens um die Welt,
sondern sie will unser Herz in das richtige Verhältnis zu
Gott setzen und uns damit auch den richtigen Gesichtspunkt für die Beurteilung der Welt und des Lebens nach
ihrem Verhältnis zu unserem Fühlen und Wollen geben.
Darum war der Intellektualismus der Aufklärung freilich
verfehlt. Gegen die Aufklärung erhob sich dann in Männern
wie Rousseau, Hamann, Herder, Schleiermacher u. a. die
neue Richtung, die man als „Romantik" zu bezeichnen
pflegt: ein leidenschaftlicher Protest gegen die Verstandes-
herrschaft zugunsten der Rechte des Herzens und der
Phantasie, der Gefühle, Anschauungen, Stimmungen. Nach
Schleiermacher ist die Religion ein Gefühl vom Unendlichen
im Endlichen oder schlechthinniges Abhängigkeitsgefühl,
jede ist daher gleich wahr, sofern sie eben Gefühlssache ist,
mit der Wahrheit des Wissens aber hat sie gar nichts zu
tun. Und eben diese Meinung herrscht auch wieder in der
heutigen Neuromantik. Religion und Wissenschaft, so
sagt man, sollen schiedlich friedlich nebeneinander be-

stehen und sich gegenseitig einfach in Ruhe lassen, nicht umeinander kümmern. Die Wissenschaft soll sich beschränken auf das kausale Erkennen des Zusammenhangs der endlichen Dinge und Vorgänge, die Religion dagegen habe es nicht mit dem Erkennen, weder Gottes noch der Welt, zu tun, sondern nur mit den Erfahrungen unseres Gemütes, unseres inneren Lebens, die von den Wahrheiten der Wissenschaft ganz unabhängig seien und ihren Wert in sich selbst haben, in den wohltuenden und tröstenden Gefühlen, die uns eine innere Befriedigung geben, gleichviel wie es sich im übrigen mit ihrer „Wahrheit" verhalten möge.

Das scheint nun vielen heute ein willkommener Ausweg, ein billiger Friedensvorschlag in dem heißen Kampf zwischen Religion und Wissenschaft zu sein. Nur schade, daß mit dieser Scheidung zwischen Verstand und Herz der Zwiespalt nicht gelöst, sondern lediglich vertuscht und vertagt wird! Seien wir doch ehrlich und machen uns klar, wie die Dinge in Wirklichkeit liegen! Was will die Wissenschaft? Will sie bloß einzelne Zusammenhänge in diesem und jenem Gebiet der Erscheinungen erkennen? Wird sie jemals ganz auf den Versuch verzichten, von den Einzelheiten zum Ganzen fortzuschreiten und ein das Ganze umfassendes Weltbild zu entwerfen? Sicher nicht! Wie nun aber, wenn ihre Welterklärung auf einen mechanischen Materialismus hinauskommt, der für den Gottesglauben keine andere Bedeutung übrig läßt als die Feuerbachsche Illusionstheorie: kann damit die Religion sich zufrieden geben? Könnten denn die religiösen Gefühle ihren Wert behalten, wenn der Gegenstand, auf den sie sich beziehen, als ein subjektives Wahngebilde erkannt wäre? In der Tat, daran ist nicht zu zweifeln, daß es dann mit der Religion zu Ende wäre, ihre Erfahrungen und Gefühle würden bald ausbleiben, wenn ihnen ihr Grund, die Wahrheit des Gottesgedankens, entzogen wäre und sie gleichsam in der Luft schweben würden. Also kann die Religion mit einer atheistischen Weltanschauung der Wissenschaft nicht friedlich zusammenbestehen, sie kann sie nicht ertragen, ohne sich selbst aufzugeben. Aber sehen wir uns die Sache auch noch von der anderen Seite an. Die naive Vorstellungsweise der Religion knüpft ihre frommen Gefühle mit Vorliebe an die Wundersagen an und verlangt daher, daß um des Wertes ihrer Gefühle willen auch die Wunder als Wahrheit gelten und von der Wissenschaft als solche anerkannt werden sollen. Wird nun die Wissenschaft um des lieben Friedens willen sich dieser Zumutung einfach fügen? Bekanntlich sträubt sie sich dagegen, und von ihrem Standpunkt aus mit vollem Recht, denn diese Zumutung ist nichts anderes als die Forderung des Verzichtes auf die durchgängige Gesetzmäßigkeit alles Geschehens in Raum und Zeit, die die Grundvoraussetzung, die conditio sine qua non, für alles wissenschaftliche Denken und Erkennen der Welt bildet. Die Wissenschaft kann also darauf nicht verzichten, kann diese Konzession an die religiöse Vorstellungsweise nicht machen, ohne sich selbst aufzugeben. — So also steht es in Wahrheit! Jener Kompromiß zwischen Religion und Wissenschaft auf der Grundlage des gegenseitigen Sichignorierens und Gewährenlassens ist trüglich und unhaltbar, so annehmlich er einer oberflächlichen Betrachtung erscheinen mag. Mit solchen wohlfeilen Ausflüchten ist auf die Dauer nicht auszukommen, es sind nur Polster der Bequemlichkeit und Denkfaulheit und darum nicht geziemend für eine ernsthafte und ehrliche Religionswissenschaft. Sie darf die

Aufgabe nicht ablehnen, zwischen Religion und Wissenschaft eine **p o s i t i v e** Vermittlung zu suchen, ein Verhältnis ehrlicher gegenseitiger Anerkennung, Achtung und Förderung.

Daß ein solches Verhältnis beider zu finden sein muß, dafür bürgt uns der Gottesgedanke selbst, sofern er ja die Einheit von Weltgrund und Weltziel, das Letzte des Erkennens und des Wollens, in sich schließt. Wie er für die Moral die tiefste Begründung und Vollendung alles Sollens und guten Wollens enthält, so auch für die Wissenschaft den letzten Grund und das abschließende Ziel aller Welterkenntnis. Das ist der entscheidende Punkt, über den wir uns klar werden müssen. Die Voraussetzung der Wissenschaft ist, wie schon gesagt wurde, die durchgängige Gesetzmäßigkeit aller Welterscheinungen und die stetige Entwicklung alles Lebens in Natur und Geschichte. Die Voraussetzung der Gesetzmäßigkeit — worauf beruht sie? auf irgendwelchen Beweisen? keineswegs, sie ist ja ihrerseits die Grundlage aller Beweise der induktiven Forschung, kann also selbst nicht bewiesen werden. Sie ist letzten Ursprungs eine Glaubensannahme, eine Forderung der Vernunft, die die Welt in logisch geordnetem Denken erkennen will, daher notwendig annehmen muß, daß die Welt ein vernünftig geordnetes Ganzes, ein gesetzmäßiger Zusammenhang des Seins und Geschehens sei. Was schließt nun aber diese der Vernunft notwendige Glaubensannahme weiter in sich? Ist die Welt eine gesetzmäßige Ordnung des Wechselwirkens endlicher Kräfte, so erhebt sich sofort die Frage: woher stammt diese Ordnung? Da sie die Vielheit der endlichen Wesen und Kräfte beherrscht oder zur Einheit, zum „Kosmos" verknüpft, so kann sie unmöglich aus dem vielen Endlichen stammen, sondern sie muß die

Wirkung einer diesem Vielen vorauszusetzenden einheitlichen Ursache sein, einer Urkraft, die allen endlichen
Kräften als die unendliche Kraftquelle oder Allmacht zugrunde liegt, die aber zugleich ein vernünftiges Prinzip
sein muß, weil ja sonst bei ihrem Wirken in den Einzel-
kräften keine vernünftige Ordnung herauskommen könnte;
also eine allmächtige schöpferische Vernunft wird die dem
vernünftig geordneten Vielen zugrunde liegende Einheit,
das Weltprinzip oder Gott sein. Oder wollen wir, statt vom
Objekt des Denkens, vom denkenden Subjekt selbst ausgehen, so kommen wir wieder auf dasselbe Ergebnis. Sind
die logischen Gesetze unserer Vernunft von uns selbst
erdacht und gemacht? Gefunden, ja, d. h. ins Bewußtsein
erhoben und in begriffliche Formeln gefaßt sind sie von
denkenden Menschen, von Philosophen wie Aristoteles
oder Kant, die über das menschliche Denken selbst gründlich nachgedacht haben; aber gemacht sind die logischen
Gesetze der menschlichen Vernunft von diesen Denkern
wahrlich nicht, sowenig wie die arithmetischen und geo-
metrischen Gesetze von den Mathematikern, die physika-
lischen Gesetze von den Physikern, die sie zuerst gefunden
und formuliert haben, gemacht worden sind. Die Gesetze
unseres Denkens sind nicht die Erzeugnisse unseres Denkens, sondern die Voraussetzungen, unter denen wir überhaupt nur denken können, sie sind das „vorausgegebene"
oder a priori, wie Kant sagte. Woher stammt denn nun
diese allen gemeinsame und allen vorausgegebene Richt-
schnur des menschlichen Denkens? Aus einer nicht-
denkenden Ursache ließe sie sich nicht erklären, also bleibt
nur die Annahme übrig, daß sie von einem allem menschlichen vorauszusetzenden übermenschlichen Denken her-
stamme, von derselben schöpferischen Vernunft Gottes,

in der auch die gesetzmäßige Ordnung der äußeren Welt (Natur) begründet ist.

Was dann ferner den Entwicklungsgedanken betrifft, der die heutige Natur- und Geschichtswissenschaft beherrscht, so steht auch er nicht im Zwiespalt mit dem religiösen Gottesglauben, wenn man sich nur klar macht, was im Begriff der Entwicklung eigentlich liegt. Sie ist nicht bloß eine kausal bedingte Folge verschiedener Zustände (z. B. des Wetters oder der Erdoberfläche oder eines verwesenden Organismus — da redet niemand von „Entwicklung"), sondern sie ist eine solche stetige Veränderung der Zustände eines Lebendigen, die von Anfang beherrscht ist von dem beharrlichen Trieb, der auf das Endziel des ganzen Prozesses hinstrebt. Alle Entwicklung strebt einem Ziele zu, und dieser ihr Zweck, der in der Erscheinung zuletzt hervortritt, ist — wie schon Aristoteles sagte — von Anfang die treibende Kraft und das regelnde Gesetz ihres ganzen Verlaufes. Nun hat uns die heutige Wissenschaft gelehrt, das gesamte Leben der Natur in seinen mannigfachen Formen und Stufen als eine zusammenhängende einheitliche Entwicklung zu betrachten. Schön! Dann sind wir ja nur um so mehr berechtigt, nach dem Zweck dieser gesamten Entwicklung des Naturlebens zu fragen und diesen in seinem Ziel- und Gipfelpunkt zu finden, im Menschen, der als Kind der Natur doch zugleich mehr ist als Natur, weil auch denkender Geist, Vernunftwesen. Nun werden wir freilich daran erinnert, daß der Anfang der Menschheit noch keineswegs als erhabene Geistigkeit, sondern als sehr niedere tierähnliche Natürlichkeit zu denken sei; das ist sehr wahrscheinlich, da ja auch heute noch jedes Menschenkind mit ebenso bescheidenem Anfang beginnen muß. Aber daraus folgt doch nur, daß der natürliche Mensch noch nicht

der letzte Endzweck ist; die Entwicklung des Lebens bleibt
ja auch nicht bei ihm stehen, sondern geht weiter, nun aber
nicht mehr als Naturprozeß, sondern als der geschichtliche
Prozeß der Kultur. Was ist nun der Zweck, das anzu-
strebende und teilweise erreichte Ziel der geschichtlichen
Kultur? Es ist die Ausbildung der Vernunftanlage des
Menschen zu einer wirklich vernünftigen sittlichen Persönlichkeit, es ist das Werden des geistigen Menschen, der
die Natur an sich und außer sich überwindet und zum
dienenden Mittel des freien Geistes herabsetzt. Wenn nun
also das Endziel aller Natur- und Geschichtsentwicklung
Geist im formalen und realen Sinne des Wortes ist, müssen
wir dann nicht voraussetzen, daß auch schon der Grund
dieser ganzen Entwicklung Geist, schöpferischer, zweck-
setzender und zweckverwirklichender Geist sei? Oder wäre
es denkbar, daß etwas als Wirkung am Ziel herauskäme,
was in keinerlei Weise in der Ursache vorhanden wäre?
Kann etwa aus dem geistlosen Stoffe Geist entstehen?
Das wäre doch wohl das größte aller Welträtsel! Sonach
wird man sagen dürfen, daß die gesetzmäßige Ordnung und
Entwicklung der Natur und Geschichte, dieser Grundgedanke der Wissenschaft, den Gottesglauben nicht nur
nicht ausschließt, sondern ihn sogar zu ihrer eigenen
Begründung fordert. Und damit ist die Vereinbarkeit von
Wissenschaft und Religion gesichert.

Doch nicht bloß friedlich können beide sich vertragen:
sie können und sollen auch sich gegenseitig fördern. Die
Religion enthält ein Regulativ für die Wissenschaft insofern,
als sie protestiert gegen einseitige Weltanschauungen, wie
den Materialismus, Positivismus, Nihilismus und Illusio-
nismus, bei denen die Tatsachen des geistigen, insbesondere
des sittlich-religiösen Lebens nicht zu ihrem Rechte kämen.

Umgekehrt dient aber auch die Wissenschaft als Regulativ
für die Religion; denn was sie als zweifellose Wahrheit
hinsichtlich der Natur oder Geschichte erkannt hat, mit
dem muß auch die religiöse Weltanschauung sich in Einklang setzen, und was an ihren überkommenen Vorstellungen dem widerspricht, das kann nicht als eigentliche
objektive Wahrheit gelten. Denn eine zwiespältige Wahrheit kann es nicht geben, das wäre ein Selbstwiderspruch
der Vernunft und eine Verneinung der Einheit Gottes, der
der éine Grund aller Wahrheit ist. Also muß die Religion
solche überkommenen Vorstellungen, denen die gesicherte
wissenschaftliche Wahrheitserkenntnis widerspricht, fallen
lassen. Und sie hat das im Verlauf ihrer Geschichte schon
oft genug getan, wenn auch allerdings meistens nur widerwillig und zögernd. Es hat sich aber allemal schließlich
gezeigt, daß die Religion durch solche Zugeständnisse nichts
an wirklichem Wert eingebüßt, sondern vielmehr gewonnen
hat an geistiger Vertiefung und Läuterung. Es sind doch
nur die unreinen Schlacken ihrer aus der Kindheitszeit
der Menschheit, aus der Naturreligion noch nachwirkenden
sinnlichen Formen und Schalen, die im Feuer der wissen-
schaftlichen Kritik ausgeschieden werden, so daß ihr
geistiger Gehalt immer reiner zutage tritt und sie immer
mehr ihrem Ideale sich nähert, der Anbetung Gottes im
Geist und in der Wahrheit. Dazu dient besonders auch die
Erweiterung des Gesichtskreises über die einzelne positive
Religion hinaus auf das Ganze der Religionsgeschichte. Auch
das wird freilich von der naiven Frömmigkeit zunächst als
störend und peinlich empfunden, wie wir das erst kürzlich
bei Gelegenheit des Babel-Bibelstreites zu erfahren bekommen haben. Aber es ist doch in der Tat so, daß nur
der éine Religion wirklich kennt, der mehr als nur éine

kennt. Die vergleichende Religionsgeschichte macht uns nicht nur duldsam gegen die fremden Religionen, indem sie zeigt, daß der göttliche Logos überall in der Menschheit die Samenkörner des Wahren und Guten ausgestreut hat; sie lehrt uns auch die eigene Religion besser zu verstehen, das Wesentliche und Zufällige, das Bleibende und Vergängliche an ihr klarer zu unterscheiden. Aber, fragt man, wo bleibt dabei die „Offenbarung"? Nun, auf das Vorurteil der alleinigen Offenbarung und einzigartigen unfehlbaren Offenbarung werden wir freilich verzichten müssen; aber auch das wieder ist zuletzt kein Schade, sondern Gewinn. Denn nun lernen wir die Offenbarung erst in ihrer ganzen Größe und Weite und in ihrer wahren göttlich-menschlichen Art erkennen, als das éine göttliche Licht, das im Medium der menschlichen Geister sich in mannigfachen Strahlen und Farben bricht. Sie bleibt nicht mehr beschränkt auf den kleinen Erdenwinkel Palästina und auf alte längst versunkene Zeiten, sondern in allen Ländern und zu allen Zeiten hat sich Gott kundgegeben und hat sich finden lassen von den reinen Seelen, die ihn mit Ehrfurcht und Ernst suchten. Wenn dabei das Christentum auch nicht mehr die einzige Religion bleibt, so bleibt es doch die höchste und reinste. Und diese Wertschätzung unserer eigenen Religion ist dann nicht mehr ein ungeprüftes Vorurteil, sondern eine durch Vergleichung mit den anderen geschichtlichen Religionen erprobte Erkenntnis.

So kommen wir also zu dem Ergebnis, daß die Wissenschaft, weit entfernt, die Religion zu zerstören, ihr vielmehr von jeher die wertvollsten Dienste geleistet hat und ferner leisten wird. Sie kann das aber nur tun, wenn die Religion nicht die Wissenschaft bevormunden will, sondern ihr die

Freiheit ihres Forschens zugesteht, ja auch in ihr eine Dienerin der Wahrheit, also Gottes anerkennt. Je mehr das Licht der Erkenntnis mit der Wärme des Herzens, mit der Kraft des Glaubens, Liebens und Hoffens sich verbindet, desto mehr wird die Menschheit werden zum Tempel des lebendigen Gottes.

Die Anfänge der Religion.

Was wissen wir von den Anfängen der Religion? Genau genommen, eigentlich nichts! Denn alle geschichtlichen Zeugnisse reichen weit nicht zurück bis zu den ersten Anfängen der Religion, so wenig wie zu denen der Sprache. Wir wissen, wenn wir ehrlich sein wollen, von den anfänglichen Zuständen der Menschheit überhaupt nichts und können nie etwas Gewisses darüber wissen. Nur Vermutungen können wir darüber aufstellen, die, soweit als sie auf Rückschlüssen aus dem Bekannten beruhen, mehr oder weniger Wahrscheinlichkeit haben mögen, aber doch immer von sicherem Wissen wohl zu unterscheiden sind; keine dieser Hypothesen kann bewiesen werden, also braucht man auch nicht über sie zu streiten.

Die Anhaltspunkte für solche Vermutungen liegen vor allem in der Analogie der heutigen kulturlosen („wilden“) Völker, von denen man annehmen kann, daß sie den Anfängen des menschlichen Geschlechts verhältnismäßig noch am nächsten stehen dürften. Auch in den Kulturreligionen finden sich überall gewisse Elemente, die mit der sonstigen höheren Kultur der betreffenden Völker, mit dem durchschnittlichen Niveau ihrer intellektuellen und moralischen Bildung nicht übereinstimmen, daher als Überbleibsel einer früheren Stufe beurteilt werden können. Wenn nun diese Überbleibsel zusammentreffen oder doch nahe verwandt sind mit den gemeinsamen Grundzügen der

Religion der Wilden, so scheint die Vermutung nicht unbegründet zu sein, daß sich in ihnen Spuren von den Anfängen der Religion erhalten haben könnten. Allerdings ist bei diesem Rückschluß immer Vorsicht zu beobachten, denn es läßt sich nicht von vornherein behaupten, daß die Religion der Wilden wirklich nur der stehengebliebene Anfang aller menschlichen Religion sei; die Möglichkeit eines Rückschrittes, einer Degeneration höherer Anfänge ist um so weniger außer acht zu lassen, als tatsächlich vielfach Anzeichen einer solchen vorkommen.

Ferner müssen wir uns hüten vor der heufigen Verwechselung der ältesten theoretischen Grundlage der Religion mit dieser selbst. Die primitive Weltanschauung oder kindliche Volksmetaphysik, die überall mit erstaunlicher Regelmäßigkeit als die gemeinsame Grundlage der verschiedensten Religionen sich erkennen läßt, ist der „ A n i m i s m u s ", worunter wir den Seelen- oder Geisterglauben im weitesten Sinne verstehen. Dieser Glaube umfaßt verschiedenartiges und ist daher nicht aus einer einzigen, sondern aus mehrfachen psychologischen Wurzeln zu erklären. Die erste ist die Naturbeseelung, wie wir sie als unwillkürliche bei Kindern, als willkürliche bei Dichtern noch immer beobachten können. Sie erklärt sich aus der dem Menschen natürlichen Neigung, die äußeren Gegenstände nach Analogie seiner inneren Zustände vorzustellen, seine Gefühle und Affekte auf sie zu übertragen, insbesondere alle von den Dingen ausgehenden Wirkungen nach Analogie seines eigenen Wirkens, somit als Willenshandlung, vorzustellen, der eine freundliche oder feindliche Absicht seitens des wirkenden Dinges zukomme. So schlägt das Kind den Tischfuß, an dem es sich gestoßen hat, weil es diese unangenehme Wirkung als Folge einer feindlichen Absicht des Tisches vorstellt, an dem es sich daher rächen will. Und so tief wurzelt in uns allen dieser psychologische Hang zur Personifikation oder Beseelung der Dinge, daß auch noch der Kulturmensch gelegentlich über die „Tücke des Objektes" ergrimmt, wenn etwa seine Schreibfeder den Dienst versagt. Wie sollten wir uns darüber wundern, daß der Naturmensch allen Dingen der Natur, zumeist den sich bewegenden, aber auch den unbeweglichen, eine menschenartige Seele und freundliche oder feindliche Absichten zuschreibt? Diese Seele ist aber zunächst von dem stofflichen Ding noch ganz ungeschieden, sie ist nichts anderes als das Ding selbst, als fühlend-wollendes Wesen vorgestellt, also sehr verschieden von den freien Göttern. Wie mag es nun wohl zu diesen gekommen sein? Mehrere psychologische Motive mögen dazu beigetragen haben.

Zunächst die Erfahrungen der Traumerscheinungen: Wenn wir im Traum ferne wohnende oder längst verstorbene Freunde anwesend und mit uns verkehren sehen oder unsererseits in ferne Gegenden reisen und wunderbare Dinge erleben, so wissen w i r zwar, daß uns unsere Phantasie diese Bilder vorgegaukelt hat, aber der Naturmensch weiß das nicht, sondern hält diese Erscheinungen für ebenso real wie die der wachen Wahrnehmung; und doch sagt ihm sein Verstand, daß er in den kurzen Stunden der Nacht nicht leibhaftig so weite Strecken durchreist haben kann, und daß die fernen oder verstorbenen Freunde nicht leibhaftig durch seine verschlossenen Türen zu ihm gekommen sein können. Da bleibt ihm nur die Erklärung: seine Seele ist zeitweilig aus dem Leibe aus- und in die Ferne gewandert, und die Seelen seiner Freunde haben ihn in der Nacht besucht. Diese Seele wird als der genaue Doppelgänger des leibhaften Menschen vorgestellt, nur aus luftartigem

Stoffe bestehend und daher viel beweglicher als der grobstoffliche Leib, an diesen für gewöhnlich zwar als an ihre Behausung gebunden, doch zeitweilig auch ihn verlassend und frei schweifend. Aber die Seele kann auch für immer aus ihrem Leibe ausziehen, davon überzeugt sich der Naturmensch beim Anblick eines Sterbenden: Er sieht die Veränderung des Körpers, der, eben noch kraftvoll bewegt, jetzt als stiller Mann daliegt, und er kann diese Veränderung nur daraus erklären, daß die Seele diesen Körper verlassen habe; mit dem letzten Atemzug ist sie ausgefahren, also — so schließt er — ist sie selbst ein Hauch, ein Wind; oder mit dem strömenden Blute ist sie entwichen, also sitzt sie im Blute, ist die Wärme, der Dampf des Blutes. Daß die Seele beim Tod des Leibes aufhöre zu sein, das liegt dem Naturmenschen ganz fern, sie ist nur ausgewandert, lebt aber als Hauch und Schatten um so gewisser weiter, als sie ja auch im Traum und in Halluzinationen oft wieder erscheint. Auch kann die abgeschiedene Seele wieder in neue Körper als ihre Behausung einziehen, sei es in menschliche, etwa den eines neu zur Welt kommenden Enkels, wie die Indianer meinen, die sich hieraus den Atavismus erklären, oder auch in tierische Leiber, besonders Vögel und Schlangen, die vielfach als Verkörperungen von Ahnenseelen gelten. Diese Ahnenseelen unterscheiden sich von den vorher besprochenen Naturseelen durch ihre bestimmte menschliche Individualität und ihre Freiheit von den Körperschranken, ihre selbständige Bewegungsfreiheit; dagegen entbehren sie die machtvolle und stetig beharrliche Wirkungsweise, wie sie den größeren unter den beseelten Naturwesen eignet. Gewiß lag eine Verschmelzung dieser beiderseitigen Seelenvorstellungen sehr nahe und damit war die Vorstellung von Götterwesen schon gegeben.

Indes kommt noch eine dritte Form von Geistern hinzu, die gewissermaßen in einer primitiven Logik ihre Wurzel hat: Geister, die auf der Verselbständigung und Personifikation von Abstraktionsbegriffen beruhen. Wenn dem Naturmenschen einzelne Bäume oder Quellen auffallen, mag er wohl die machtvolle und wohltuende Seele derselben als göttliche Wesenheit verehren; wenn er aber viele Bäume im Walde beisammen sieht, so faßt er die vielen Exemplare zur Einheit der Art zusammen und stellt sich diese Einheit wieder als ein selbständiges Geistwesen vor, das sich zu den einzelnen Bäumen als Urbild und Erzeuger ihres besonderen Lebens verhalte: der Waldgott. Ebenso erhebt sich über die einzelnen Quellen eine allgemeine Wassergottheit, über die einzelnen Feuer ein Feuergott, über die Winde ein Windgott — überall der verselbständigte Gattungsbegriff als die erzeugende Macht der Einzelerscheinungen. Ebenso werden die Tier- und Pflanzengattungen auf ein typisches Urwesen als den göttlichen Erzeuger und Erhalter ihrer einzelnen Exemplare zurückgeführt. Endlich jede menschliche Gemeinschaftsgruppe, Stämme, Geschlechter und Familien werden auf einen göttlichen Stammvater zurückgeführt, der schwerlich der Geist eines individuellen Ahnen, sondern vielmehr die in einem Geistwesen verselbständigte Einheit der betreffenden Gruppe ist. Unter dieselbe Kategorie der Personifikation von abstrakten Begriffen gehören auch die Götter von Tätigkeiten und Zuständen, z. B. des Wachstums und der Fruchtbarkeit, der Geburt und des Todes, der Krankheit und Gesundheit, des Krieges und Friedens und aller möglichen Kulturtätigkeiten, Tugenden und Laster u. dgl. Man hat neuerdings derartige Tätigkeitsgötter, weil sie nur zeitweise sich kundgeben, als „Augenblicksgötter“ bezeichnet und in ihnen die Grundformen sehen wollen, aus denen erst mit der Zeit die dauernden großen Götter erwachsen seien; beweisen wird sich das nicht lassen.

Überhaupt scheint es mir nutzlos, darüber zu streiten, welche von diesen verschiedenen Arten von Seelen und Geistern die früheren oder späteren gewesen sein mögen — genug, daß sie alle in den ältesten uns bekannten Religionen sich vorfinden, und daß wir imstande sind, ihre psychologische Entstehung zu erklären. Und werfen wir nun einen Blick auf die geschichtlichen Religionen, in denen sich das Uralte verhältnismäßig am treuesten erhalten hat, wie die chinesische und ägyptische, so scheinen sie die Vermutung nahe zu legen, daß das Wesen, in dem eine besondere Gemeinschaftsgruppe, Familie oder Clan oder Stamm oder Volk, ihre gemeinsame Gottheit erblickte, entstand aus einer Verbindung des kollektiven Ahnengeistes dieser Gruppe mit einer personifizierten Naturmacht, sei es des Himmels (China) oder der Sonne (Japan, Peru, Ägypten: Ra) oder der Erde und irdischer Fruchtbarkeitsgeister (Isis-Osiris, Magna Mater) oder einer bestimmten Tiergattung (der heiligen Tiere der ägyptischen Gaue und anderer totemistischer Stämme). Warum in den einzelnen Fällen dieses oder jenes Naturwesen vergöttert wurde, können wir nicht erklären und ist auch unwesentlich; die Hauptsache ist, daß jede dieser Gruppen in ihrer Gottheit die Macht verehrt, von der das gemeinsame Leben ihrer einzelnen Glieder und ihrer Naturumgebung herstammt und erhalten wird; der Gott ist für seine Verehrer die erzeugende und erhaltende Lebensmacht ihrer dauernden Gesamtheit. Daraus konnte der Schein entstehen, als ob er die vergötterte Person eines geschichtlichen Ahnherrn sei, — die bekannte Theorie des Euhemeros, die neuerdings von Herbert Spencer u. a. wieder aufgenommen worden ist.

Aber diese Theorie ist irrig; sie wird durch die unbestreitbare Tatsache widerlegt, daß der Stammgott in den ältesten Religionen nicht als Mensch vorgestellt wird, sondern als lebendiges Naturwesen himmlischer oder irdischer Art. Mit Recht hat man daher gesagt: Nicht weil er Ahnherr war, wird er als Gott verehrt, sondern weil er als Gott verehrt wird, gilt er auch als der Ahnherr, der Stammvater seiner Verehrer (E. Caird). Für uns erscheint es freilich als eine schwer vollziehbare Vorstellung, daß ein sinnliches Naturobjekt, wie der Himmel oder die Sonne oder die Erde oder ein Berg, ein Baum, ein Fluß, ein Tier, sollte Menschen erzeugt haben; aber wir dürfen uns durch diese Schwierigkeit doch nicht dazu verleiten lassen, diese Vorstellung, die in den ältesten Religionen überall wiederkehrt und zahllosen Mythen zugrunde liegt, zu verneinen oder zu bloß uneigentlicher Symbolik abzuschwächen; Symbolik im Sinn bewußter Bildersprache gibt es in der Urzeit überhaupt noch nicht, sondern da ist alles ganz eigentlich und leibhaftig gemeint. Übrigens wird hierbei zweierlei zu beachten sein: einmal, daß die Schwierigkeit, die in jener Vorstellung für u n s liegt, nicht ebenso auch für die Urmenschen bestand, und zwar darum nicht, weil ihnen unsere scharfe Unterscheidung zwischen den verschiedenen Gattungen von Wesen, zwischen Menschen, Tieren, Pflanzen, zwischen belebten und unbelebten Dingen, noch ganz ferne lag; wie es ihnen nicht unnatürlich erschien, daß eines in das andere übergehe, sich verwandele, ebensowenig erschien ihnen das Erzeugtwerden des einen aus dem anderen unmöglich. Sodann aber wollen wir nicht übersehen, daß in jener uns zunächst so wunderlich erscheinenden Vorstellung im Grunde doch ein guter vernünftiger Sinn sich verbirgt. In der Vorstellung ihres Stammgottes verbindet sich für die Urmenschen beides zur Einheit: die übermenschliche, geheimnisvolle, dauernde Macht, die in seiner Naturseite ausgedrückt ist, und die in seiner Eigenschaft als Stammvater enthaltene innige Verwandtschaft mit den Menschen, die ein Verhältnis gegenseitiger Verbundenheit, der Schirmherrschaft und der Pietät, begründet. Wäre er nicht Naturwesen, so käme ihm nicht die dem Menschen überlegene dauernde Macht zu, die vom Gottesgedanken unabtrennlich ist; wäre er aber nicht zugleich der Vater (bzw. die Mutter) seines Stammes, die Quelle des gemeinsamen Lebens der Generationen, so würde das feste Band zwischen ihm und den Menschen, der Anknüpfungspunkt für das religiöse Verhältnis, fehlen. Sie sehen also wohl, daß jene auf den ersten Blick uns so paradox, ja grotesk erscheinende Vorstellung der Urreligion von der Gottheit im Grunde nur die naive, für den kindlichen Geist allein mögliche Ausdrucksform war für den vernünftigen Gedanken Gottes als der Einheit von übermenschlichem und innermenschlichem Wesen, von Natur und Geist.

So diente denn auch diese Gottesvorstellung von Anfang an schon nicht bloß zur Anknüpfung eines religiösen Verhältnisses, sondern auch als sittliches Gemeinschaftsband für die Verehrer desselben Gottes. Es gab ursprünglich kein anderes sittliches Band für die Menschen als dieses religiöse; in ihrer gemeinsamen Gebundenheit an ihren göttlichen Erzeuger, Erhalter und Beschützer fühlten sich die Stammgenossen auch miteinander solidarisch verbunden. Die religiöse und die soziale Gemeinschaft fielen von Anfang an zusammen; nicht weiter, als die letztere, konnte auch die erstere sein, daher der engbegrenzte Umfang einer Kultgenossenschaft und des Herrschaftsbereiches ihres Gottes. Aber wie eng begrenzt auch, so war es doch immer irgend welche Gemeinschaft, in der ein religiöser Glaube gepflegt und kultisch betätigt wurde. Die Meinung, daß die Religion als individuelle Angelegenheit und mit der Verehrung von göttlichen Wesen, die nur Einzelnen angehörten, begonnen habe, ist ein gründlicher Irrtum. Überall in der menschlichen Geschichte war die natürliche, auf Blutsverwandtschaft beruhende Gemeinschaft das erste; die Individuen gingen in diesem solidarischen Ganzen noch unterschiedslos auf und haben sich erst allmählich und sehr langsam auf ihre besondere Eigenheit und Berechtigung besonnen. So war es auf allen Kulturgebieten, nicht am wenigsten auf dem der Religion. Auch sie begann mit dem gemeinsamen Kult der blutsverwandten Sippe, der Einzelne hatte und verehrte keine anderen Götter als die seines Stammes. Wurde er aus diesem verstoßen, von seinem Kultus getrennt, so fühlte er sich ebendamit auch von seinem Gotte getrennt und fremden Göttern verfallen, von denen er nichts Gutes zu erwarten hatte; ebendarin lag für den antiken Menschen das Furchtbare der Verbannung vom Boden und vom Kult der Heimat.

Über die älteste Form des Gottesdienstes läßt sich kaum etwas sagen, ohne sich der Gefahr auszusetzen, spätere Bräuche in den Anfang zurückzutragen. Anrufungen der Gottheit und Opfer werden wohl immer dazu gehört haben; aber welchen Sinn das Opfer ursprünglich hatte, ist eine schwierige Frage. Daß es von Anfang an ein Tribut an die Gottheit gewesen, ist keineswegs sicher; manches scheint für die Ansicht zu sprechen, die der gelehrte und scharfsinnige Religionsforscher Robertson Smith aufgestellt hat, daß das Opfer ursprünglich nichts anderes als eine „heilige Kommunion" gewesen, sei es im Sinne eines gemeinsamen Mahles, zu dem die Götter als Gäste geladen wurden und ihren Anteil an Speise und Trank bekamen, oder auch in dem vielleicht noch älteren Sinn, daß man in dem Leben des geopferten Tieres oder Menschen das Leben der Gottheit selbst innewohnend dachte und durch den Genuß des rohen Fleisches und Blutes dieses göttliche Leben sich anzueignen glaubte; danach wären die späteren Mysterienbräuche, denen unzweifelhaft ein derartiger Gedanke zugrunde lag, nur die verfeinerte Form des ältesten Opferkultus. Demselben Zweck der Vereinigung mit der Gottheit dienen auch die orgiastischen Tänze, bei denen sich die Teilnehmer in das Gewand und die Masken ihres Gottes zu hüllen pflegen: sie meinen sich damit in sein Wesen zu versetzen, und die ekstatische Raserei erscheint dann als Wirkung des Ergriffen- und Erfülltseins vom Gott („Enthusiasmus"). In hohes Altertum reichen ferner die Bräuche zurück, die man als „Analogiezauber" zu bezeichnen pflegt: Handlungen, die eine göttliche Tätigkeit, wie das Befruchten der Erde, den Regen u. dgl. Naturvorgänge nachahmen und damit befördern und hervorrufen sollen; übrigens ist die Bezeichnung „Analogiezauber" insofern irreführend, als ursprünglich jene Handlungen nicht als bloße Analogie, als Bild, sondern als ein wirkliches und wirksames Mitwirken mit dem Tun der Gottheit, sonach als reales Mittel zum gewünschten Effekt, gemeint waren. Später erst, wenn diese ursprüngliche Bedeutung nicht mehr verstanden wurde, sank die Handlung zur bloßen Zeremonie herab, der eine magische Wirkung zugeschrieben wurde. Auf diese Weise konnte überhaupt aus anfänglichen naiv-religiösen Kultushandlungen mit der Zeit die eigentliche „Zauberei" entstehen, die also nicht der Anfang, sondern eine Entartung der Religion ist, weil in ihr der Mensch nicht im Dienste der Gottheit und für deren Zwecke handelt, sondern ohne und wider sie eigenwillige Zwecke durch geheimnisvolle Mittel erreichen will. Ähnlich verhält es sich auch mit dem Fetischismus, den man mit ebensowenig Recht wie die Zauberei für den Anfang der Religion erklärt hat. Das Wort „Fetisch" bedeutet ein beliebiges natürliches oder künstliches Ding, das als Kultusmittel insofern dient, als sich an dasselbe die Vorstellung von der Gegenwart und wirksamen Kraft einer Gottheit knüpft. Solche sakramentalen Zeichen für das praesens numen finden sich in allen Kulten, weil sie dem natürlichen Bedürfnis nach anschaulicher Vergegenwärtigung des Göttlichen entsprechen. Aber nirgends sind sie mit der Gottheit einfach identisch, nirgends der erschöpfende Ausdruck ihres Wesens. Den Spiegel im Tempel der Sonnengöttin hält der Japaner für das Zeichen der Gegenwart der Göttin, aber es fällt ihm nicht ein, ihn für die göttliche Sonne selbst zu halten. Wie wäre es denn auch psychologisch zu erklären, daß die Menschen tote Dinge, von denen sie gar keine Wirkungen ausgehen sahen, für ihre Götter gehalten hätten? Erst wenn die Vorstellung der Gottheit auf dem vorhin beschriebenen Wege gewonnen war, konnte man beliebige Dinge zu ihr in eine derartige Beziehung setzen, daß sie als Mittel ihrer kultischen Vergegenwärtigung dienten. Und daraus konnte dann freilich die abergläubische Vorstellung sich bilden, als ob das heilige Ding an sich, abgesehen von seiner kultischen Beziehung zur Gottheit, eine übernatürliche Wunderkraft besäße, der sich der Einzelne zur Hervorbringung beliebiger Zauberwirkungen bedienen könne. So wird aus dem anfänglichen Kultusmittel ein Zaubermittel; was anfangs zur frommen Vergegenwärtigung der Gottheit diente, drängt sich an deren Stelle und wird zum Ersatz der Gottheit. Für diese abergläubische Entartung der Religion ist „Fetischismus" der zutreffende Name. Darum sollte man endlich aufhören, den Fetischismus für die anfängliche Religion der Menschheit zu erklären.

Wollen Sie nun für die anfängliche Religion, wie wir sie jetzt nach Rückschlüssen aus dem Bekannten für wahrscheinlich halten dürfen, einen bestimmten Namen haben, so würde ich vorschlagen, sie einen n a i v - p a t r i a r - c h a l i s c h e n   H e n o t h e i s m u s zu nennen, der aber natürlich wohl zu unterscheiden ist vom universalen ethischen Monotheismus. Dieser hat sich erst Jahrtausende später entwickelt, er ist der Glaube an den éinen alles beherrschenden geistigen Gott. Hingegen ist jener patriarchalische Henotheismus der naive Glaube jedes Stammes an seinen besonderen Stammgott und Stammvater, der zwar für alle Glieder des Stammes die éine höchste, ja in gewissem Sinne — eben als ihr Erzeuger — die einzige eigentliche göttliche Macht ist, mit der und durch die sich alle Glieder des Stammes unbedingt verbunden fühlen. Aber dieser besondere Stammgott jedes Stammes schließt die Götter anderer Stämme nicht aus, sondern setzt sie vielmehr voraus, er steht zu ihnen in genau demselben Verhältnis der Rivalität und meistens der entschiedenen Feindschaft, wie in den Urzeiten der eine Stamm zu den benachbarten Stämmen. Ferner ist dieser Henotheismus noch nicht ein geistig-sittlicher Theismus, denn dieser Stammgott ist ja, wie wir gesehen haben, noch durchaus ein Naturwesen, und auch sein Verhältnis zu seinen Verehrern ist noch ein naturalistisches, auf physischer Abstammung beruhendes. Und doch werden wir sagen dürfen, bei aller seiner kindlichen Naivität enthält schon dieser anfängliche Glaube die Keime zu aller höheren religiösen Entwicklung. Schon hier löst die Gottesvorstellung das religiöse Grundgefühl der Ehrfurcht aus, in dem Abhängigkeit und Freiheit, Furcht und Vertrauen sich verbinden, wenn auch immerhin bald das eine, bald das andere stärker hervortreten, insbesondere die Furcht vor den unberechenbaren Launen des Naturgottes noch eine starke Rolle spielen mag. Und daß dieser Glaube auch schon sittliche Bedeutung hat, ist nicht zu bezweifeln. Indem er die Genossen eines Stammes zu einer Kultgemeinschaft verbindet, erhebt er das Band der Blutsverwandschaft zur unbedingten Verpflichtung wechselseitiger Solidarität, prägt also jedem Einzelnen die elementare sittliche Pflicht der Hingebung an das gemeinsame Ganze ein. Freilich hängt mit der Enge der religiösen Gemeinschaft auch die der sittlichen Verpflichtung zusammen; die nicht zum eigenen Stamm gehörigen sind Fremde und Feinde, denen gegenüber auf dieser frühen Stufe eine sittliche Verpflichtung noch nicht anerkannt wird. Ja, es gilt als religiöse Pflicht,, das von einem Fremden vergossene Blut eines Stammgenossen zu rächen, da es ja das dem Stammgott angehörige Blut ist; diese Pflicht der Blutrache mit ihren endlosen Fehden war überall ein schweres Kulturhemmnis. So wirkte die enge Stammesreligion nach innen zwar als disziplinierende und kultivierende, nach außen aber zugleich als verrohende und kulturwidrige Macht.

Der weitere Fortschritt von der henotheistischen Stammesreligion führte meistens zur polytheistischen Volksreligion. Der Polytheismus oder Glaube an eine Vielheit nebeneinander stehender Götter ist nirgends das ursprüngliche, sondern ein Ergebnis geschichtlicher Entwicklung. Wenn verschiedene Stämme sich, sei es durch Bündnisse oder durch kriegerische Unterwerfung der einen unter andere, zu einem größeren Volksganzen verbinden,

so behalten sie zwar ihre ursprünglichen Götter, aber deren
Abschließung gegeneinander läßt sich nicht mehr aufrecht
erhalten. Mit der Volkseinheit stellt sich auch das Bedürfnis ein, die vielen Sondergötter zueinander in ein geordnetes Verhältnis zu setzen. Man ordnet sie entweder
genealogisch, indem man die einen zu Kindern und Enkeln
der anderen macht, oder feudal, indem man sie nach Rang-
stufen gliedert und einem Oberhaupt unterordnet, einem
Götterkönig, der gewöhnlich der Sondergott der herrschenden Völkerschaft oder der Reichshauptstadt oder der jeweiligen Dynastie ist. Es kommt hinzu, daß in diesen
größeren Volksgemeinschaften das Kulturleben sich bald
reicher entfaltet und differenziert; es entstehen die verschiedenen Gewerbe, die Künste, die politischen und kriege-
rischen Berufsarten und dann auch ein besonderer Stand
zur regelmäßigen Pflege der Religion, das Priestertum.
Mit alledem bekommt das Leben der Menschen einen rei-
cheren Inhalt, und das wirft auch auf die Götterwelt seinen
Reflex zurück. Jedem Gott wird jetzt ein besonderes Geschäft und Regierungsdepartement zugewiesen. So erhalten die einzelnen Götter einen individuellen Charakter,
den sie als Stammgötter noch nicht gehabt hatten, sie
werden jetzt erst eigentlich zu Persönlichkeiten nach dem
Bilde des Menschen. Natürlich muß damit auch die frühere
Tiergestalt der Götter der Menschengestalt weichen. Zumeist in der griechischen Religion war das der Fall, da
verschwand der Zoomorphismus ganz. Das war gewiß
ein wichtiger Fortschritt; denn erst als der Gott als Mensch
vorgestellt war, konnten ihm auch menschliche Gedanken
und freies zweckbewußtes Handeln zugeschrieben werden.
Diese Vermenschlichung der alten Naturgötter ist aber nicht
überall ganz vollzogen worden, in Ägypten blieb sie in der

Mitte stecken, daher die wunderlichen halbtierischen und halbmenschlichen Götterbilder der Ägypter. Bei den Griechen ist die Erinnerung an die frühere Tierform nur darin bewahrt, daß den Göttern Tiere als Symbole beigegeben werden, die ursprünglich mehr als Symbole waren.

Mit dieser Vermenschlichung und Systematisierung der Götter wird nun auch das religiöse Verhältnis ein anderes; es kann nicht mehr das einfach naturalistische Verhältnis der Abstammung bleiben, denn die verschiedenen Angehörigen eines Volkes können nicht mit den sämtlichen Volksgöttern blutsverwandt sein. Somit tritt jetzt ein politisches an die Stelle des patriarchalischen Bandes: das Volk sieht in den Göttern seine himmlischen Herren, wie in den Fürsten die irdischen, im obersten Gott den himmlischen (olympischen) König, das Urbild des irdischen. Und damit tritt nun das Motiv der bedeutsamsten Fortbildung in den Glauben der Völker ein: der Gott des Volkes gilt als der Begründer und Beschützer der bürgerlichen Rechtsordnung und als Rächer des Unrechts, das diese Ordnung verletzt. Von der himmlischen Justiz leitet die irdische ihre Macht und Autorität her, daher schon frühe der Glaube an die göttliche Nemesis, die den Frevler bestraft, sei es im Diesseits oder, wie wenigstens die Ägypter schon frühe glaubten, im Jenseits. Daß dieser Glaube an die göttliche Vergeltung von ungeheurer erzieherischer Bedeutung für die Kulturentwicklung der Völker gewesen ist, liegt außer Zweifel. Weiter kommt hinzu, daß mit dem Aufkommen der Anfänge der menschlichen Kultur auch der Blick für die Naturvorgänge offener und objektiver, von den momentanen Bedürfnissen freier wird; man beginnt die Regelmäßigkeit im Jahreswechsel und in den Bewegungen der Himmelskörper zu beobachten, und findet in dieser Ordnung der Naturwelt das Seitenstück zu der sittlich-rechtlichen Ordnung der menschlichen Gesellschaft. Daher wird dann diese beiderseitige Ordnung in éinen Begriff zusammengefaßt, den wir in mehreren Religionen schon in alter Zeit finden, zum Teil personifiziert, zum Teil als unpersönliche Macht: bei den Ägyptern als Maat, der Tochter des Ra, bei den Indern als Rita, bei den Persern als Asha vahista, bei den Chinesen als Tao, bei den Griechen als Dike und Nemesis. Überall ist darunter verstanden die einheitliche Weltordnung, wie sie die Naturordnung, die bürgerliche Rechtsordnung und die religiöse Kultusordnung zumal in sich schließt. Natürlich ist sie vom Willen der Gottheit nicht wesentlich verschieden, sondern ist der Ausdruck für seine stetige weltordnende Herrschaft. Damit tritt das Willkürliche und Launenhafte, wie es den Naturgöttern eigen war, zurück, und es kommt Regelmäßigkeit, Gerechtigkeit und Weisheit und schon auch etwas von Güte in den Charakter des Gottes hinein. Erst auf dieser Stufe finden wir also sittliche Eigenschaften mit dem Gottesgedanken verbunden, er beginnt sich zu versittlichen, zu vergeistigen. Freilich setzt sich diese sittliche Idealisierung der Naturgötter nicht leicht und mit éinem Mal durch, denn sie findet ihre hemmende Schranke in dem vorausgegebenen und im Mythus mehr oder weniger festgelegten naturalistischen Charakter der Volksgötter; als Naturwesen sind sie sittlich indifferent und handeln nach Laune und natürlichem Begehren, als Träger der Rechtsordnung aber sollen sie selbst auch eine rechtliche Gesinnung haben, beides stößt hart aufeinander. Daher die auffallenden Widersprüche im Bilde z. B. des Zeus, des Apollon und der Hera bei Homer: neben den leichtfertigen Mythen, in denen Schlechtigkeit und Schändlichkeit aller Art von den Göttern erzählt wird, doch zugleich ein idealer Zug von sittlicher Hoheit; man könnte gewissermaßen sagen: in ihrem Amtsleben als Weltregenten sind sie sittliche Ideale, in ihrem mythischen Privatleben aber voll menschlicher Schwachheit und Leidenschaft.

Der Fortschritt der Religionsgeschichte bewegte sich wesentlich um diesen Kampf zwischen dem alten Naturalismus und dem höheren sittlichen Ideal. Für dieses kämpften überall die ernsten Denker und Propheten, aber sie drangen nur selten durch, bei der Menge blieb es meistens bei unbestimmten Kompromissen, dem „Hinken nach beiden Seiten", über das ein Zarathustra nicht weniger als ein Elia zu klagen hatte. Hand in Hand mit diesem Kampf ging aber auch der zwischen der Vielheit der Götter und der Einheit der göttlichen Weltregierung. Der Fortschritt über den Polytheismus der Volksreligion hinaus vollzog sich auf zwei Wegen: der éine führte durch philosophische Reflexion zur Auflösung der verschiedenen Götter in eine einzige Allgottheit, die als Weltseele oder Weltgeist alles erfüllt, belebt, allem Wechsel von Entstehen und Vergehen als seine beharrliche Ursache zugrunde liegt. Dieser P a n - t h e i s m u s konnte mit dem Polytheismus in der Art zusammenbestehen, daß die Einzelgötter als Erscheinungsformen und Ausstrahlungen der Allgottheit vorgestellt werden, wie im exoterischen Brahmanismus und im Stoizismus; bei strenger Durchführung der All-Einheit aber verschwinden die besonderen Götter, wie dann freilich auch die Vielheit des Daseins überhaupt, zu bloßem nichtigen Schein. Der andere Weg geht von der religiösen Forderung einer einheitlichen sittlichen Weltregierung aus und erhebt den obersten Volksgott als den alleinigen Träger dieser Regierung so hoch über alle anderen Götter, setzt diese an

Wert und Macht so tief herab, daß sie schließlich ihren
Gottcharakter verlieren und der höchste Gott als der alleinige
übrigbleibt.   Das ist der Monotheismus oder der
Glaube an die Alleinherrschaft des éinen Gottes als des
Herrn über die ganze Welt.   Die Ansätze zu diesen beiderseitigen Entwicklungen finden sich bei den Ägyptern und
Chinesen; die Ansätze zum Monotheismus bei den Babyloniern, Persern und Israeliten, nur bei letztern aber
kamen sie zur vollen Durchsetzung.   Die pantheistische
Einheit ist durchgeführt bei den Indern im Brahmanismus
und in gewissem Sinn im Buddhismus (den man aber auch
als Atheismus bezeichnet hat), während sie bei den Griechen
philosophische Lehrweise einzelner Schulen (Eleaten,
Heraklit, Stoiker) geblieben ist.   Das Christentum läßt sich
als höhere Einheit des jüdischen und griechischen Gottesgedankens auffassen.

*   *   *

Schließlich noch ein Wort über die Einteilung
der Religionsgeschichte.   Nach ihrer Ausdehnung kann
man die Religionen teilen in Stammes-, Volks- und Mensch-
heits(Welt-)religionen.   Nach ihrer inneren Art unterscheiden sie sich in die zwei Hauptgruppen: Naturreligionen
und geschichtliche oder sittliche oder persönliche (prophetische) Religionen; die erste dieser Gruppen läßt sich
dann weiter teilen in henotheistische Stammes- und in
polytheistische Volksreligionen; die zweite Hauptgruppe in
Gesetzes- und Erlösungsreligionen.   Aber so wenig sich in
der Theorie gegen diese Einteilung einwenden lassen dürfte,
so schwierig ist doch ihre praktische Durchführung, da
sie nicht möglich wäre, ohne vielfach die geschichtlichen

Zusammenhänge zu zerreißen. Daher ziehe ich für die Darstellung der Religionsgeschichte eine anspruchslosere Einteilung vor, sei es die ethnologische (nach Rassen und Völkern) oder die chronologische; freilich muß auch hierbei wieder eine gewisse Freiheit für Rücksichten der Zweckmäßigkeit vorbehalten bleiben.

—

Die chinesische Religion.

Wir beginnen mit dieser Religion, weil sie eine eigentümliche Sonderstellung einnimmt. Die altchinesische Reichsreligion ist nicht eigentlich eine polytheistische Volksreligion, denn es fehlt ihr alle Mythologie wie auch ein organisiertes Priestertum. Man könnte sie als einen der politischen Organisation des Reiches entsprechenden systematisierten Geisterglauben bezeichnen, in dem die oberen Götter aus einer Verschmelzung der Ahnengeister der regierenden Familien mit den höheren Naturgeistern hervorgingen. An der Spitze steht der Himmel (Tien) oder der „höchste Herr" (Shang-ti). In ihm hat, wie Tiele treffend sagt, der höchste Gegenstand des Totenkultus (der Gattungsgeist der Kaiser-Ahnen) die höchste Naturgottheit in sich aufgenommen. Die Frage, ob diese höchste Gottheit der Chinesen der sichtbare Himmel selbst oder eine über ihm stehende und ihn beherrschende göttliche Person sei, ist hier, wie in dem ganz analogen Fall der japanischen Sonnengöttin, vom Standpunkt der Volksreligion aus nicht zu beantworten; ihr ist die höchste weltbeherrschende Macht der sichtbare Himmel (in Japan die leuchtende Sonne), der aber zugleich ein geistiges, mit Verstand und Willen handelndes Wesen, der „obere Kaiser" ist, der die Welt der Natur und der Menschen ordnet und beherrscht.

Der Himmel, sagen die Chinesen, redet nicht zu den einzelnen Menschen, sondern offenbart sich in der regelmäßigen unveränderlichen Ordnung der Natur und in der stetigen Ordnung des Staates, die beide miteinander in genauer Korrespondenz stehen. Daher weisen Störungen in der Natur, wie andauernde Dürre und Unfruchtbarkeit, auf entsprechende Fehler in der Staatsverwaltung hin. Wie die Naturordnung als Vorbild und Norm auch des sittlichen Handelns gilt, so werden die Staatseinrichtungen auch als Naturgesetze betrachtet. So richtig der hierin ausgedrückte Gedanke ist, daß das Natur- und das Menschenleben ihren gemeinsamen Grund und ihr ordnendes Prinzip in der Gottheit haben, so verrät es doch eine naturalistische Befangenheit, daß der Unterschied zwischen natürlichem Geschehen und freiem sittlichen Handeln der Menschen noch nicht zum Bewußtsein gekommen ist; es fehlt noch der Begriff des persönlichen, sich selbst bestimmenden und auch seine gesellschaftlichen Ideale aus dem eigenen Denken bildenden Geistes. Nicht als ein Erzeugnis des Volkswillens, das auch der Fortbildung durch freies Handeln unterläge, betrachtet der Chinese sein Staatswesen, sondern als ein Naturprodukt, so notwendig und so unveränderlich, wie etwa ein Bienenstaat es ist. So fehlt auch seiner Geschichtsbetrachtung jeder teleologische Gesichtspunkt, jeder Gedanke an eine fortschreitende, Ideale verwirklichende Entwicklung; sein Blick ist überall nur auf die Vergangenheit gerichtet, in der er die Vorbilder für die Gegenwart und die bestätigenden Beispiele für die immer gleichen elementaren Gesetze des Menschenlebens, insbesondere für die unfehlbare Verkettung von Schuld und Schicksal, findet. Der Vorteil dieser Denkweise für die Erhaltung des Bestehenden ist ebenso einleuchtend, wie ihr Nachteil als Hemmung individueller Selbstbetätigung und freien Kulturfortschrittes.

Wie unter dem irdischen Kaiser die verschiedenen hohen und niederen Beamten des chinesischen Reiches stehen, so unter dem Himmelgeist die Geister der Sonne und des Mondes und der Sterne, der Erde und der vier Weltgegenden, der Wälder und Berge, Quellen und Flüsse, die teils als Gattungsgeister das ganze betreffende Gebiet beherrschen, teils als Einzelgeister an konkreten Orten und Erscheinungen haften; endlich die Ahnengeister der einzelnen Familien, die sich wieder in solche der höheren und niederen Volksklassen gliedern. Ähnlich wie beim höchsten Himmelsgeist, so findet auch bei den Geistern der fürstlichen Familien vielfache Verschmelzung mit Naturgeistern statt, die gewisse Naturgebiete innerhalb ihrer Provinz beherrschen. Dieser Hierarchie der Geisterwelt entspricht auch die festgeregelte Ordnung des Kultus. Allen gemeinsam ist der Ahnenkult der Familien, der in jedem Hause bei allen festlichen Anlässen des Familienlebens in der Ahnenhalle vor den die Namen der Ahnen enthaltenden Tafeln von Vater und Mutter gefeiert wird, bestehend in Gebeten, Spenden von Blumen und gemeinsamer Mahlzeit, zu der die Geister nach uralter Sitte noch heute eingeladen werden, wobei man oft auch ihre unsichtbare Gegenwart sichtbar vergegenwärtigt sein läßt, indem man einen Knaben des Hauses in die Kleider seines verstorbenen Großvaters steckt und am Ehrenplatz des Tisches sitzen läßt, damit er als „Totenknabe" die ganze Geisterschaar der Ahnen des Hauses vertrete und gleichsam das sichtbare Pfand ihrer huldreichen Gegenwart und segensreichen Teilnahme am Glücke des Hauses darstelle. Zu den höheren Geistern zu beten, steht zwar auch jedem Einzelnen frei, aber den festlichen Kultus derselben zu begehen, ist das Vorrecht der staatlichen Obrigkeiten. An den Festen des Frühlings und Herbstes opfert der Kaiser unter freiem Himmel den Geistern des Himmels und der Erde und der vier Himmelsgegenden und ebenso die Landesfürsten den besonderen Geistern ihrer Provinzen. Das höchste Fest aber ist das kaiserliche Ahnenfest, an dem der Kaiser, umgeben von den höchsten Würdenträgern des Reiches, den Ahnen seines Hauses und aller seiner Vorgänger auf dem Throne mancherlei Opfer darbringt, wobei die Geister durch Musik und Gesang von Liedern eingeladen werden, an der Opfermahlzeit teilzunehmen; auch hierbei fehlt der Totenknabe nicht, in der Gestalt eines kaiserlichen Enkels, der die höchste Ahnenschar des Reiches leibhaftig repräsentiert. Dieses Fest bildet den Höhepunkt des chinesischen Kultus und ist für seinen Charakter typisch: keine Priesterschaft fungiert dabei als Mittlerin überirdischer Mächte oder zur Gewinnung überirdischer Güter, sondern die bürgerliche Obrigkeit als Vertreterin des chinesischen Volkes feiert dankend und bittend den mit dem Willen der Gottheit unlösbar verknüpften Bestand des Staates; es ist eine Staatsreligion in so hervorragendem Sinn, wie sie sich sonst nur noch bei den Römern fand, wo ebenfalls der Staat nicht bloß das Subjekt, sondern im Grunde auch das Objekt der Religion war, repräsentiert im Jupiter Capitolinus und später in den Cäsaren. Daß dieses Fehlen von Priestertum, Kirche und Theologie, dieses unmittelbare Einssein von Religion und weltlichem Staat in politischer Hinsicht sehr nützlich war, zeigt die Geschichte Chinas, das jener festen Grundlage die 5000jährige Dauer seines Staatswesens verdankt. Aber die Kehrseite dieser politischen Nützlichkeit war der Mangel an religiöser Tiefe und Innerlichkeit, an einem Geist und Gemüt befriedigenden Ideengehalt; es fehlten der chinesischen Religion nicht bloß die Priester, sondern auch die Propheten, die begeisterten Träger ewiger

Ideale; die Stabilität von Staat und Religion war erkauft durch ihre Gebundenheit an die einmal gegebenen volkstümlichen Formen und Einrichtungen, durch die Unterdrückung der persönlichen Freiheit und des geschichtlichen Fortschrittes.

Gleichwohl hat es auch in China nicht an weisen Lehrern gefehlt, die einen tiefgehenden Einfluß auf die Denkweise ihres Volkes übten. Unter ihnen stehen obenan Laotse und Kongtse, beide dem 6. Jahrhundert v. Chr. angehörig. L a o t s e , geb. 604 v. Chr. im Staat Thsu, war Beamter des Kaiserlichen Hauses Tsheu, wanderte aber in hohem Alter aus Überdruß an den öffentlichen Zuständen in freiwillige Verbannung aus, nachdem er seinen Schülern seine Schrift „Tao-te-King" hinterlassen hatte. Dieses „Buch vom Tao" gibt noch heute den Gelehrten manche Rätsel zu raten. Was heißt Tao? Eigentlich Weg, dann aber noch vieles andere. Man hat es teils mit dem indischen Brahma, teils mit dem heraklitisch-stoischen Logos verglichen; erst kürzlich hat der bekannte Pariser Religionsforscher Guimet in einem Vortrag auf dem Basler Religionshistoriker-Kongreß (September 1904) zu zeigen gesucht, daß die Taolehre Laotses aus Indien stamme und daß im Tao zusammengefaßt seien die Begriffe Brahma (Weltgeist) Karma (Gesetz der Ursächlichkeit), Dharma (Gesetz des sittlichen Verhaltens) und Boddhi (höchste Weisheit und Heiligkeit). Ob sich diese Hypothese beweisen lasse, muß ich dahingestellt sein lassen; statt darüber zu streiten, halte ich es für zweckmäßiger, Ihnen einiges aus dem rätselhaften Buch wörtlich mitzuteilen; Sie werden daraus gewiß den Eindruck gewinnen, daß der Verfasser jedenfalls ein tiefsinniger und edler Denker war, vielleicht nur zu tief, um im chinesischen Volke ein wahres Verständnis zu finden. Ich benütze die Übersetzung des gelehrten Kenners der chinesischen Sprache und Literatur Reinhold von Plänkner (Leipzig 1870).

„Es existiert ein das All erfüllendes, durchaus vollkommenes Wesen, das früher war denn der Himmel und die Erde. Es existiert in erhabener Stille, es ist ewig und unveränderlich und dringt widerstandslos überall hin. Man möchte es als den Schöpfer der Welt ansehen. Seinen Namen weiß ich nicht, ich nenne es am liebsten das Tao; soll ich ihm eine Eigenschaft beilegen, so wäre es die der höchsten Erhabenheit. Ja, erhaben ist das Wesen, um das sich das All und alles im All bewegt; als solches muß es ewig sein, und wie es ewig ist, folglich auch allgegenwärtig. Ja, das Tao ist erhaben, erhaben auch der Himmel, erhaben die Erde, erhaben ist auch das Ideal des Menschen. So sind denn vier erhabene Wesen im Universum, und das Ideal des Menschen ist ohne Zweifel eines derselben. Denn der Mensch stammt von der Erde, die Erde vom Himmel, der Himmel stammt vom Tao, und das Tao stammt ohne Frage allein aus sich selbst. Die ganze geschaffene Natur und ihr Schaffen und Wirken ist nur eine Emanation des Tao, das Sichtbarwerden des Tao. Dieses, obgleich an sich ein geistiges undd stoffloses Wesen, umfaßt doch alles Sichtbare, und in ihm sind alle Wesen. Unbegreiflich und unsichtbar aber wohnt in ihm ein erhabener Geist. Dieser Geist ist das höchste und vollkommenste Wesen, denn in ihm ist Wahrheit, Glaube, Zuversicht. Von Ewigkeit zu Ewigkeit wird sein Ruhm nicht aufhören, denn in ihm vereinigt sich das Wahre, Gute und Schöne im höchsten Grade der Vollendung. Wie aber kann ich das wissen? Ich weiß es von ihm selbst, dem Tao!“ (Unser Gottesbewußtsein ist also die innere Offenbarung desselben göttlichen Geistes, der sich in der äußeren Welt als Grund aller vernünftigen Ordnung und Harmonie offenbart.) „Denn durch diesen Geist wird das Unvollkommene vervollkomm- net, vollendet, erfüllt; den Gebeugten richtet er auf, den Schwachen stärkt, den Fehlenden bessert er, sowie er die öden Täler neu belebt und dem Zerfallenden neues Leben und Frische gibt. Nur wenige freilich begreifen das, die Meisten sind vom Wahn geblendet. Der Weise aber faßt das Tao und umfängt es in seiner Totalität und stellt es der Welt dar als leuchtendes Vorbild. Denn ob man es auch nicht sieht, so leuchtet es uns doch überall klar ent- gegen; ob es auch nicht als es selbst vor unseren Augen steht, so gibt es sich doch zu erkennen durch seine Offen- barungen. Zwar rühmt es sich nicht seiner Werke, aber seine Werke rühmen es. Zwar zeigt es sich nicht in seiner Erhabenheit, aber seine Erhabenheit übertrifft alles. Wie könnte man darüber streiten wollen? Die Worte, die schon bei den Alten sich finden: ‚Was unvollkommen ist, das wird er vollenden‘, sind keine leeren Worte. Nein, wir werden in Wahrheit die Vollendung im Licht erschauen, wenn wir eingehen und zurückkehren zu ihm.“

Daß die Erkenntnis der Wahrheit sich durch die Dialektik der Gegensätze vermittle, dieser tiefsinnige Gedanke, der auch auch die Philosophie Heraklits, des Zeitgenossen Laotses, beherrscht, ist in folgenden Sätzen ausgedrückt, die ich nach Guimets Übersetzung so gebe: „Was machte, daß alle das Schöne als schön erkannten, das war das Häß- liche; daß sie das Gute als gut erkannten, das war das Böse; so erzeugen sich das Sein und das Nichtsein, das Stoffliche und Nichtstoffliche, das Leichte und Schwere, das Hohe und Niedere gegenseitig. Darum vermag der Weise beides, das Nichtstoffliche wie das Stoffliche, zum Gegenstand seiner denkenden Erkenntnis zu machen.“

Und nun noch einiges über die moralischen Grundsätze, die Laotse aus seiner Tao-Spekulation folgerte: „In allem, was ihr tut, folgt dem Tao, dann wird das Toa so mit euch eins sein, wie die Tugend mit dem Tugendhaften. Wie wäre es möglich, das Tao zu erschauen und doch schlecht zu sein, in seiner Erkenntnis fortzuschreiten und in der Moral zurückzugehen? oder umgekehrt, wie kann man das Tao verachten und dabei gut und rechtschaffen sein? Durch Fleiß kann man zwar vor Armut sich schützen, durch Ruhe die alltäglichen Vorkommnisse des Lebens überwinden; aber Geistesreinheit und Geistesklarheit gehört dazu, um in der Welt das Rechte, Gute und Vollkommene zu erkennen und demgemäß zu handeln und ein Vorbild der Menschenwürde zu sein. Wer den Menschen kennt, der ist klug, wer sich selbst kennt, der ist erleuchtet. Wer andere besiegt, der hat Heldenkraft, wer sich selbst besiegt, hat Seelenstärke. Wer es versteht, sich genügen zu lassen, der ist reich, wer energisch handelt, hat Willenskraft. Wer sein Ich nicht verliert, dauert fort, er stirbt, aber er vergeht nicht, er hat ewiges Leben gewonnen. Was geht uns näher an, unser guter Ruf oder unser Ich? was ist für uns mehr wert, unser Ich oder Reichtümer? Sind nicht die Folgen der Sünden, die wir beim Erwerb irdischer Güter leicht begehen, viel schlimmer für unser Seelenheil als der Verlust aller gesammelten Schätze? Das Herz des Weisen schlägt gleichmäßig für die ganze Menschheit. Wer gut und edel ist, dem bin ich auch gut, spricht der Weise, und wer strauchelt und fällt, dem sollte ich nicht gut sein? Wer nicht aufrichtig und ehrlich ist, sollte ich gegen den auch treulos und falsch handeln? Nein! Seht, das (nämlich Gutsein und Treusein auch gegen den Strauchelnden und Unehrlichen) ist die wahre Herzensgüte und die wahre

Aufrichtigkeit und Treue, die aus der himmlischen Tugend hervorgeht. Der Weise betrachtet und behandelt die Menschen alle wie seine eigensten Kinder. Der vom Tao Beseelte hat drei Kleinode: die Liebe, die Seelenstärke ist, und die Genügsamkeit, die Seelengröße ist, und die Demut, die sich nicht vordrängt. Die mit den Waffen der Liebe kämpfen, erringen den höchsten Sieg, den über sich selbst; dadurch werden sie vor allem Unheil geschützt und vor allem Bösen bewahrt sein, demnach das ewige Leben haben. Wie das Wasser das nachgiebigste und beweglichste ist und doch das Starke und Feste überwindet, so sagt der Weise: das Schwache und Nachgiebige besiegt das Spröde und Harte. Der Weise trägt den Staub der Welt und heißt doch Herr aller Herren, er trägt der Welt Elend und heißt doch ein König der ganzen Welt. Wie die gewaltigen Ströme alles beherrschen, weil sie sich zu allem herablassen, so auch der Weise: will er höher stehen als das Volk, so muß er durch Wort und Lehre sich hinabbegeben unter dieses, will er dem Volk voranleuchten durch Weisheit und Geisteskraft, so ist der beste Weg der, daß er seine Person in den Hintergrund stellt. Wer seine Höhe behaupten will über dem Volk, der darf dieses keinen Druck fühlen lassen, darf es nicht kränken und knechten, sondern muß ihm wohltun in jeder Weise. Dann wird die Welt ihm zujauchzen, ihn lieben und ehren, und da er keinen Anlaß zu Unruhen und Streitigkeiten gibt, so wird die Welt in Frieden leben, und nirgends auf Erden wird Kampf und Unruhe sein." —

Ich sagte schon, daß die Lehre des Laotse zu hoch, zu ideal war für den aufs Nützliche gerichteten common sense der Chinesen. Laotse fand nur einen beschränkten Kreis von Anhängern, und was schlimmer ist, auch innerhalb

dieses Kreises war so wenig Verständnis für seinen Tief-
sinn vorhanden, daß derselbe mit der Zeit in den Unsinn
eines geistlosen Aberglaubens und roher Magie verkehrt
wurde, so daß gerade die Taosekte heute bei den gebildeten
Chinesen in geringster Achtung steht. Viel mehr Glück
hatte Laotses jüngerer Zeitgenosse K o n g t s e. Geboren
551 v. Chr. im Staate Lu, begann er seine Lehrtätigkeit
schon als junger Mann von 22 Jahren. Er führte ein
unstetes Leben, zeitweise von seinem Landesherzog be-
günstigt, sogar einige Zeit als Minister tätig, dann, wegen
seiner Überzeugungstreue in Ungnade gefallen und ver-
bannt, irrte er jahrelang heimatlos umher und lebte von
der Wohltätigkeit seiner Freunde. Endlich im hohen Alter
wieder in Ehren zurückgerufen, nahm er kein Amt mehr an,
sondern lebte bis zu seinem Tode im Jahre 478 ganz seinen
Studien. Kongtse wollte nicht neues lehren, sondern nur
die reine und unverkürzte Überlieferung der Alten, die
unveränderlich ist, weil sie vom Himmel selbst stammt.
Er war mehr Sittenlehrer und Staatslehrer, Literat und
Historiker als Prophet oder gar Religionsstifter. Religiös
kühl bis zur Skepsis, hielt er nicht viel vom Gebet, und mit
transszendentalen Fragen befaßte er sich nicht. Immerhin
war er ein edler sittlicher Denker, der in mancher Hinsicht
an unseren Kant erinnert, sowohl in dem, was er sagte, als
in dem, was er nicht sagte. Gegen den Glauben und die
Bräuche seines Volkes hat er sich nie polemisch ausgesprochen — dazu war er eine viel zu konservative Natur.
Aber sein Herz war nicht bei den religiösen Überlieferungen,
sein Interesse beschränkte sich auf die sittlichen Grundsätze. Von den Geistern sagte er: „Ehret sie mit frommem
Sinn, aber haltet euch ferne von ihnen!" und befragt, ob
man sie mit Opfern verehren solle? und ob sie davon etwas

wissen und haben? antwortete er: „Ehre die Geister der
Vorfahren und handle so, als ob du sie stets zu Zeugen
aller deiner Handlungen hättest, aber suche nicht mehr
über sie zu erfahren!" Und befragt über die Dinge nach
dem Tode, urteilte er: „So lange du das Leben nicht kennst,
wie kannst du über den Tod etwas wissen?" Bei alledem
war er doch kein bloßer Moralist, sondern seine .Moral
beruhte auf religiöser Grundlage, etwa im Sinne des Fichteschen Glaubens an die sittliche Weltordnung. Des Menschen
Leben, so lehrte er, soll geregelt sein nach der vom Himmel
unabänderlich festgesetzten Ordnung des natürlichen und
gesellschaftlichen Daseins; diese „Bestimmung" des Himmels, die auch dem Einzelnen seine Pflichten und seine
Geschicke zuteilt, soll der Weise ehren, gehorsam und demütig sich ihr fügen und nie dem Himmel grollen. Kongtse
glaubte an eine waltende Gerechtigkeit im Weltlauf, die,
wenn auch nicht ausnahmslos im Einzelnen, doch im
großen ganzen das Gute belohne und das Böse bestrafe.
Ob aber diese Vorsehung als eine persönliche zu denken sei
oder nicht, das ließ er dahingestellt sein; er selbst zog den
unpersönlichen Ausdruck „Tien" (Himmel) vor dem persönlichen „Shang-ti" vor. Als echter Sohn seines Volkes
hielt er für die oberste Pflicht die Pietät in allen Lebens-
verhältnissen, gegen Eltern, Vorfahren, Obrigkeiten. Doch
forderte er auch von den Regierenden, daß sie durch Tugend
und Vorbild vorangehen, das Vertrauen des Volks gewinnen,
nicht unnötige Lasten aufbürden, mehr durch Belehrung
als durch Strafen zu bessern suchen sollen. Als den Be-
begriff des sittlich Richtigen bezeichnete er die goldene
Regel der Gegenseitigkeit: „Was ihr nicht wollt, daß man
euch tue, das tut auch anderen nicht!" Demütig bekannte
er, noch keines der vier Dinge ganz erreicht zu haben:

dem Vater so zu dienen, wie er es von seinem Sohne wünsche, dem Fürsten so, wie er es vom Minister, dem älteren Bruder, wie er es vom jüngeren wünsche, und den Freund so zu behandeln, wie er von ihm behandelt sein möchte. Aber zu dem Grundsatz Laotses, daß man auch Unrecht durch Gutes vergelten solle, meinte Kongtse: „womit soll man dann Güte vergelten? vielmehr vergeltet Unrecht mit Recht und Güte mit Güte!"

Es ist begreiflich, daß Kongtse schon bald nach seinem Tode von den Chinesen als ihre höchste Autorität, als Inbegriff der Weisheit, als der gute Genius des Landes verehrt worden ist. Er hat die fünf klassischen Bücher, die die bleibende Grundlage der chinesischen Wissenschaft und Weltanschauung bilden, nämlich das Yih-king (Buch der Weistümer), Shu-king (Buch der Geschichte), Shi-king (Buch der Lieder), Le-ke (Buch der religiösen und weltlichen Bräuche) und Chun Tsew (Buch der Annalen von der Landschaft Lu, der Heimat Kongtses) teils gesammelt und redigiert, teils (das letzte) selbst geschrieben; wieviel er an dem überlieferten Stoff geändert, wieviel aus demselben sich angeeignet, läßt sich nicht mehr ausmachen, gewiß ist nur, daß diese klassischen Bücher in der Gestalt, wie er sie hinterlassen hat, der Ausdruck des chinesischen Ideales sind, wie es Kongtse teils überkommen, teils genauer bestimmt und seinem Volke so tief eingeprägt hat, daß es heute noch dessen Denken und Handeln beherrscht. Unter seinen Nachfolgern war der bedeutendste M e n g t s e (371—288 v. Chr.), der Kongtses Lehren mit Geschick und großem Freimut auf die Grundsätze des praktischen Staatslebens angewandt hat.

Schließlich ist noch zu bemerken, daß im Jahr 65 n. Chr. unter dem Kaiser Mingti der Buddhismus durch indische

Missionare nach China gebracht wurde, der dann zwischen dem 4. und 6. Jahrhundert zu einer herrschenden Stellung gelangte, so jedoch, daß er den Taoismus und Kongtseanismus neben sich bestehen ließ und in mancher Hinsicht sich beiden anpaßte. Diese drei Religionen sind in China nicht streng voneinander geschieden, der Chinese kann allen dreien zugleich angehören und tut das tatsächlich oft, in der Art nämlich, daß er in der Praxis des alltäglichen Lebens den Grundsätzen Kongtses folgt, bei außerordentlichen Fällen zu den magischen Mitteln des Taoismus seine Zuflucht nimmt, fürs Sterben und Jenseits aber sich an die Tröstungen eines Priesters aus einer der zehn buddhistischen Sekten wendet. Man kann diese religiöse Toleranz bewundern, wird aber doch auch die Frage aufwerfen dürfen, ob sich darin nicht das Unbefriedigende jeder dieser Religionen verrate? und ob sie also nicht zur Aufhebung in einer höheren bestimmt seien?

Die ägyptische Religion.

Ägypten war schon für die Alten das Land der Rätsel und ist es noch heute für uns. Die Kultur der Ägypter ist von so wunderlicher Art, daß es nicht leicht ist, sie zu verstehen; sie verbindet, scheinbar ohne Vermittlung, weite Gegensätze. Da finden sich nebeneinander die unbehilflichen Bilderzeichen der Hieroglyphen und eine ausgebildete Buchstabenschrift; in der Technik die altertümlichsten Geräte der Steinzeit neben einer hoch entwickelten Metallbearbeitung. So ist auch die ägyptische Religion ein wunderliches Gemisch von rohen altertümlichen Sagen und Bräuchen und hohen, hart an Monotheismus streifenden Gedanken. Überall ein zäher Konservatismus neben einer rüstig fortschreitenden Kulturentwicklung. Ebendarum aber ist gerade die ägyptische Religion ein vorzüglich lehrreiches Beispiel für die Entwicklung der Religion auf ihren frühesten Stufen.

Da ist vor allem der T i e r k u l t zu beachten, der schon den Alten als eine Eigentümlichkeit dieser Religion aufgefallen war. Jeder Gau hatte seine besonderen heiligen Tiere; die ganze betreffende Gattung war den Bewohnern des Gaues heilig, und ein Exemplar derselben wurde im Tempel gepflegt und verehrt. Allgemeine Verehrung genossen der Stier Apis in Memphis als Inkarnation des dortigen Lokalgottes Ptah, der Stier Mnevis in Heliopolis (Lokalkult des Sonnengottes Ra) und der Widder in Mendes; diese ursprünglich lokalen Kulte kamen im einheitlichen Reich zu allgemeiner Geltung. Sonst wurden noch da und dort als heilig verehrt: Katze, Hund, Affe, Krokodil, Spitzmaus, Sperber, Ibis, Schlange, Frosch, Käfer Skarabäus u. dgl. Von diesem Tierkult berichten nun die Tempelinschriften der mittleren Epoche des Reiches nichts; daraus hat man schließen wollen, daß der ägyptische Tierkult nicht ursprünglich, sondern ein Produkt der Degeneration der Religion in späteren Zeiten gewesen sei. Aber sein Vorhandensein schon unter der zweiten Dynastie (ca. 3000 v. Ch.) wird von dem Geschichtsschreiber Manetho ausdrücklich bezeugt und läßt sich auch erschließen aus der durchgängig herrschenden ganz oder halbzoomorphen Darstellung der Götter: Horus teils als Sperber, teils als Mann mit einem Sperberkopf, Hathor als Weib mit Kuhkopf und Hörnern, Osiris als Mann mit Kopf eines Stiers oder eines Ibis, Chnum und Ammon mit Widderkopf. Und zwar war die ganz zoomorphe Darstellung die ältere, erst von der 12. Dynastie an begann die halbe Vermenschlichung. Hieraus ist mit Sicherheit zu schließen, daß ursprünglich die ägyptischen Götter als Tiere vorgestellt worden sind. Das kann aber unmöglich erklärt werden aus einer priesterlichen Spekulation, welche die Tiere nur als „Symbole für die Naturkräfte", als „pantheistische Erscheinungsformen der Urgottheit" betrachtet haben soll. Wir sollten nicht vergessen, daß die Symbolik nie die Sache der ältesten Religion gewesen ist, in der vielmehr alles realissime gemeint war; erst auf viel späterer Stufe einer rationalistischen Reflexion stellt sich die symbolisierende Deutung der in ihrem ursprünglichen Sinn nicht mehr verstandenen oder nicht mehr gebilligten Bräuche ein. Wie haben wir also den ursprünglichen Sinn der ägyptischen Tier-Götter zu verstehen?

Die einfachste Lösung dieser Frage bildet ohne Zweifel die Vergleichung mit dem „Totemismus" vieler Indianer- und Negerstämme, d. h. mit der weitverbreiteten Sitte, daß die einzelnen Gesellschaftsgruppen ihre Besonderheit und Unterschiedenheit von anderen begründet glaubten durch ihre Abstammung von einer bestimmten Tiergattung, deren Gattungsgeist sie daher als ihren Stammgott verehrten (ihr „Totem"). Auch in Ägypten gehörte der Tierkult zunächst den einzelnen Gauen des Landes an, die auch nach der politischen Verbindung in der Einheit des Reiches ihre religiöse Sonderung gegeneinander in der Art noch festhielten, daß in einem Gau ein Tier als göttlich verehrt wurde, das im Nachbargau als gemeines Tier galt, und umgekehrt; ja es kam noch in späten Zeiten vor, daß eine Verletzung des heiligen Tieres eines Gaues durch Leute vom Nachbargau zu blutigen Konflikten führte. Wie wäre das denkbar, wenn diese ganze Anschauungsweise eine bloße symbolische Erdichtung der Priesterspekulation gewesen wäre? Sie erklärt sich nur als Überlebsel eines uralten totemistischen Glaubens.

Nun stehen aber diesen Tier-Göttern, die wir für die ältesten halten dürfen, in der uns bekannten Phase der ägyptischen Religion die großen oberen Götter zur Seite, von denen die Tempelinschriften uns allein berichten. Diese aber waren in erster Linie personifizierte Naturmächte: Götter der Sonne und des Mondes, des Himmels, der Erde, der Unterwelt, des Nils; an sie reihen sich die Gattungs- und Eigenschaftsgenien der Fruchtbarkeit und des Wachstums, der Ordnung, Gerechtigkeit, Wahrheit, Wissenschaft u. dgl. Daß auch diese Götter noch in halbtierischen Kultbildern dargestellt wurden, habe ich schon gesagt; andererseits ist nun aber zu beachten, daß sie,

wie's aus den Hymnen und Mythen klar erhellt, als menschlich handelnde Personen gedacht sind; so scheint es, als
stehe dieser Götterkult neben dem Tierkult wie zwei nach
Art und Ursprung ganz verschiedene Religionen, deren
keine sich aus der anderen erklären lasse; indessen fragt
sich doch, ob nicht irgend ein Zusammenhang zwischen
beiden anzunehmen ist, der sich nur darum, weil er in
die vorgeschichtliche Zeit fällt, unserer Kenntnis entzieht?
Wir müssen das als ein Problem der ferneren Forschung
überlassen.

Auch die hohen Götter waren jedenfalls ursprünglich
Lokalgötter und wurden erst bei der Verbindung der ein-
zelnen Gaue zur Reichseinheit miteinander in Beziehung
gesetzt. Sehr alt ist die häufige Verbindung von drei
Göttern zu einer Familiengruppe von Vater, Mutter und
Sohn; eine solche Trias bildeten Osiris, Isis und Horus
zu Abydos, Ptah, Sechet und Imhotep zu Memphis, Amon,
Mut und Chonsu zu Theben. Dann wurden aber auch
Götter von verschiedener lokaler Herkunft zu einer einheitlichen Gottheit in der Reichsreligion verschmolzen,
so Amon-Ra, Ra-Harmachis, Ptah-Sokar-Osiris u. a. —
R a war der Sonnengott von Heliopolis, den die Könige
der 5. Dynastie (ca. 2500 v. Ch.) zum Mittelpunkt der
Reichsreligion erhoben haben: um diese zentrale Gottheit
bildete sich dann aus dem Zusammenwirken von politischen Motiven und priesterlichen Spekulationen eine
Sonnentheologie, die allmählich die meisten Lokalgott-
heiten durch Assimilation mit Ra ebenfalls zu Sonnen-
gottheiten zu verwandeln suchte. Der Mythus erzählt
von Ra, daß er anfangs als König in einem goldenen Zeitalter geherrscht habe, dann als er alt und gebrechlich
geworden, haben sich die übermütigen Menschen gegen

ihn empört; er habe durch die Göttin Hathor ein Blutbad unter ihnen anrichten lassen, den Rest jedoch vor gänzlichem Untergang gerettet, sei dann aber der Herrschaft über die Undankbaren müde geworden und habe beschlossen, fortan seine Wohnung im Himmel zu haben und eine neue Weltordnung einzurichten. Sollte dieser Mythus vielleicht eine Erinnerung an die religionsgeschichtliche Wandlung enthalten, die den irdischen Stammgott eines lokalen Ahnenkultes zur himmlischen Sonnengottheit an der Spitze des nationalen Pantheon erhoben hätte? Ich will nur die Frage aufwerfen, deren Beantwortung der vergleichenden Religionsgeschichte — man denke an die Sonnengottheit in Japan und in Peru — anheimgestellt werden mag. Ein anderer Mythus schildert Ras Fahrt über den Himmel in der Sonnenbarke, seinen Kampf mit dem Drachen Apep, sein Erliegen und Hinabsteigen in die Unterwelt, seine Rückfahrt durch das Land der Finsternis, in dem 12 gefährliche Tore in den 12 Stunden der Nacht zu passieren sind, und seine Rückkehr in die Tageswelt; dieser Mythus wird uns bei den Vorstellungen von den jenseitigen Schicksalen der Seelen wieder begegnen.

O s i r i s heißt gewöhnlich der Sonnengott von Abydos, daß er aber ursprünglich nicht dies, sondern vielmehr ein Gott der Vegetation, der fruchtbaren Erde und Unterwelt gewesen sei, ist von Frazer („Golden bough" II) mit einleuchtenden Gründen erwiesen worden. Bekannt ist der Mythus von der Tötung des Osiris durch seinen feindlichen Bruder Set, von der Klage seiner Gattin und Schwester Isis, die die Leiche suchte, endlich fand, die zerstückelte wieder zusammenfügte und neu belebte, worauf Osiris zum Herrscher im Totenreich wurde, während auf Erden sein Sohn Horus seinen Tod rächte, zuerst durch einen

Kampf mit Set, dann dadurch, daß er die Sache vor den Richterstuhl der Götter brachte, die nach förmlichem Rechtsverfahren den Set für besiegt, den Osiris für den König der Toten und den Horus für den König der Lebenden erklärten, dessen Nachfolger die ägyptischen Könige wurden. Dieser Mythus vom sterbenden und wiederauflebenden Gott reicht ins graueste Altertum zurück und war ein Gemeingut der Religionen der Vorderasiaten, Griechen und Ägypter; zugrunde liegt ihm natürlich das alljährliche Erlebnis vom Sterben der Natur im Herbst und ihrem Neuleben im Frühling; der daraus erwachsene Mythus, der mit dem Wechsel des Naturlebens zugleich das Menschenschicksal mit seinen Gegensätzen von Leben und Tod, Freude und Leid, Fürchten und Hoffen dramatisch darstellte, war vor anderen reich an gemütvollen Motiven und Ahnungen, daher bildeten sich aus ihm mit der Zeit jene Mysterienkulte, die von größter Bedeutung für die Religionsgeschichte wurden.

P t a h , der Gott von Memphis, verdankt seine allgemeine Verehrung nur der politischen Bedeutung von Memphis als der Hauptstadt des alten Reiches. Er wurde in der späteren Priestertheologie zwar zu einem Sonnengott und schöpferischen Weltbildner (die Griechen verglichen ihn mit ihrem Hephästos) erhoben, war aber ursprünglich wohl nur ein Gott der irdischen Fruchtbarkeit; der Stier Apis, der neben dem Ptah-Tempel seine Behausung hatte, galt als sein Sohn oder „zweites Leben", d. h. wohl soviel als: der Gott Ptah war selbst von Haus aus nichts anderes als der totemistische Stiergott von Memphis.

A m o n , der Lokalgott des oberägyptischen Theben, war ursprünglich ein Gott der Fruchtbarkeit, der Erde und der Toten, also dasselbe in Oberägypten, was in Unterägypten Osiris war. Im neuen Reiche aber, dessen erste Dynastien aus Theben stammten, wurde er aus politischen Gründen mit dem bisherigen höchsten Reichsgott Ra zu einer einzigen göttlichen Person verschmolzen, und dieser Amon - R a blieb fortan der höchste Gott Ägyptens, der Sonnengott par excellence, der als Schöpfer und Erhalter der ganzen Welt gepriesen wurde. In der, durch politische Motive ebensosehr wie durch religiöse Spekulation bewirkten Erhebung dieses Gottes zur himmlischen Monarchie, dem Gegenbild der irdischen, näherte sich die ägyptische Theologie dem Monotheismus. Von ihm heißt es in einem Hymnus, den ich Ihnen nach Ermans Übersetzung („Die ägyptische Religion", S. 62) mitteilen will, also:

„Er ist es, der dies alles gemacht hat, der Einzige mit vielen Händen. Er befahl, und die Götter entstanden; er ist der Vater der Götter, er ist's, der die Menschen machte, und der die Tiere schuf. Die Menchen kamen aus seinen Augen und die Götter aus seinem Mund. Er ist's, der das Kraut macht für die Herden und den Fruchtbaum für die Menschen, der schafft, wovon die Fische im Strom leben und die Vögel unter dem Himmel. Der Nil kommt seinetwegen, und wenn er kommt, der vielgeliebte, so leben die Menschen. Und das Haupt der Götter ist von freundlichem Herzen, wenn man zu ihm ruft. Er errettet den Furchtsamen vor dem Frechen. Darum liebt und verehrt ihn alles, so hoch der Himmel und soweit die Erde ist. Die Götter neigen sich vor deiner Majestät und erheben ihren Schöpfer, sie jauchzen, wenn sich ihr Erzeuger naht. Preis dir! sagt jedes Wild, Lob dir! sagt jede Wüste. Deine Schönheit erobert die Herzen, die Liebe zu dir lähmt Arme und Hände, das Herz vergißt, weil man nach dir schaut. Er ist die lebende Lampe, die aus dem

Himmelsozean aufgeht. Auf ihn setzen die Unterdrückten ihr Vertrauen, denn er ist der Vezier der Armen, der sich nicht bestechen läßt."

Noch einen Schritt weiter zum vollen Monotheismus hat König Amenophis IV. (1400 v. Ch.) gemacht, indem er Aton zum alleinigen Gott erheben und die Verehrung aller anderen, insbesondere auch des Amon-Ra, unterdrücken wollte. Aton heißt eigentlich die Sonnenscheibe, sie sollte aber nur die Erscheinungsform des hinter ihr lebenden persönlichen Gottes selbst sein. Von der Höhe und Innigkeit dieses Gottesglaubens gibt der folgende Hymnus (Erman, S. 68) einen mächtigen Ausdruck:

„Wieviel ist, was du gemacht hast! Du schufst die Erde nach deinem Wunsche, du allein, mit Menschen und allen Tieren. Die Fremdländer Syrien und Äthiopien und das Land Ägypten — einen jeden setztest du an seine Stelle und schufst, was sie bedürfen, ein jeder hat sein Eigentum, und seine Lebenszeit ward berechnet. Ihre Zungen sind durch die Sprachen geschieden und ihr Äußeres gemäß ihrer Farbe; Unterscheider, du unterschiedest die Völker. Du schufst den Nil in der Tiefe und führest ihn herbei nach deinem Belieben, um die Menschen zu ernähren. Alle fernen Länder, deren Lebensunterhalt schufst du und setztest einen Nil an den Himmel, daß er zu ihnen herabsteige; er schlägt Wellen auf den Bergen wie ein Ozean und befeuchtet ihre Äcker. Wie schön sind deine Beschlüsse, du Herr der Ewigkeit! Den Nil am Himmel überwiesest du den Fremdvölkern und dem Wild der Wüste, und der Nil aus der Tiefe kommt für Ägypten. Du schufst die Jahreszeiten, um alle deine Geschöpfe zu erhalten, den Winter, um sie zu kühlen, und die Glut, damit sie dich kosten. Du schufst den fernen Himmel, um an ihm zu strahlen, um alle deine Geschöpfe zu sehen, allein und aufgehend in deiner Gestalt als lebende Sonne, erglänzend, strahlend, sich entfernend und wiederkehrend. Du schufst die Erde für die, die aus dir allein entstanden sind, die Städte und Stämme, Wege und Ströme. Aller Augen schauen dich vor ihnen, wenn du die Tagessonne über der Erde bist."

Es ist erstaunlich, mit welcher Freiheit der Dichter dieses Hymnus sich über die Schranken der nationalen Volksreligionen erhebt, indem er erkennt, daß der eine Gott die verschiedenen Völker in ihrer Eigenart geschaffen habe und mit gleicher väterlicher Fürsorge über allen, Fremden sogut wie Ägyptern, walte. Diese Gedanken stammen von einem König, der als aufgeklärter Geist sich von den engen Schranken der Überlieferung, des Zeremonienwesens und der Priesterbevormundung los zu machen und sein Volk mit sich auf die Bahn einer freieren menschlichen Denkart und Sitte zu erheben suchte. Er fand auch bei seiner Umgebung und sogar bei einem Teil der Priesterschaft Beifall und Nachfolge, dennoch scheiterte sein kühner Reformationsversuch, da sein allzu stürmisches Vorgehen am Stumpfsinn der Menge und an der Reaktion der mächtigen Priesterschaft des Amon-Ra einen unüberwindlichen Widerstand fand. Es gelang der letzteren, unter Amenophis' IV. Nachfolgern, die ketzerische Dynastie zu stürzen und sogar die Namen des verhaßten Neuerers und seines alleinigen Gottes Aton so gründlich aus den Geschichtsdenkmalen der großen Heiligtümer auszumerzen, daß erst in unserer Zeit durch die Ausgrabung der Ruinen von Tellamarna, der Residenz des Ketzers, jene merkwürdige Episode der ägyptischen Religionsgeschichte wieder ans Licht gezogen worden ist. Unter den Königen der neuen Dynastie, Ramses II. und III., (13. Jahrhundert

v. Chr.) die ihre politische Macht durch engen Bund mit dem herrschenden Priestertum zu stützen suchten, erhob sich der nationale Polytheismus Ägyptens zur höchsten Blüte: überall im Lande wurden die angesehensten alten Heiligtümer prächtig ausgebaut und reichlich ausgestattet, und die kirchliche Restauration nahm allen alten Volksaberglauben, vorab den Tierkult, aber auch den ganzen Wust des Beschwörungs- und Zauberwesens unter ihren offiziellen Schutz. Gleichzeitig zeigten sich aber auch schon die Anfänge des Verfalls in einem Synkretismus, der auf die Auflösung der vielen volkstümlichen Götter in einer pantheistischen Allgottheit hinzielte. Nur eines blieb bei allen diesen Wandelungen unverändert bestehen: der Glaube an die Göttlichkeit der Könige als der Söhne des Sonnengottes, den auch die hochgebildeten griechischen Nachfolger auf dem Pharaonenthrone, die Ptolemäer, für sich zu verwerten nicht verschmähten. Man hat diesen Glauben als Byzantinismus erklären wollen, schwerlich mit Recht! Wie hätte er dann so tief im Volksbewußtsein wurzeln und so fest sich erhalten können? Vielmehr war dieser Glaube ein Überlebsel des uralten und überall im grauen Altertum vorkommenden Glaubens an die göttliche Abkunft der herrschenden Geschlechter als der Vertreter des ganzen Volkes, dessen Stämme sich ja in der Urzeit ganz allgemein eine Blutsverwandtschaft mit ihrer Stammgottheit zuschrieben; was also ursprünglich von der Gesamtheit galt, wurde später eingeschränkt im Glauben an die besondere Göttlichkeit der Könige und zuletzt der römischen Kaiser als der letzten Erben der antiken Völkerreligionen.

Wir kommen endlich zum dritten Punkt, in dem die ägyptische Religion sich auszeichnet: zum T o t e n k u l t.

Hier laufen verschiedene Anschauungen nebeneinander her und wir müssen auf jeden Versuch einer Vermittlung oder Ausgleichung derselben miteinander von vornherein gänzlich verzichten. Nach der ältesten Vorstellung bleibt die Seele des Verstorbenen fortwährend gebunden an den Körper, daher die Sorge der Ägypter für Erhaltung des Leichnams durch Einbalsamierung und Aufbewahrung desselben in einem sicheren Grabe. Die „Wohnungen für die Ewigkeit", wie die Gräber hießen, bildeten ausgedehnte Totenstädte, gewöhnlich im Westen der Städte der Lebenden gelegen. Die Könige legten ihre Grabstätten in den Kolossalbauten der Pyramiden an, andere Vornehme und Reiche in Felsenkammern. Überall befand sich vor der fest verschlossenen Grabkammer ein Vorzimmer für den Kult des Toten mit einem Opfertisch. Zur Grabausstattung für den Gebrauch der Seele im Jenseits gehörten Wasserkrüge, Stühle, Waffen, Zauberbücher, ein kleiner Kahn mit Bemannung und Statuetten von Dienern und Dienerinnen, die Wände der Königsgräber schmückten viele Bilder und Inschriften von den Taten des Verstorbenen — unsere Hauptquelle für die Geschichte Ägyptens. Pflicht der Lebenden war es, an allen Festtagen den Seelen Gaben ans Grab zu bringen und Sprüche aufzusagen, deren Zauberkraft ihnen alle Genüsse der Erde im Jenseits verschaffen sollte. Es gab auch Stiftungen regelmäßiger Totenmessen durch Totenpriester, die von den Vornehmen hierfür besoldet wurden. Dem allem liegt die Voraussetzung zugrunde, daß der Geist des Verstorbenen, sein Ka, im Grabe als dem „Haus des Ka" fortlebe, abhängig von der Erhaltung seines Körpers, bedürftig der Pflege mittels Opfergaben und Zaubersprüche. Davon verschieden ist die Vorstellung, daß die Seele (Ba) als Vogel sich frei vom

Körper bewege, diesen zeitweise im Grabe besuche, aber auch zum Himmel sich aufschwingen und nach Belieben in verschiedene Wesen sich verwandeln, z. B. in Schlangen oder Pflanzen sich verleiblichen könne — dies die animistische Grundlage aller Seelenwanderungstheorien. Wieder anders ist die Vorstellung von der Reise der Seele im Jenseits, die sie mit dem Sonnengott Ra zusammen in seiner Nachtbarke durch die Unterwelt zurücklege; diese ist in 12 Stationen nach den 12 Nachtstunden eingeteilt, jede derselben wird bewacht durch furchtbare Ungeheuer, darunter der böse Drache Apep (Apophis), die nur durch Zauberformeln unschädlich gemacht werden können; dazu eben dienen die dem Toten mitgegebenen Zauberbücher. Hierbei ist das Jenseits als dunkles Land im Westen gedacht, das doch zeitweise während der nächtlichen Durchfahrt des Ra zur Erquickung der Seelen erhellt werde. Freundlicher ist die Vorstellung vom Paradies (Earu oder Aalu) des Osiris, das, im Norden oder Osten gelegen, den seligen Gefilden des griechischen Elysium gleicht; hier führen die Seelen ein vergnügliches Leben in Fortsetzung ihrer irdischen Beschäftigungen und Freuden. Aber noch darüber hinaus erhebt sich die religiöse Hoffnung zu dem Gedanken eines seligen Lebens der verklärten Seele, die, mit Osiris eins geworden, an seinem göttlichen Wesen teilnehmen oder auch als Stern am Himmel glänzen werde. „So wahr Osiris lebt, wird er auch leben, so wahr Osiris nicht vernichtet ist, wird auch er nicht vernichtet werden." Die Götter rufen der Seele zu: „Dein verklärter Geist und deine Kraft kommen zu dir als dem Gotte, dem Vertreter des Osiris, deine Seele ist in dir und deine Kraft hinter dir: erhebe dich und stehe auf!" Dann reichen sie dem Erwachten eine Leiter zum Aufsteigen in den Himmel: „Das

Himmelstor wird dir geöffnet und die großen Riegel zurück-
gezogen. Da findest du den Ra dastehen, er nimmt dich
bei der Hand und führt dich auf den Thron des Osiris,
damit du die Verklärten regierest. Die Diener des Gottes
stehen vor dir und rufen: komm, du Gott, komm, du
Besitzer des Osiristhrones! Da stehst du nun, geschützt
und als Gott ausgestattet, versehen mit der Gestalt des
Osiris, und tust, was er tat unter den Verklärten und Zer-
störungslosen!" (Erman, S. 98.)

Aber diese Seligkeit wird nur denen zuteil, die im
T o t e n g e r i c h t vor dem Richterstuhl des Osiris be-
standen haben. Die Gerichtsszene ist in einem noch erhaltenen Bilde dargestellt: da wird eine Frau von der Göttin
der Wahrheit in eine Gerichtshalle geführt, an deren anderem
Ende Osiris als Totenrichter thront, oben (im Hintergrund)
die 42 Beisitzer des Gerichtes, in der Mitte eine große Wage,
in der einen Schale das Herz des Verstorbenen, in der anderen die Wahrheit (als Feder dargestellt); die Götter Horus
und Anubis prüfen, ob das Herz vor der Wahrheit nicht
zu leicht befunden werde, und der Schreibergott Thot steht
dahinter mit Schreibzeug und notiert das Ergebnis, um es
dem Richter mitzuteilen. Was nun die Seele dabei zu
sprechen hat, das sagt uns das 125. Kapitel des „Toten-
buches", dieses älteste Beichtformular, das zugleich einen
Katechismus der ägyptischen Moral enthält. Es lautet
im wesentlichen also (nach Erman, S. 104 ff):

„Gelobt seist du, großer Gott, Herr der beiden Wahrheiten! Ich bin zu dir gekommen, damit ich deine Schönheit schaue. Ich kenne dich und kenne die Namen der
42 Götter, die mit dir in der Halle der beiden Wahrheiten
sind, die da leben von den Übeltätern und ihr Blut ver-
schlucken an jenem Tage der Abrechnung. Ich komme

zu dir und bringe die Wahrheit und verjage die Sünde. Ich habe keine Sünde gegen Menschen getan und habe nichts getan, was die Götter verabscheuen. Ich habe niemand bei seinem Vorgesetzten schlecht gemacht. Ich habe nicht hungern lassen. Ich habe nicht weinen gemacht. Ich habe nicht gemordet, noch zu morden befohlen. Ich habe niemand Leiden verursacht. Ich habe nicht die Nahrung in den Tempeln verringert, nicht die Brote der Götter und nicht die Speisen der Verklärten geraubt. Ich habe nicht Unzucht getrieben an der reinen Stätte meines heimischen Gottes. Ich habe nicht verfälscht das Kornmaß, das Ellenmaß, das Ackermaß, das Gewicht der Wage. Ich habe die Milch nicht vom Munde des Kindes geraubt, das Vieh nicht von der Weide geraubt, die Vögel und Fische der Götter nicht gefangen. Ich habe das Wasser der Überschwemmung nicht gehindert. Ich habe den Gott nicht in seinen (Tempel-)Einkünften gehindert. Ich habe nicht gelauscht. Ich habe nicht die Ehe gebrochen. Ich war nicht taub bei Worten der Wahrheit. Ich habe mein Herz nicht aufgezehrt in Gram. Ich habe nicht geschmäht, nicht viele Worte gemacht, den König nicht gelästert, den Gott nicht geschmäht. Seht, ich komme zu euch ohne Sünde. Ich habe getan, was die Menschen sagen, worüber die Götter zufrieden sind. Ich habe dem Hungrigen Brot gegeben und Wasser dem Durstigen und Kleider dem Nackten und eine Fähre dem Schiffslosen. Ich war ein Vater des Waisen, ein Gatte der Witwe, ein Schirm dem Frierenden. Ich bin einer, der (nur) gutes sprach und erzählte. Ich erwarb meine Habe in gerechter Weise. Ich habe Opfer den Göttern gegeben und Totenspenden den Verklärten. Errettet mich, hütet mich! Ihr verklagt mich nicht vor dem großen Gott. Ich bin einer mit reinem Munde und rei-

nen Händen, zu dem die, die ihn sehen, willkommen!
sagen."

So zeichnet das Totenbuch in der Form einer Beichte der
Seele vor dem göttlichen Richterstuhl das sittliche Ideal
des seine Pflichten gegen Götter und Menschen redlich
erfüllenden Ägypters. Daß dabei rituelle Pflichten mit
sittlichen unterschiedslos durcheinanderlaufen, darf uns
nicht wundern, das ist in den priesterlichen Gesetzbüchern
aller Religionen nicht anders — man denke an das Gesetz
Moses, das indische Gesetz Manus, das persische des
Avesta usw. Immerhin wird man urteilen dürfen, daß es
ein für dieses hohe Altertum höchst achtungswertes sittliches Ideal ist, was das ägyptische Totenbuch enthält. So
bestätigt sich auch von dieser Seite, daß die ägyptische Religion nicht arm war an edlen Wahrheitskeimen, die aber
freilich nicht zu reiner und kräftiger Entwicklung kommen
konnten, weil der allzu konservative Volkscharakter die
alten naturalistischen Vorstellungen und Bräuche trotz der
besseren Ansätze immer zäh festhielt und der doppelte
Druck priesterlicher Hierarchie und politischer Despotie
die Erhebung zu freier menschlicher Bildung und Gesittung furchtbar erschwerte.

Die babylonische Religion.

Diese Religion läßt sich noch weiter zurückverfolgen als selbst die ägyptische; ihre ältesten geschichtlichen Urkunden reichen bis in den Anfang des 4. Jahrtausends vor Chr. Aber freilich, eine Geschichte dieser Religion erzählen zu wollen, wäre nach dem Urteil des gelehrten Assyriologen Bezold heute noch eine Vermessenheit. So viel wir auch dem Fleiß und Scharfsinn der Gelehrten, die seit mehr als einem halben Jahrhundert mit der Entzifferung der Keilschriften beschäftigt sind, zu verdanken haben, und so wertvolle Funde durch die Ausgrabungen in den Trümmerstätten Mesopotamiens gemacht worden sind und immer neu gemacht werden, so wenig sind wir doch bis jetzt zu einem sicheren Wissen gelangt von den Anfängen der babylonischen Religion aus vorsemitischen und und semitischen Wurzeln und von ihren Wandelungen im Laufe der Zeiten. Nur soviel darf als gewiß gelten, daß auch der babylonischen wie der ägyptischen Religion zugrunde lag ein Kultus verschiedener Lokalgötter der einzelnen Gaue und Städte des Euphrat- und Tigristales. Die Verbindung dieser Götter zum polytheistischen System ist nicht das ursprüngliche, sondern das Werk der Priesterschulen, das schon in der alten Monarchie begonnen hatte und dann namentlich seit der Vereinigung von Ober- und Unterbabylonien in dem Reiche Hammurabis (um 2250 v. Chr.) durchgeführt wurde.

In dieser Reichsreligion begegnen uns zunächst wieder, wie in Ägypten, einige Triaden. Die oberste derselben: Anu, Bel und Ea war schon in der alten Monarchie von Ur in der Art systematisiert worden, daß Anu den Himmel, Bel die Erde und Ea das Meer beherrschen soll. Das war eine künstliche Teilung, denn ursprünglich standen alle drei selbständig nebeneinander, jeder als oberste Macht innerhalb des Bereiches seines Kultes; Ea, als Lokalgott von Eridu wahrscheinlich ein totemistischer Fischgott, der „Oannes" des Berosus, wurde später zum Gott der Tiefe, dann der tiefen Weisheit, der Orakel und Beschwörungsformeln. Eine weitere Trias war: Sin, der Mondgott, mit seinen beiden Kindern: Schamasch, der Sonne, und Istar, der großen Mutter aller Lebenden, Göttin der Fruchbarkeit und der Liebe, aber auch des Todes und Krieges (letzteres besonders in Assyrien); auf den Mythus von ihrer Höllenfahrt komme ich nachher zu sprechen; hier will ich noch bemerken, daß als drittes Glied dieser Trias statt Istar auch Ramman genannt wird, der aus Assyrien stammende Gewitter- und Regengott, der in Hammurabis Reichsreligion mit der Sonne in Beziehung gesetzt wurde. Ferner ist zu bemerken, daß die babylonische Priesterweisheit die vorgefundenen Volksgötter mit der Sternenwelt in eine künstliche Verbindung gebracht hat, die dem Volksbewußtsein gewiß ursprünglich, wo nicht immer — denn wo treibt das Volk Astronomie? — fremd gewesen ist. Es ist also völlig irrig, zu meinen, die Istar sei eigentlich der Planet Venus gewesen, und der Mythus von ihrer Höllenfahrt beziehe sich auf das Verschwinden und Erscheinen des Abend- und Morgensternes; derartige poetische Deutungen, ob alt oder neu, entsprechen nicht dem ursprünglichen Sinn und tiefen Ernst der uralten religiösen Mythen. Vielmehr verhält es sich so, daß die astrologische Weisheit der Priester die fünf Planeten mit den Volksgöttern in eine nicht genauer zu definierende mystische Beziehung gesetzt, beide halbwegs identifiziert hat, und zwar den Kriegs- und Totengott Nergal mit dem rötlichen Planeten Mars, den Offenbarungs- und Priestergott Nabu mit dem Planeten Merkur, den Königsgott Marduk mit dem stattlichsten Planeten Jupiter, die Liebesgöttin Istar mit dem lieblichen Abendstern Venus, endlich den Sturm- und Kriegsgott Ninib mit dem Planeten Saturn. Diese fünf Planetengötter zusammen mit Sonne und Mond regieren die sieben Wochentage, die die Römer von den Babyloniern übernommen und dem Abendland übermittelt haben.

Seit der Reichsgründung Hammurabis wurde M a r - d u k , der Lokalgott der Reichshauptstadt Babel, zum obersten Gott des Reiches erhoben, ähnlich wie Amon-Ra im neuen ägyptischen Reich. Dieser zunächst auf politischen Gründen beruhende Primat Marduks wurde durch die Priesterschaft von Babel auch kirchlich sanktioniert, indem sie das Frühlings-Neujahrsfest Zalmuku zu einem Siegesfeste Marduks gestaltete und den Frühlingshymnus auf den alljährlichen Sieg der Sonne über die winterliche Regen- und Sturmzeit zu einem Schöpfungsepos ausbildete, in welchem die Hauptrolle des Schöpfers und Siegers über das Chaos eben dem Gott Babels Marduk zufiel. Dieses Schöpfungsepos hat für uns insofern ein besonderes Interesse als es gewisse Berührungspunkte mit der Schöpfungserzählung im 1. Kapitel der Bibel hat. Der Mythus beginnt damit, daß im Anfang weder Himmel noch Erde noch einer der Götter gewesen, sondern nur die Wasser des Ozeans und Tiamat, der Drachen des Chaos (das biblische Tehom); aus ihrer Verbindung seien die ersten Götterpaare, dann die großen Götter und Marduk entstanden. Nun hat Tiamat die Götter, von denen sie ihre Macht bedroht sah, zum Kampf herausgefordert, und es begann der Entscheidungskampf zwischen göttlicher Weltregierung und elementarem Chaos, ähnlich dem zwischen Titanen, Giganten und Olympiern im griechischen Mythus. Aber von den älteren Göttern versuchte es einer um den andern vergebens, dem furchtbaren Ungeheuer zu widerstehen; da in ihrer Not beschlossen sie, Marduk zu ihrem Vorkämpfer zu erwählen und ihm alle Macht zu übertragen. „Von nun an sei deine Macht unbeschränkt, zu erheben und zu erniedrigen sei in deiner Hand, deinem Befehl kann nichts widerstehen, keiner der Götter kann sich deiner Herrschaft entziehen." Marduk übernimmt unter dieser Bedingung den Auftrag der Götter, bewaffnet sich mit Schwert, Speer und Netz und schafft einen verderblichen Wind, den er ins Maul der Tiamat fahren läßt, daß sie aufgeblasen nach Luft schnappt, dann durchbohrt er ihren Leib und zerteilt ihn in zwei Hälften, macht aus der einen das Himmelsgewölbe als Behältnis für die oberen Wasser und verschließt es fest mit Riegeln. Darauf setzte er auch den unteren Wassern ihre Grenzen und durchschritt den Himmel als siegreicher Herrscher. Dann setzte er am Himmel die Stationen für die einzelnen Götter fest (die Sternbilder), den Mond aber setzte er hin als das Licht der Nacht, daß er die Tage (des Monats) bezeichne. Zuletzt schuf er auch die Menschen, wie? ist aus dem Epos nicht zu ersehen. Den Schluß des Epos bildet die Mahnung: „Furcht Gottes erzeugt Barmherzigkeit, Opfer verlängert das Leben und Gebet hebt Sünde auf" — der praktische Inbegriff des Mardukglaubens (nach Jastrow, die babyl. und assyr. Religion, Cap. XXI).

Sowenig sich Berührungspunkte zwischen diesem Epos

und der biblischen Schöpfungsgeschichte verkennen lassen, so gewiß ist doch der Unterschied zwischen beiden soviel größer als ihre Verwandtschaft, daß man schwerlich eine direkte Entlehnung annehmen kann; viel wahrscheinlicher ist die Annahme gemeinsamer semitischer Sagen, aus denen einerseits die babylonischen Priester ihr polytheistisches Epos vom Kampf und Sieg der Götter schufen, andererseits der hebräische Dichter das erhabene Bild von dem kampflosen Schaffen des e i n e n allmächtigen Schöpfergottes gestaltete. Viel näher ist die Verwandtschaft der babylonischen und der biblischen Sage in der Erzählung von der Sintflut, deren Held dort Sit-Napistim (Xisuthros) heißt. Ihm verriet der Gott Ea, daß die Götter, erzürnt über die Sünde der Menschen, deren Vertilgung durch Wasserfluten beschlossen haben. Er baut dann nach dem Rate seines Schutzgottes die Arche und beladet sie mit aller seiner Habe und Tieren aller Arten. Die Flut bricht herein vom Meer und vom Himmel zugleich, vor ihrem Wüten flüchten die Götter selbst in Schrecken und Angst. Nach sieben Tagen sitzt die Arche auf dem Berge Nisir fest. Sit-Napistim läßt zuerst eine Taube ausfliegen, sie kommt wieder, dann eine Schwalbe, auch sie findet noch nicht trockenen Grund und kehrt wieder, zuletzt einen Raben, und der kommt nicht wieder. Dann verläßt Sit-Napistim sein Schiff und bringt auf dem Gipfel des Berges ein Dankopfer dar, auf das die Götter herzustürzen wie Fliegen. Nur der alte Bel zürnt darüber, daß nicht alle Menschen untergegangen sind, während Istar über den Tod so vieler Lebewesen jammert; es kommt zu erregten Streitreden in der Götterversammlung, bis es Ea gelingt, die Streitenden zu besänftigen; darauf versöhnen sie sich alle mit den geretteten Menschen und entrücken Sit-Napistim in das Paradies der Seligen. Dieser

Schluß der babylonischen Sage erinnert an die biblische Entrückung des frommen Henoch; es scheint also, als seien im babylonischen Sit-Napistim die beiden Heroen der altsemitischen Sage Noah und Henoch in einer einzigen Gestalt zusammengefaßt. An die biblische Paradiessage erinnert in gewisser Hinsicht der Mythus von dem Helden Adapa, dem Sohne Eas, der dem Südwind die Flügel gebrochen und dadurch den Zorn des Gottes Anu erregt hatte. Dieser forderte den Helden wegen seines eigenmächtigen Übergriffes in das göttliche Weltregiment zur Verantwortung vor seinen Thron. Ea entläßt seinen Sohn mit dem Rat, er solle die Speise und den Trank, die man ihm in der Götterhalle anbieten werde, nicht genießen, da es Todesspeise sei. Adapa geht hin in Trauerkleidern, und es gelingt ihm mittels der Fürsprache anderer Götter, den zürnenden Anu zu beschwichtigen. Und da er nun schon einmal die sonst den Sterblichen unzugänglichen Geheimnisse des Himmels geschaut hat, so beschlossen die Götter, ihm auch vollends das Lebensbrot und den Lebenstrank anzubieten, um ihn zu einem der Ihrigen zu machen. Aber Adapa, eingedenk des väterlichen Rates, schlägt die dargebotene Speise aus. Da blickt ihn Anu trauernd an und fragt: „warum tatest du so? Nun kannst du nicht (ewig) leben!" So hat Adapa durch sein Mißtrauen das unsterbliche Leben mit den Göttern verscherzt und muß zur Erde zurückkehren. Hier also, wie in der biblischen Geschichte, hängt die Unsterblichkeit ab vom Genuß der Lebensspeise, und hier wie dort wird sie verscherzt durch die verhängnisvolle Befolgung eines üblen Rates; aber in der Bibel ist dies der dämonische Rat der Schlange, die den Zweifel und Ungehorsam gegen das göttliche Gebot anstiftet, in der babylonischen Legende dagegen ist's der trügliche Rat des

Gottes selbst, der für den befolgenden Menschen verhängnisvoll wird. Wir sehen wieder, wie gemeinsam semitische Sagen beiderseits in ganz verschiedenem Sinn verarbeitet sind.

Schließlich ist noch der den Babyloniern eigentümliche Mythus von der Höllenfahrt der Istar zu erwähnen. Um das Lebenswasser zur Wiederbelebung ihres gestorbenen Geliebten Tammuz zu holen, steigt die Göttin hinab in die Unterwelt, das „Land ohne Rückkehr". Sieben Tore muß sie durchschreiten, alle verschlossen und bewacht. Am ersten fordert sie herrisch Einlaß, oder sie werde die Pforten der Unterwelt sprengen und die Toten alle heraufführen. Dies meldet der Wächter der Herrin der Unterwelt, die alsbald befiehlt, man solle Istar passieren lassen, aber nach den Gesetzen der Unterwelt. Demgemäß wird sie an jedem Tor eines Stückes ihres Schmuckes und Gewandes nach dem anderen beraubt. Nackt tritt sie vor die Todesgöttin, und diese befiehlt nun ihren Dämonen, sie mit allen Krankheiten zu schlagen. Nun aber hat das Verschwinden der Liebesgöttin von der Erde zur Folge, daß hier alles Erzeugen und Gebären bei Menschen und Vieh aufhört und alles auszusterben droht. Da müssen die oberen Götter helfend eingreifen. Sie senden ihren Boten Assusunamir an die Königin der Unterwelt mit dem strikten Befehl, sofort Istar wieder heil zu entlassen. Widerwillig beugt sich die Todesherrin diesem Götterbefehl, sie läßt die kranke Göttin mit dem Lebenswasser besprengen, und so geheilt tritt diese den Rückzug an, bekommt an jedem der sieben Tore ihre Gewänder und Schmuckstücke zurück und betritt in alter Pracht wieder die Oberwelt, wo sie nun mit dem Lebenswasser ihren Geliebten Tammuz wieder ins Leben zurückruft. Nun ein allgemeines Freudenfest mit Musik und

Gesang, das Seitenstück zu dem Frühlingsfest des Adonis und der Astarte in Syrien, dem Osiris- und Isisfest in Ägypten, dem Demeter- und Korefest in Griechenland.

Mehr noch als alle diese Mythen dienen zur Charakterisierung der babylonischen Religion die Hymnen und Bußpsalmen, die uns durch die Entzifferung der Keilschriften bekannt geworden sind. Ich will Ihnen einige nach den Übersetzungen von Jastrow und Zimmern mitteilen. Ein Gebet des Königs Nebukadnezar an Marduk:

„O ewiger Herrscher, Herr des Alls! Gib, daß der Name des Königs, den du lieb hast, dessen Namen du genannt (zum Thron berufen) hast, blühen möge, wie es dir gut scheint. Führe ihn auf dem rechten Pfad! Ich bin der Herrscher, der dir gehorcht, das Geschöpf deiner Hand. Du hast mich geschaffen und betraut mit der Herrschaft über die Menschen. Nach deiner Gnade, Herr, die du allen gewährst, laß mich lieben dein höchstes Gesetz. Pflanze die Furcht vor deiner Gottheit in mein Herz. Gewähre mir, was irgend gut scheint vor dir, denn du bist es, der mein Leben behütet!"

Ein Gebet an Istar:

„Gut ist's, dich anzuflehen, denn geneigt ist dein Gehör. Dein Blick bringt Erhörung, dein Ausspruch Licht. Erbarm dich meiner, Istar, verkünde mein Wohlsein! Treulich blicke auf mich! Nimm an mein Flehen! Folge ich deinen Füßen, so sei mein Gang fest, ergreife ich deine Seile, so möge ich Frohsinn besitzen! Trage ich dein Joch, so schaffe mir Erleichterung! Achte ich auf deinen Glanz, so werde mir Erhörung und Willfahren! Suche ich deine Herrschaft, so sei Leben und Heil! Möge ich bekommen den guten Schutzgeist, der vor dir steht, das Gedeihen zu deiner Rechten und Linken möge ich erlangen! Sprich zu, daß mein

Reden erhört werde! In Gesundheit und Fröhlichkeit leite mich täglich, mache lang meine Tage, schenke mir Leben! Möge ich gesund und heil sein und so deine Gottheit verehren, wie ich's wünsche, möge ich's erlangen! Der Himmel freue sich deiner, die Wassertiefe jauchze dir zu, die Götter des Alls mögen dir huldigen! Die großen Götter mögen dein Herz erfreun!"

Ein Bußgebet an Istar, mit Zwischenreden des fürsprechenden Priesters:

„Ich, dein Knecht, voll Seufzens, rufe zu dir! Das heiße Gebet dessen, der gesündigt, nimm du an! Blickst du einen Menschen gnädig an, so lebt dieser Mensch. O allmächtige Herrin der Menschen, barmherzige, gütig sich zuwendende, die hört auf das Flehen!" (Der Priester spricht:) „Da sein Gott und seine Göttin über ihn zürnen, ruft er dich an. Wende ihm dein Antlitz zu. Nimm ihn bei seiner Hand! Außer dir ist kein Gott, der zurechtbringt." (Der Büßer:) „Treulich blicke mich an, nimm an mein Flehen. Wie lange noch, sprich, und dein Gemüt besänftige sich! Wie lange noch, meine Herrin, wird dein Antlitz abgewendet sein? Wie eine Taube girre ich, mit Seufzen bin ich gesättigt." (Der Priester spricht:) „Mit Weh und Ach ist seine Seele voll Seufzens, Tränen weint er, bricht aus in Klagen."

Ein Bußgebet für jeglichen Gott:

„O Herr, meiner Sünden sind viel, groß sind meine Vergehen. Die Sünde, die ich getan, kenne ich nicht, das Vergehen, das ich begangen, kenne ich nicht. Der Gott, den ich kenne, den ich nicht kenne, hat mich bedrängt; die Göttin, die ich kenne, die ich nicht kenne, hat mir Schmerz angetan. Suchte ich Hilfe, so faßte mich niemand bei der Hand, weinte ich, so kam niemand an meine

Seite. Wie lange, mein Gott, meine Göttin, soll dein Zorn nicht aufhören, dein feindlich Herz nicht zur Ruhe kommen? O Herr, deinen Knecht verwirf nicht! In Wasser des Schlammes geworfen, fasse ihn bei der Hand! Die Sünde, die ich begangen, wende zum Guten, das Vergehen, das ich verübt, führe der Wind fort, meine vielen Übertretungen zieh mir aus wie ein Kleid! Mein Gott, meine Göttin, sind auch meine Sünden siebenmalsieben, vergib meine Sünden! Vergib sie, und ich will mich beugen vor dir. Dein Herz komme zur Ruhe, wie das Herz der Mutter, die mich geboren, des Vaters, der mich erzeugt." —

Diese Bußpsalmen sind neuerdings wohl etwas überschätzt worden, indem man sie den biblischen ohne weiteres gleichstellte. Im Grunde spricht sich darin doch immer nur das lebhafte Verlangen aus, vom Übel, das den Beter betroffen, befreit zu werden. Daß dieses Übel mit einer Schuld, die den Zorn der Gottheit erregte, in Zusammenhang gebracht wird, zeigt allerdings schon die mit dem religiösen Abhängigkeitsgefühl sich verbindende sittliche Gewissensregung. Aber dabei handelt es sich doch eigentlich nie um Erlösung von der Sünde selbst, sondern nur von ihren üblen Folgen; von sittlicher Selbstprüfung und Selbstgericht, von Verlangen nach innerer Besserung und Reinigung ist keine Spur. Insofern wird man sagen können, daß auch diese Bußgebete den Boden der polytheistischen Naturreligion noch nicht wesentlich überschreiten. Um so mehr wird dieses Urteil berechtigt sein, wenn wir bedenken, wie nahe diese Gebete zusammenhängen mit und übergehen in die zauberhaften Beschwörungsformeln, die in der babylonischen Religion eine größere Rolle spielten als irgendwo sonst, weil sie hier mit dem von den Priestern systematisierten astrologischen Schicksalsglauben im engsten Zusammen-

hang stehen. Der Aberglaube an Vorzeichen und Zaubermittel findet sich freilich auch in allen anderen Religionen,
aber doch nur als eine volkstümliche Unterschichte der
offiziellen Religion, die von ihrem höheren Standpunkt
aus jene naturalistischen Überlebsel einer rohen Vergangenheit verwirft. Dagegen bei den Babyloniern war der Aberglaube an Mantik und Magie ein wesentlicher Bestandteil
der priesterlichen Religion selbst und das Haupthemmnis
ihrer Erhebung zu höheren Idealen.

Die babylonischen Priester haben sich zwar sehr frühe
schon mit astrologischen Studien beschäftigt, aber nie haben
sie es zu einem astronomischen Wissen von der Höhe, wie
wir es schon bei den griechischen Naturphilosophen finden,
zu bringen vermocht. Statt die Bewegungen der Himmelskörper in reinem Wissensinteresse zu beobachten, haben sie
dieselben in willkürliche Verbindung gebracht mit den
Schicksalen der Menschen und sind die Erfinder der astrologischen Pseudowissenschaft geworden, deren Wahn so
lange auf der Menschheit gelastet hat. Von der völligen
Willkür, mit welcher die Astrologen aus den Himmels-
erscheinungen ihre Orakel gaben, sind uns in ihren offiziellen Berichten ergötzliche Beispiele erhalten. Da heißt
es das eine Mal: weil an dem und dem Tag Sonne und
Mond zugleich am Himmel sichtbar seien, so werden die
Götter dem Lande gewogen, das Volk friedlich, das Heer
gehorsam und das Vieh auf der Weide sicher sein; ein ander
Mal wird aus ebendemselben Stand von Sonne und Mond
erschlossen, daß üble Zeit für das Land bevorstehe, es werde
von einem starken Feind verheert und der König zur Unterwerfung genötigt sein. Oder eine Mondsfinsternis an dem
und dem Monatstag bedeutet den Tod eines feindlichen
Königs, an einem anderen einen bevorstehenden Krieg,

an einem dritten eine Überschwemmung, an einem vierten
eine Hungersnot, an einem fünften Mißgeburten usw. Der
astrologische Kalender setzte auf Grund der jeweiligen
Stellung der Planeten zueinander und zu anderen Sternen
für jeden Tag des Monats genau fest, für welches Tun,
besonders des Königs, er günstig oder ungünstig sei. Es
leuchtet ein, welche ungeheure Macht das Priestertum
durch dieses angebliche Wissen um die Ratschläge des
Himmels auf das irdische Leben, das staatliche und das
private, zu üben vermochte. Hatte Paulus nicht recht,
wenn er dies Heidentum als „Knechtschaft unter den
armen und schwachen Weltelementen" bezeichnete? Aber
die Kehrseite dieser geistlichen Unfreiheit war die falsche
Freiheit der Zauberei, die durch Beschwörungsformeln die
Geistermächte in den Dienst der menschlichen Willkür
zwingen will.

Vielleicht darf man sagen, daß ebendieser zweifache
Aberglaube, der eine an die das Schicksal bestimmenden
Zeichen am Himmel und auf Erden und der andere an die
über geheimnisvolle Mächte verfügende Zauberei, bezeichnend sei für die Schwäche der Naturreligion überhaupt:
einesteils bleibt der Mensch gefangen in knechtischer
Furcht vor dunklen Schicksalsmächten, und andererseits
meint er seine Willkürfreiheit und Laune zur Herrin der
Welt erheben zu können; bald trotzig, bald verzagt, kommt
das Herz nicht zu seiner Ruhe, die es nur in der freien Hingabe an den göttlichen Willen des Guten finden kann. Der
Mensch mußte also von dem Bann und Zauber der Natur
sich losreißen, mußte lernen, die Offenbarung der Gottheit
nicht bloß außer sich in der Natur, sondern auch und vorzüglich in seinem eigenen Innern zu suchen. „In deiner

Brust sind deines Schicksals Sterne!" Indem der Mensch anfing, seinen Blick nach innen zu richten, fand er in der Stimme seines Gewissens, im Gefühl seines Herzens für edle menschliche Ideale die Offenbarung des Gottes, der mehr ist als bloße Naturmacht, der heiliger Wille des Guten ist und den Menschen durch Gehorsam zur Freiheit des persönlichen Geistes erheben will. Damit stehen wir vor der entscheidenden Wendung der Religionsgeschichte, der Wendung von der Natur zum Geist. Diese Wendung aber konnte überall nur von einzelnen erleuchteten Geistern ausgehen, die den Gott in der eigenen Brust stärker fühlten und klarer erkannten als die Menge um sie her. Das waren die Seher, von deren Schauen, die Propheten und Weisen, von deren Lehren die neuen Anfänge, die höheren sittlichen Entwicklungsstufen der Religion ausgingen. Von diesen prophetischen oder geschichtlichen Religionen wird ferner zu reden sein. Und zwar wollen wir mit der Zarathustras beginnen.

Die Religion Zarathustras und der Mithraskult.

Das Leben Zarathustras ist, ähnlich dem anderer religiöser Heroen, mit Legenden ausgeschmückt: Vor der Geburt wurde seine künftige Größe der Mutter in Träumen kundgetan. Gleich nach der Geburt soll er gelacht haben — bezeichnend für seinen späteren mutigen Optimismus. Vergeblich stellten dem Kinde. feindliche Geister nach. Als Jüngling zog er sich aus der Welt zurück, und im 30. Lebensjahr hatte er auf einsamem Berge seine erste Vision: er fühlte sich vor den Thron Gottes erhoben und hörte von Gott selbst die Offenbarung der wahren Religion und die Berufung zum Propheten des wahren Gottes. Bald darauf suchte ein Dämon ihn zu töten, mußte aber vor dem Worte des Propheten machtlos entweichen. Da trat der Oberste der Teufel, Ahriman, mit versuchlichen Zumutungen an ihn heran: „Schwöre dem guten Gesetze Gottes ab, so sollst du durch meine Gnade zu königlicher Macht erhoben werden!" Aber Zarathustra antwortete: „Nein, nicht werde ich dem Gesetze Gottes abschwören, sollte auch mein Gebein, Leben und Geist sich auflösen!"

Man hat aus den Ähnlichkeiten dieser Legenden mit denen anderer Heroen schon schließen wollen, daß Zarathustra keine geschichtliche Person, sondern eine mythische Gestalt sei. Aber so unsicher auch die Überlieferungen sind — über die Zeit seines Auftretens hat man nur Vermutungen, die zwischen dem 14. und 7. Jahrhundert v. Ch.

schwanken, — so kann doch über die Geschichtlichkeit Zarathustras kaum ein Zweifel bestehen. In den Gathas, dem ältesten Teil der heiligen Schrift der Perser, des Avesta, tritt seine Person und Umgebung in deutlichen Umrissen hervor. Er war ein Priester aus dem Geschlecht der Spitama und stand in naher Verbindung mit dem Hofe des Königs Vistaspa, der mit seiner Gemahlin und mit seinen obersten Beamten zu den frühesten Anhängern Zarathustras gehörte. Einer der letzteren wurde sein Schwiegervater; wir erfahren auch von seinen Söhnen und Töchtern, und ein Hochzeitslied, das er zur Hochzeit seiner Tochter gedichtet, ist uns erhalten. Außer diesen Einzelzügen geben uns die Hymnen der Gathas auch ein deutliches Bild von den Kulturzuständen der Volks- und Zeitgenossen Zarathustras.

Die indogermanischen Stämme, die in Ostiran oder Baktrien zwischen dem Hindukuschgebirge und dem Kaspischen Meer wohnten, waren damals in ihrer Mehrzahl seßhafte Ackerbauer und Viehzüchter, die einem rauhen Boden und Klima durch mühsame Arbeit ihren Unterhalt abringen mußten und dabei stets bedroht wurden durch die räuberischen Überfälle ihrer nomadischen Nachbarn, deren schweifende Horden oft in die friedlichen Siedelungen der Bauern einbrachen, die Männer erschlugen, die Weiber und Kinder und das Vieh als Beute wegschleppten. Wir sehen da hinein in ein beginnendes Kulturleben, das sich seines Bestandes gegen die umgebenden Barbaren noch mühsam zu erwehren hat. Nun kämpften diese Räuberhorden unter der Führung ihrer „Lügenpriester" und unter dem Schutz ihrer „Lügengötter", der Daevas, wie die Gathas sie nennen. Diese Daevas sind dieselben Wesen, die wir aus den ältesten Liedern des indischen Veda kennen,

personifizierte Naturmächte, unter denen der Rauschdämon
Soma und Indra, der meistens betrunkene Raufbold und
Patron der Raubritter, eine Hauptrolle spielten, also rein
naturalistische Götter von ganz unsittlichem Wesen, ver-
gleichbar den kananäischen Baalen. Unter solcher Götter
Führung also unternahmen die Nomadenhorden ihre Raub-
züge gegen die umfriedeten Gehöfte der seßhaften Bauern
Irans, in deren Mitte Zarathustra lebte. Immer lauter
erhob sich der Schrei der Bedrängten nach Hilfe, nach
einem Schirmherrn auf Erden und im Himmel. Nun, als
irdischer Schirmherr trat der König Vistaspa auf, der wahrscheinlich ebendamals als Beschützer der friedlichen Bauern
gegen die Räuberhorden seine Königsherrschaft begrün-
dete. Mit ihm aber verband sich der Priester Zarathustra,
dem die Not seines Volkes ans Herz griff und den Blick
schärfte für den ungeheuren Gegensatz zwischen jenen
unsittlichen Lügengöttern der Räuber und dem wahren
Gott, der die Quelle der „besten Ordnung", der Schirmer
des Rechts und Friedens eines Volkes ist, in dessen Namen
allein der Sieg zu gewinnen und dauernde Ordnung herzustellen ist. Es ist uns in den Gathas eine höchst lebendige
Schilderung der Berufung Zarathustras aufbewahrt: wie
der Notschrei der Bauernschaft zum Himmel dringt, wie
die himmlischen Geisterscharen am Thron des höchsten
Gottes Ahura beraten, wen man mit der Sendung zum
Heil des Volkes betrauen solle, wie Ahura dann den Zarathustra dazu erwählt und dieser den Ruf annimmt,
betend, daß Ahura ihm senden möge den guten Geist und
Kraft geben zur Erfüllung seiner Mission. Wohl fühlt er
seine Schwäche gegenüber der Größe der Aufgabe und
kennt das Leid, das der Widerstand der Menschen ihm
bereiten wird, aber in Vertrauen und Gehorsam fügt er

sich dem göttlichen Willen: „Daß du heilig bist, allweiser Herrscher, das hab ich gesehen, als zu mir kam der beste Geist, als ich zuerst durch eure Worte belehrt wurde. Leid erfährt bei den Menschen, wer sich dir hingibt, aber was ihr das beste nennt, getan soll es werden. Ich weiß, warum es mir schlecht geht, und klage es dir; sieh du darein, Herr! gib mir Freude, wie der Freund dem Freunde sie bietet!“ Und nun geht er hin und predigt dem Volk den Gott, der sich ihm geoffenbart hat als der allein wahre, der heilige Wille des Guten, und fordert jeden Einzelnen auf zur Entscheidung zwischen dem Glauben an seinen Gott, bei dem allein Heil ist, und den Lügengöttern, die zum Verderben führen. Das war eine Situation ganz ähnlich der, die wir aus der biblischen Geschichte kennen, als der Prophet Elias im Namen Jahves den Baalspriestern entgegentrat und alles Volk aufforderte, zwischen Gott und den Baalen zu wählen und nicht länger nach beiden Seiten zu hinken. Hier wie dort handelte es sich um den Kampf zwischen dem naturalistischen und dem sittlichen Gottesgedanken und damit um eine persönliche Entscheidung jedes Einzelnen zwischen wahrem und falschem Glauben. Der Glaube ist dabei nicht mehr ein einfach überkommenes Gemeingut und Volksbrauch, dem der Einzelne willenlos kraft seiner Zugehörigkeit zum Volksganzen hingegeben ist, sondern der Glaube wird hier zur persönlichen Überzeugung des Individuums, das zu wählen hat zwischen den Naturgöttern, den Patronen der Willkür und rohen Gewalt, und dem wahren Gott, dem Herrn der Ordnung und Gerechtigkeit; solche Wahl ist eine Willensentscheidung, eine freie Lossage von den üblen Mächten und eine Angelobung an den guten Geist, ein Bekenntnis zu seinem Wesen und Willen, ein Entschluß zu seinem Dienst und zur Mitarbeit an seiner guten Sache. So hat denn auch die Zarathustrareligion erstmals ihren Glauben in feierlichen Bekenntnisformeln ausgedrückt, die wenigstens dem Sinn nach, wenn auch nicht wörtlich, auf Zarathustra selbst zurückreichen: „Ich sage mich los vom bösen Geist und bekenne mich als Mazdagläubigen." „Der Wille des Herrn ist das Gesetz der Gerechtigkeit, Lohn des Himmels ist zu erhoffen für die Werke, die in der Welt für Mazda geübt werden, das Recht schenkt Ahura dem, der die Armen unterstützt." „Gerechtigkeit ist das beste Gut, selig der Mann, dessen Gerechtigkeit vollkommen ist!" Eine Einigung der beiden religiösen Anschauungen, der naturalistischen und der sittlichen, kann nie zustande kommen; zwischen den feindlichen Prinzipien kann nur fortwährender Kampf sein, die Lösung des Gegensatzes kann nur in dem zu erhoffenden endgültigen Sieg des guten Prinzips über das böse liegen. So herrscht denn auch lebhafte Kampfstimmung bei dem Propheten Zarathustra ganz wie bei Elias: „Höret nicht auf die Lügenpriester! Treffet sie mit dem Schwert und vernichtet sie!"

Das ist, wie ich meine, die Entstehungsgeschichte der Religion Zarathustras. Es war die Not seines um die Anfänge seiner bürgerlichen Gesittung gegen Barbarenhorden kämpfenden Volkes, was in der Seele eines Priesters die Erkenntnis wirkte vom tiefen Unterschied zwischen den rohen Naturgöttern und dem Gott der sittlichen Weltordnung. So ward Zarathustra zum Propheten des **A h u r a M a z d a**, d. h. des „allweisen Herrn", des alleinigen Schöpfers und Erhalters alles Guten und aller Güter in der natürlichen und sittlichen Welt, dem alle Willkür ferne liegt, dessen Wesen darin besteht, daß er den vernünftigen Zweck des Lebens, das Gute, zum Siege führt. „Als den

Ersten", betet Zarathustra, „habe ich dich . erkannt, als den Erhabenen, in meinem Geist, als des guten Geistes Vater, den wahren Schöpfer des Guten, der Welt und alles Tuns Beherrscher"; und ihm antwortet Ahura: „Hüter bin ich und Schöpfer, Erhalter bin ich und Wisser, und ich bin der heiligste Geist, das sind meine Namen." Hier ist ein praktischer Monotheismus erreicht, dem auch dadurch kein Eintrag geschieht, daß den Thron dieses Gottes Scharen von höheren und niederen Geistern umgeben, die ähnlich den biblischen Engeln die Diener seines Willens sind. Zu oberst stehen die 6 Amescha Spenta, d. h. unsterbliche Helfer, die einesteils personifizierte religiöse Begriffe sind, wie „die beste Ordnung", „der gute Gedanke", „das erwünschte Recht", „die vollkommene Weisheit", „die Unsterblichkeit", zugleich aber auch Genien und Patrone irdischer Dinge: der Erde, der Metalle, des Viehes, der Pflanzen. Dann kommen als zweiter Kreis um Ahura die Yazatas, d. h. die Ehrwürdigen; unter ihnen befinden sich verschiedene alte Volksgötter: der Genius des Feuers als der schnellste der Gottessöhne, dann der alte indogermanische Lichtgott Mithra, der jetzt zum Mittler zwischen Gott und Menschen, zum Seelenführer und Richter im Jenseits wird, was auch Sraoscha, der Genius des Gehorsams, ist. Außerdem gehören dazu im späteren priesterlichen System, das überhaupt diese himmlische Hierarchie erst geordnet hat, auch einige Geister geschichtlicher Heroen und Heiligen, insbesondere der Zarathustras. An diese reihen sich endlich als dritter Kreis die Fravaschis, eigentlich die Seelen der Menschen überhaupt, dann speziell die Schutzgeister der Frommen, die das streitbare Heer Ahuras in seinem großen Weltkampfe bilden

Ahura ist zwar heilig, allwissend und allgegenwärtig,

aber er ist nicht allmächtig, weil seine Macht zur Zeit noch gehemmt ist durch den „feindlichen Geist" Angromainyu (Ahriman). Dieser persische Teufel ist der Geist der Finsternis und des Todes, wie Ahuramazda der des des Lichtes und des Lebens. Er heißt der Törichte und Blinde, der erst handelt und dann denkt, d. h. dessen Wirken aus Willkür und Unvernunft stammt; er ist die Personifikation alles Irrationellen, Zweckwidrigen, Verderblichen, aller Übel in der Natur und alles Bösen in der Menschheit. Er ist kein Geschöpf Ahuras, aber doch auch nicht so ewig wie er, kein selbständiger Schöpfer, sondern nur ein Verderber der guten Schöpfung Ahuras; er ist der Grund alles tatsächlich vorhandenen Übels der Welt, aber worin er selbst seinen Grund habe, diese Frage bleibt hier ebenso unbeantwortet wie die nach dem Grunde des biblischen Teufels. Man mag dies insofern eine dualistische Weltanschauung nennen, als die wirkliche Welt geteilt erscheint zwischen der Herrschaft des guten Gottes und seines bösen Widerparts. Allein dieser Dualismus ist doch kein absoluter, denn wie der böse Geist nicht von Anfang war, so wird er auch nicht in Ewigkeit dauern; die Lösung des großen Welträtsels, wie das Böse in der Schöpfung Gottes zu erklären sei, wird nicht in theoretischer Spekulation gesucht, sondern in einer religiös-teleologischen Auffassung des geschichtlichen Weltverlaufes gefunden. Das Übel und Böse ist nun einmal da, man muß in der wirklichen Welt mit ihm rechnen, aber es s o l l nicht da bleiben, sondern es soll unablässig bekämpft werden, und es w i r d nicht da bleiben, sondern der große Weltkampf wird einst mit dem völligen Siege des Guten und der Vernichtung des Bösen enden. Der Dualismus der feindlichen Prinzipien gilt also nur für die gegenwärtige zeitliche Welt, aber er war noch nicht in der vorgeschichtlichen Welt der reinen Geister, und er wird nicht mehr sein am Ende der 6000jährigen Weltzeit, die von dem Kampfe erfüllt ist, und deren Mitte und Wendepunkt eben die Offenbarung Zarathustras bildet. Wie sein Wort der Wahrheit schon jetzt die siegreiche Waffe der Streiter Gottes wider die Mächte der Lüge und des Todes ist, so wird 3000 Jahre nach ihm der aus seinem Samen wunderbar erzeugte Heiland Saoshyant, gleichsam sein wiederkommendes alter ego, erscheinen und alle Toten auferwecken. Dann wird ein ungeheurer Weltbrand die Elemente schmelzen, und in dieser Glut werden die Frommen schmerzlos gereinigt, die Bösen durch dreitägige Qual bestraft, aber nicht vernichtet, sondern auch sie gehen geläutert aus dem Feuer hervor, nur Ahriman und seine Dämonen werden in einem letzten Entscheidungskampf mit den himmlischen Heerscharen besiegt und für immer vernichtet. Dann beginnt in der neuen Welt das endlose selige Leben der reinen Geschöpfe unter der alleinigen Herrschaft des guten Gottes Ahuramazda. — In dieser Ausführung sind die letzten Dinge allerdings erst in der späteren Schrift „Bundehesch" beschrieben, aber der Grundgedanke vom gegenwärtigen Weltkampf der beiden feindlichen Mächte und vom endlichen Sieg des guten Gottes und der Seinigen geht zweifellos auf Zarathustra selbst zurück; er ist der Kern seiner Religion, die, selbst aus inneren und äußeren Kämpfen und Nöten entsprungen, den Kampf für die Sache Gottes als die Aufgabe des Menschenlebens erkennt, aber auch die Hoffnung auf den Sieg der tapferen Kämpfer im Glauben an die Regierung des guten Gottes verbürgt sieht.

Aber nicht bloß über die letzten Dinge der Welt, sondern auch über das jenseitige Schicksal der einzelnen

Seelen hat sich der Zarathustrasche Glaube sinnige Gedanken gemacht. Nach dem 22. Jasht bleibt die Seele des Frommen nach dem Tode noch drei Tage in der Nähe des Leibes, aber schon im Vorgefühl der kommenden Paradiesesfreuden. Dann kommt sie zur Himmelsbrücke Tschinwat, wo Gericht gehalten wird. Der Genius der Gerechtigkeit hält die Wage in der Hand, auf der die guten und die bösen Taten gegeneinander abgewogen werden, ohne Ansehen der Person. Überwiegen die guten, so darf die Seele über die Brücke gehen, ein Wind von paradiesischem Wohlgeruch kommt ihr entgegen, und es erscheint ein schönes Mädchen, das sagt: „Ich bin dein eigenes Tun, die Verkörperung deiner guten Gedanken, Worte und Werke, dein frommer Glaube." Dann geht die Seele, von Mithra geleitet, in das dreifache Paradies der guten Gedanken, Worte und Werke und zuletzt in die Lichtwelt Ahuras oder der guten Geister; die Seele des Gottlosen dagegen wird vom Dämon des Todes in die dreifache Hölle und zuletzt in die finstere Behausung Ahrimans geschleppt. — Ohne Zweifel liegen hierbei ältere Vorstellungen des indogermanischen Animismus zugrunde, aber sie sind in der Zarathustra-Religion verarbeitet im Sinne ihres sittlichen Grundgedankens, daß jeder Mensch verantwortlich sei für die Gerechtigkeit seines Tuns nicht bloß, sondern auch für die Wahrhaftigkeit seines Redens und für die Reinheit seines Denkens.

Werfen wir noch einen Blick auf die Moral der Zarathustra-Religion, so haben wir wohl zu unterscheiden zwischen ihren ursprünglichen gesunden Grundsätzen und der späteren Verkümmerung durch eine Unmenge kleinlicher Observanzen. Zarathustra hat, wie vorhin gesagt wurde, des Menschen Aufgabe darin erblickt, im Bunde mit dem guten Gott zu wirken für die Förderung alles Guten und zu kämpfen wider alle verderblichen Mächte des Bösen. Da alles gesunde Leben, Wachsen und Gedeihen in Natur und Menschenwelt dem Reiche Ahuras angehört und seiner Sache dient, so ist die Pflicht des Frommen nicht asketische Lebenshemmung, sondern fleißige Betätigung aller Kräfte in lebenfördernder Kulturarbeit. Insbesondere Viehzucht und Ackerbau zu treiben gilt als religiös verdienstliche Leistung; „wer Korn säet, der säet Heiligkeit", denn die fruchtbare Erde gehört Ahura, die unfruchtbare den Dämonen. Ebenso ist ein gesundes Familienleben, in dem viele Kinder erzeugt und zu tüchtigen Menschen erzogen werden, eine religiöse Pflichterfüllung, außereheliche Unzucht dagegen ist verwerflich und gar unnatürliche Lüste sind eine Todsünde, unvergebbar, ein wahres Teufelswerk. Neben der Reinheit des Leibes und der Seele, der Mäßigkeit und der Arbeitsamkeit, die das persönliche Leben gesund und tüchtig erhalten, werden als soziale Haupttugenden gepriesen: die Wahrhaftigkeit, Treue und Gerechtigkeit, Wohltätigkeit und Barmherzigkeit, als Hauptlaster verurteilt: Lüge und Betrug, Eidbruch, Schuldenmachen (weil es dabei nie ohne Lüge abgeht), Geiz und Hartherzigkeit. Wahrhaftigkeit und Treue waren auch die Eigenschaften, die den Griechen an den zarathustragläubigen Persern als besonders lobenswert auffielen. Diese gesunde Moral wurde nun aber arg verunstaltet durch die ritualistische Priestergesetzgebung, wie wir sie aus dem „Vendidad" kennen, dem Priestergesetz des Avesta, das sich zu den alten Gathas ungefähr ähnlich verhält wie das Priestergesetz in den Büchern Moses zu den Propheten und Psalmen. Nur beispielsweise will ich einiges aus dieser sinnlosen Kasuistik anführen. Um keines der heiligen Elemente zu verunreinigen, scheute man sich, die Toten zu verbrennen oder zu begraben, daher wurden sie auf Bergen oder Türmen ausgesetzt, um von wilden Tieren oder Vögeln verzehrt zu werden; eine häßliche Sitte, die vielleicht von den Skythen übernommen worden ist. Im übrigen waren es die medischen Priester („Magier"), von denen die ritualistischen Firlefanzen ausgesonnen wurden. Da gab es endlose Vorschriften, wie einer oder eine sich zu verhalten habe, wenn er unwillkürlich durch leibliche Vorgänge und Zustände oder durch Berührung eines unreinen Dinges, einer Leiche namentlich, verunreinigt worden sei; für jedwede Verunreinigung, auch der harmlosesten Art, gab es ein zeremonielles Reinigungs- und Sühnungsverfahren, wozu die Priester beizuziehen und wofür sie — dies natürlich des Pudels Kern — gehörig zu bezahlen waren, widrigenfalls zur Sühnung je eine bestimmte Anzahl Peitschenhiebe angedroht war, deren Tarif für die einzelnen Vergehen nur als Ausgeburt einer tollen Priesterphantasie zu verstehen ist. Doch genug dieser Zeichen einer traurigen Entartung, der auch die an sich ursprünglich so reine und gesunde Religion und Moral Zarathustras unter den Händen der orientalischen Priesterschulen unterlegen ist.

Auf die wechselnden Schicksale, die Zarathustras Religion, seit sie zur Staatsreligion des persischen Reiches geworden, unter dessen politischen Wandlungen erlebt hat, bis sie dem Ansturm des Mohammedanismus erlag, will ich nicht eingehen. Nur möchte ich noch Ihre Aufmerksamkeit auf den Mithraskult lenken, der aus der persischen Religion entsprungen ist und in den ersten Jahrhunderten n. Ch. im römischen Reich eine bedeutsame Rolle als Rivale des Christentums gespielt hat. Der alte indogermanische Lichtgott Mithra gehörte schon im Avesta zu den halbgöttlichen Yazatas, und zwar heißt er der stärkste derselben, den Ahura ebensogroß gemacht, wie er selbst ist, und den er zum Hüter der ganzen Welt gesetzt habe. Bei der Ausbreitung des Perserreiches nach Babylonien und weiterhin nach Vorderasien entstand nun eine Religionsmischung aus altiranischem Glauben, babylonischen Mythen, syrischen Kulten und zuletzt auch noch hellenistischen Spekulationen; diese alle zusammen bildeten die Elemente der Mithrareligion, die schon unter Pompejus in Cilicien den Römern bekannt wurde und in den nächsten Jahrhunderten sich über das ganze römische Reich verbreitete, ihren Hauptsitz aber in Rom hatte.

Im Mittelpunkt ihres Glaubens und Kultus stand Mithra als der „Mittler" zwischen Himmel und Erde. Die Legende erzählt von seiner Geburt aus dem Felsen und von der Huldigung der Hirten vor dem jungen Sonnenheros. Seine halbe Vereinerleiung mit dem Sonnengott drückt die Legende dadurch aus, daß sie ihn den Sonnengott im Kampf besiegen und dann mit dem Überwundenen ein festes Bündnis schließen läßt. Am bekanntesten ist die auf zahllosen Kultbildern veranschaulichte Legende von Mithras Opferung des mythischen Urstiers, aus dessen Leib alle Kräuter und Pflanzen, insbesondere das Brotkorn und der Wein hervorgingen — ein kosmogonischer Mythus von alter Herkunft. Weiter wird erzählt, wie Mithra während einer Dürre durch einen Pfeilschuß einen Felsen gespalten habe, aus dem ein Wasserquell hervorsprang, ähnlich wie bei dem Wunder Moses in der Wüste. Nach einem letzten Mahl, das er zusammen mit Helios (dem Sonnengott) und seinen Kampfgenossen feierte, läßt die Legende den Heros in feurigem Wagen zum Himmel auffahren, wo er nun bei den Göttern wohnt. So ist also Mithra der aus der Gottheit stammende göttliche Bote und Mittler, der schon bei der Weltbildung mitwirkte und der fortwährend die Weltordnung durch Bekämpfung ihrer Feinde aufrecht erhält, das himmlische Urbild und der starke Helfer der kämpfenden Menschen, der Schutzherr der Guten im Diesseits und ihr Vergelter im Jenseits. Er geleitet die Seelen seiner getreuen Diener auf ihrer gefährlichen Reise durch die sieben Himmelsräume, deren Pforten sich nur den Geweihten öffnen, die die heiligen Namen und Formeln kennen. (Sie werden sich hierbei erinnern an den babylonischen Mythus von der Höllenfahrt der Istar und an den ägyptischen von der Reise der Seelen mit Ra durch die Unterwelt.) In jeder dieser Himmelsphären legt die Seele den Teil ihres Wesens, den sie von dem betreffenden Planetengeist empfangen hat, ab und gelangt zuletzt als die von allen Erdenresten befreite, reine Seele in den achten Himmel, wo sie von den seligen Geistern bewillkommnet wird, wie ein von langer Reise in die Heimat zurückgekehrter Sohn des Hauses. Am Ende der Welt aber wird Mithra (der hierbei an die Stelle des iranischen Saoschyant tritt) wieder herabkommen, die Menschen auferwecken, das allgemeine Gericht halten, dann das urzeitliche Stieropfer wiederholen und aus dessen Fett, mit Wein gemischt, den Wundertrank bereiten, der den Auferstandenen das unsterbliche Leben auf der erneuten Erde verleiht.

Die Gemeinde der Mithragläubigen hatte eine feste Organisation, sie teilte sich in sieben Grade der Weihe, die die Namen „Rabe, Greif, Soldat, Löwe, Perser, Sonnenläufer, Vater" führten. Die drei unteren Grade waren noch Novizen und nahmen eine dienende Stellung ein ohne das Recht der Teilnahme an den Sakramenten, das erst den oberen Graden vom Löwen an zustand. An der Spitze standen die „Väter" und zu oberst der „Vater der Väter", als der Großmeister der Geweihten, die ihm alle Ehrfurcht zollten. Untereinander nannten sich die Gemeindegenossen „Brüder". Die Aufnahme in die Gemeinde und der Eintritt in die höheren Grade geschah durch verschiedene Weihehandlungen, genannt „Sakramente". Dazu gehörte ein Tauchbad, das (nach der Notiz des Kirchenvaters Tertullian) ein „Bild der Auferstehung" darstellte; ferner eine Konfirmation durch Bezeichnung der Stirn des Gläubigen mit einem Zeichen (ob Salbung oder Brandmal? ist ungewiß); ferner Weihung der Hände und Zunge durch Honig; endlich die Kommunion des sakramentalen Mahles, bei dem Brot und ein Kelch (ob mit Wasser oder auch mit Wein? ist ungewiß) aufgestellt und vom Priester durch das Sprechen heiliger Formeln geweiht wurde; dieses heilige Mahl war teils Gedächtnismahl an das letzte Mahl des Mithra vor seiner Himmelfahrt, teils mystisches Mittel zur Aneignung göttlicher Kräfte und Verbürgung ewigen Lebens. In einer noch erhaltenen Mithraliturgie wird die Weihehandlung, die den Gläubigen in die Gemeinschaft des Gottes versetzt, als eine durch symbolisch-mystisches Sterben und Wiedergeborenwerden vollzogene Lebensmitteilung oder Erlösung dargestellt, wie denn auch die Geweihten sich „wiedergeboren auf ewig" (renatus in aeternum) nannten. Übrigens wurde die Spendung der Sakramente auch begleitet oder eingeleitet durch Kasteiungen und dramatische Schreckensszenen, die den Kampf mit den finsteren Todesmächten symbolisieren und den Mut des Kandidaten erproben sollten.

Die Vollziehung des Kultus war die Sache der Priester, die aus dem Grad der „Väter" entnommen wurden. Der

„Vater der Väter" war auch der Oberpriester und hatte die Aufsicht über alle Kultgenossen einer Stadt — eine alle Gemeinden umfassende einheitliche Kirchenorganisation scheint nicht vorhanden gewesen zu sein. Der regelmäßige Dienst der Priester bestand in täglich dreimaligem Gebet an die Sonne, verbunden mit verschiedenen Opfern und Spenden, auch mit Gesängen von Hymnen unter Musikbegleitung. Besondere Feier fand wöchentlich statt am Sonntag, dem Tag des Sonnengottes. Das Hauptfest des Jahres war das der Neugeburt des „unbesiegten Sonnengottes" am 25. Dezember (dem Wintersolstitium, von wo an die Sonne bzw. der Tag wieder zunimmt); dieser Tag wurde in jeder Gemeinde als heiliges Freudenfest gefeiert.

Die Anziehungskraft des Mithrakultes ist wohl zu verstehen. Die Bruder-Gemeinschaft gab den Einzelnen einen sittlichen Halt und stärkte ihren Mut zum Kampf ums Dasein, indem alle sich als Genossen der Heerschar des Gottes fühlten, der seinen braven Streitern hilfreich beisteht und das jenseitige selige Leben durch geheimnisvolle Bräuche verbürgt. Ihre Mischung von Naturmythen mit sittlichen Ideen und mystischen Bräuchen entsprach jenem Zeitalter des Synkretismus und der Mysterien, und ihr mannhafter Kampfcharakter — das Erbe ihres iranischen Ursprungs — machte sie besonders bei den römischen Legionen beliebt. Auch die Gunst der Kaiser, die in ihr eine Stütze des Cäsarenkultes fanden, fehlte ihr nicht. Aber ebendiese Anpassung an die Denkweise und Bedürfnisse des heidnischen Volkes und seiner Herrscher war auch die Schwäche dieser Mischreligion gegenüber dem Christentum, das seinen sittlichen Monotheismus von allen Konzessionen an heidnischen Naturalismus und Polytheismus rein erhielt, das nicht einen mythischen Sonnenheros, sondern eine göttlich-menschliche Idealgestalt als Erlöser verehrte, und das die Pforten des Heils nicht den Männern bloß, sondern allen ohne Unterschied, auch den Frauen und Kindern, öffnete. Schon dieser Unterschied allein genügte, um den Sieg des Christentums über die, drei Jahrhunderte lang mit ihm rivalisierende, Mithrasreligion als Notwendigkeit erscheinen zu lassen, denn wie hätte eine die Frauen ausschließende Religion die Welt erobern können? — Näher will ich nicht mehr auf eine Vergleichung beider Religionen eingehen; die Parallelen in manchen Einzelheiten werden Ihnen schon aufgefallen sein; wie weit dieselben geschichtliche Zusammenhänge und Abhängigkeit der einen oder anderen Seite verraten, ist unter den Gelehrten noch strittig, und wir tun wohl am besten, vorläufig unser Urteil darüber zurückzuhalten. Wer sich näher darüber unterrichten will, den verweise ich auf Cumonts treffliche Darstellung, der ich diese kurze Skizze der Mithrareligion entnommen habe.

Der Brahmanismus und Gaotama Buddha.

Die Inder waren die nächsten Stammverwandten der Iranier, von denen in der letzten Stunde die Rede war; aber ihre religiöse Entwicklung war eine völlig andersartige. Anfangs, während der Einwanderung der erobernden Stämme in das Industal, waren auch die Inder noch ein kampf- und tatenlustiges, welt- und genußliebendes Volk, wovon die alten Lieder des Rigveda ein deutliches Zeugnis geben. Das wurde aber anders nach ihrer Niederlassung in dem üppigen heißen Gangestale. Lähmend und erschlaffend wirkte hier das Klima. Eine Müdigkeit, ein Hang zur Ruhe und Beschaulichkeit, zum Träumen und Grübeln bemächtigte sich dieses einst so tatenfrohen Volkes. Es kam hinzu die immer strenger werdende Sonderung der Stände in abgeschlossene Kasten: der Kriegerkaste, aus der die kleinen Herrschergeschlechter hervorgingen, die ein despotisches Regiment ausübten; der Priesterkaste, die immer mehr den öffentlichen Gottesdienst monopolisierte und ein kompliziertes und pedantisches Ritual der Opferzeremonien und Gebetsformeln ausbildete und durch ihre Verbindung mit den herrschenden Adelsgeschlechtern auf das geistige Leben des Volkes einen lähmenden Druck ausübte. Es fehlte dem Leben des indischen Volkes an großen gemeinsamen Zwecken und höheren Idealen, die dem Handeln einen wertvollen Inhalt und kräftige Motive gegeben hätten. Daraus folgt immer eine Neigung zum Lebensüberdruß, zur Weltmüdigkeit, zur pessimistischen und nihilistischen Weltbeurteilung.

So war es bei den Indern. In manchen Kreisen, nicht bloß der Priesterschaft, sondern auch der Kriegerkaste, begann man zu grübeln über die Wahrheit des volkstümlichen Götterglaubens; man warf die Frage auf, ob denn nicht diese vielen Götter im Grunde nur verschiedene Namen seien für das eine Göttliche? Auf die Frage aber, was denn dieses Eine sei, antworteten die Philosophen: wir finden es in uns selbst, wenn wir von allem besonderen Meinen und Wünschen absehen und nur auf das bei allen gleichartige allgemeine und unveränderliche geistige Wesen achten, dieses unser innerstes Selbst (Atman) sei eins mit dem Selbst der Welt, dem Weltgeist. Die Priester aber sagten: das Höchste in der Welt könne nur das Gebet, das Brahma, sein, da ja (nach alter indogermanischer Anschauung) Gebet und Opfer eine die Götter selbst zwingende, Himmel und Erde zusammenhaltende Kraft haben. Und nun kamen beide Teile dahin überein, daß die Gebetskraft und die Weltseele, das Brahma und das Atman, im Grunde ein und dasselbe göttliche Urwesen seien. Von diesem unpersönlichen Bráhma unterschieden dann die Priester noch den persönlichen Brahmá, als den obersten Gott, die Personifikation der priesterlichen Macht und Würde. Auf die Frage aber nach der Entstehung der Welt aus dem göttlichen Urwesen antworteten die einen: alle besonderen Wesen seien Ausflüsse des Urwesens und kehren wieder zu ihm zurück, sowie die Spinne ihre Fäden aus sich gehen lasse und wieder in sich zurückziehe, oder wie die Funken aus dem Feuer sich erheben und wieder in dasselbe zurückfallen. Andere aber meinten: weil der Weltgeist das allein wahre, einfache und unveränderliche Wesen sei, so könne der Welt des Vielen und Veränderlichen gar keine Wirklichkeit zukommen, sie sei also ein bloßes Scheindasein, ein Traumbild, das der Trug der Maja unserer Unwissenheit vorspiegele, als wäre es Wirklichkeit. Das ist derselbe abstrakte Monismus oder Pantheismus, wie wir ihn bei den griechischen Philosophen der eleatischen Schule (Xenophanes, Parmenides) finden; volkstümlich konnte natürlich eine derartige Spekulation nirgends werden. Dagegen eignete sich die naivere Vorstellung vom Ausfluß der Welt aus Brahma als Anknüpfungspunkt für die im Volksglauben wurzelnde Lehre von der Seelenwanderung. Sie hängt mit den uralten und überall verbreiteten animistischen Vorstellungen von der Fähigkeit der Seelen zu neuer Verkörperung zusammen; aber während die Art der Wiederverkörperung im animistischen Volksglauben willkürlich oder zufällig ist, wird sie im brahmanischen System nach dem moralischen Gesetz der Vergeltung geregelt: Jeder Mensch hat schon so und so viele Lebensläufe vor seiner jetzigen Existenz gehabt, und alles, was er jetzt an Glück oder Unglück erlebt, ist nur die Frucht seiner früheren Taten in vorhergegangenen Existenzen, ebenso sind seine jetzigen Verdienste oder Verschuldungen die Saat, aus der ihm künftig ein besseres oder schlimmeres Dasein erwachsen wird, indem seine Seele sich künftig entweder in einer höheren Stufe von Lebewesen (einer vornehmeren Kaste oder in übermenschlichen Wesen) oder in einer tieferstehenden bis hinab zu den niedersten und ekelhaftesten Tieren verkörpern wird. Hiernach ist das ganze Leben eingesponnen in ein unzerreißliches Netz der Ursächlichkeit, der moralischen Verkettung von Schuld und Schicksal. Und da diese Verkettung über den jeweiligen Lebenslauf hinausreicht, so bringt auch der Tod keine Erlösung, er führt nur von dem leidvollen jetzigen Dasein in ein neues und vielleicht noch viel leidvolleres hinein. Da erhebt sich die Frage, um die sich zuletzt alles Dichten und Trachten der weltmüden Inder drehte: Wie kommt der Mensch von diesem endlosen Kreislauf der Geburten mit seinem endlosen Wechsel immer neuen Leidens los?

Viele suchten ihre Lösung in harter Askese, in der Loslösung vom äußeren Weltleben, in der Zurückziehung in die Einsamkeit des Waldeinsiedlers; durch Unterdrückung und Kasteiung des Leibes sollte dieser ertötet und der Geist von der Sinnenwelt befreit werden. Andere aber sahen hierin ein ungenügendes Heilsmittel, über das der wahre Weise sich erhebe durch dieErkenntnis vom alleinigen Sein Brahmas und von der Scheinhaftigkeit, der Nichtigkeit alles besonderen Daseins, auch des eigenen Selbsts; nur wer zu dieser Höhe der Erkenntnis vorgedrungen, der ist für immer erlöst vom Kreislauf des Welttreibens. „Wer forschend alle Wesen im eigenen Selbste findet, für den entweicht der Irrtum und alles Leiden schwindet." Mag auch sein äußeres Leben noch eine Weile fortdauern, wie die Töpferscheibe noch fortrollt, auch wenn sie nicht mehr getrieben wird, so ist doch für den „Selbstüberwinder", der einmal den Trug der Maja durchschaut hat, die Gewißheit gegeben, daß nach dem Tode des Leibes seine Lebensgeister nicht mehr zu neuen Geburten ausziehen werden, sondern „Brahma ist er dann und in Brahma löst er sich auf". „Wie Ströme rinnen und im Ozean, verlierend Namen und Gestalt, verschwinden: So geht, erlöst von Namen und Gestalt, der Weise ein zum ewig einen Geiste." Das ist die durch Weltflucht und philosophische Erkenntnis des „All-Einen" zu erringende brahmanische Erlösung, zugänglich freilich nur für die wenigen, die zu philosophieren vermögen.

Unter den nach Erlösung suchenden Indern trat im Laufe des 6. Jahrhunderts v. Chr. ein junger Adeliger (Fürstensohn?) aus dem Hause der Sakyas in Kapilavastu auf, G a o t a m a , mit dem Zunamen „B u d d h a ", d. h. der Erleuchtete, der zum Stifter der indischen Erlösungsreligion geworden ist. Weil sein Lebensbild in der indischen Überlieferung von einer dichten Masse von Legenden umrankt ist, so hat man neuerdings mehrfach vermutet, daß er keine geschichtliche Person, sondern ein mythischer Sonnenheros sei (Senart, Kern). Aber das war eine übertriebene Skepsis; die Geschichtlichkeit des Gaotama ist sowenig zu bezweifeln wie die Jesu, wenn auch freilich beiderseits das wirklich Geschichtliche von der Übermalung durch die fromme Sage im einzelnen nicht immer sicher zu unterscheiden ist. Ich will Ihnen das Leben Gaotamas in der überlieferten legendarischen Form erzählen, Sie werden ja dann selbst sehen, was daran für geschichtlich und was für bloße Legende zu halten sei. Ich lege dabei hauptsächlich die nordbuddhistische Biographie „Lalitavistara" zugrunde (nach der französischen Übersetzung von Foucaux), die im Jahre 65 n. Chr. ins Chinesische übersetzt, also ohne Zweifel schon vor Christi Geburt, jedenfalls vor der Abfassung unserer Evangelien, verfaßt ist; es ist dies zu beachten wegen der auffallenden Berührungspunkte dieser buddhistischen Legenden mit den evangelischen.

Die Biographie Gaotamas beginnt schon vor seiner Geburt mit seinem himmlischen Vordasein. Sie erzählt, wie der im Himmel existierende „Große Mensch" auf das Andringen der Götter sich entschlossen hat, ein Erlöser der Menschen zu werden, hinabzusteigen in die Erdenwelt und von einem Weibe geboren zu werden. Er erwählte zu seiner Mutter die fromme Königin Maja, Gemahlin des

Königs Suddodana van Kapilavastu. Nun wird erzählt, wie diese Frau sich von ihrem Gemahl für einige Zeit beurlaubte und zum Zweck frommer Übungen sich in die Einsamkeit zurückzog. Da geschah es, daß sie, mit Blumen geschmückt, in einer Grotte ruhend, träumte, sie sehe den himmlischen Buddha in Gestalt eines weißen Elephanten in ihren Leib eingehen. Sie erzählte diesen Traum ihrem Gatten, der die Traumdeuter darüber befragte, die antworteten, daß entweder ein großer Fürst oder ein Heiland der Welt werde geboren werden. Zehn Monate nach diesem Traum gebar Maja, unbefleckt und unbefleckend, einen Sohn, der sogleich nach seiner Geburt mit mächtiger Stimme rief: „Ich bin das Erhabenste und Beste in der Welt und werde ein Ende machen allem Leiden." Da kamen die Scharen der himmlischen Geister und begrüßten den neugeborenen Heiland, die Erde bebte, himmlisches Licht leuchtete, Taube wurden hörend und Blinde sehend, und in der Hölle sogar hörten die Qualen auf. Um dieselbe Zeit hatte der fromme Seher Asita, der im Himalaja als Einsiedler hauste, an wunderbaren Zeichen am Himmel gemerkt, daß ein großer König als Heiland geboren sei, er kam herab nach Kapilavastu, fand das Kind im Königsschloß und erkannte an geheimnisvollen Zeichen, daß in ihm der „große Mensch vom Himmel" erschienen sei, und dabei weinte er. Befragt nach dem Grunde seiner Trauer erwiderte er: „Dieser wird das Gesetz lehren, das die Tugend zum Anfang, Mittel und Ende hat, ich aber werde sein erlösendes Wirken nicht mehr erleben, darum weine ich." Zum Knaben heranwachsend, beschämte Gaotama seine Lehrer durch wunderbares Wissen; frühe schon vertiefte er sich in fromme Betrachtung. Einmal geschah es, daß am Frühlingsfest, wo der König mit goldenem Pfluge die ersten Furchen zu ziehen pflegte, die dem Feste zuschauende Wärterin den Knaben vergaß und aus dem Auge verlor. Lange suchte man nach ihm, bis ihn endlich sein Vater fand unter einem Feigenbaum sitzend, dessen Schatten den ganzen Tag über unverrückt über ihm blieb, umgeben von weisen Männern, mit denen der Knabe sich über geistliche Dinge unterhielt. Auf die verwunderte Frage des Vaters antwortete Gaotama: „Mein Vater, lasset beiseite das Ackern und suchet höher!" (trachtet nach höheren Gütern). Dann aber kehrte er mit dem Vater nach der Stadt zurück, im Äußeren sich den Gebräuchen der Umgebung anpassend, aber innerlich beschäftigt mit dem Gedanken an seinen künftigen Heilandsberuf. Weiter wird aus der Jugend Gaotamas nur erzählt, daß er an allen Freuden des Hofes teilnahm, aber auch an Wissenschaften und Künsten allen seinen Altersgenossen überlegen war und durch seinen Sieg in Wettspielen seine Gattin gewann. Als diese ihm einen Sohn schenkte, soll er bei dessen Geburt ausgerufen haben: „Das ist ein neues und starkes Band, das ich werde zu brechen haben!" Schon lastete auf ihm das Gefühl der Eitelkeit alles dieses weltlichen Treibens. Es bedurfte kaum des besonderen Anlasses, der nach der Legende den Entschluß der Weltflucht zur Reife brachte, daß er nämlich bei einer Ausfahrt nacheinander einen gebrechlichen Greis, einen schwer Kranken, einen Toten und einen Eremiten gesehen und bei diesem Anblick der Menschheit ganzer Jammer ihn angefaßt habe.

Die Ausführung des „großen Entschlusses der Entsagung" wird von der Legende in epischer Breite und mit rührenden Szenen erzählt. Eltern und Freunde und Gattin bemühten sich, ihn von seinem Vorhaben zurückzuhalten, aber ihre Bitten vermochten nichts über ihn. In stiller Nacht nahm er schweigend vom schlafenden Weib und Kind Abschied und verließ heimlich, nur von einem Diener begleitet, zu Roß die Stadt. Bald sandte er auch Roß und Diener zurück und vertauschte die fürstlichen Gewänder mit des Bettlers Kleid. Nun schloß er sich zunächst an zwei brahmanische Lehrer an, fand aber in ihrem Unterricht keine Befriedigung. Nach zwei Jahren verließ er sie wieder und begann ein Büßerleben auf eigene Faust; bald gesellten sich zu ihm noch fünf andere Büßer. In strenger Askese lebte er nun fünf Jahre lang und trieb die Selbstkasteiung so weit, daß er dem Tode nahekam. Da erkannte er, daß auch das nicht das rechte sei; er gab das Asketenleben auf, aß und trank wieder wie andere Menschen, da hielten ihn seine bisherigen Genossen und Schüler für einen Abtrünnigen und verließen ihn. So stand er nun ganz einsam in der Welt, geschieden von seiner Familie, von seinen Lehrern und von seinen Schülern, allein auf sich selbst gestellt und mit der brennenden Frage im Herzen: wie werde ich frei vom Leiden des Daseins? Diesen Zustand der vereinsamten, zweifelnden und suchenden und ringenden Seele veranschaulicht die Legende durch die dramatischen Szenen dämonischer Versuchungen: Mara, der Fürst der Lust und des Todes, suchte den Heiligen durch allerlei List von seinem Wege abzubringen. Erst ließ er die tobenden Mächte der Elemente, Sturmwinde und Gewässer, Feuer und Felsen, auf ihn losstürzen, aber als Blumengewinde fielen ihre Waffen zu Gaotamas Füßen. Dann versuchte es der Böse mit den Waffen der Lust, er entbot seine üppigen Töchter, daß sie durch ihre Reize den Heiligen verführen sollten, aber beschämt müssen sie die Unüberwindlichkeit seiner Tugend bekennen. Endlich die schwerste Versuchung: Mara verheißt ihm die höchste irdische Macht und Herrschaft, wenn er von seinem doch unerreichbaren geistlichen Ziele ablassen wolle; aber Gaotama weist ihn ab mit den Worten: Bist du der Herr der Lust, so bist du doch nicht der Herr der Wahrheit, zu deren Erkenntnis ich dir zum Trotze gelangen werde. — Gleich nach dieser Versuchung erlebte dann, wie die Legende erzählt, Gaotama die entscheidende Stunde der Erleuchtung: Unter einem Feigenbaum war er in stille Betrachtung versunken, als das Licht der Erkenntnis ihm aufging; er erkannte die vier Grundwahrheiten, auf denen die Erlösung beruhe: 1) Alles Leben ist Leiden, denn es ist ein stetes Begehren, das nie gestillt wird, ein Suchen, dem kein Erlangen wird, ein Haben, dem das Verlieren droht. 2) Der Grund des Leidens liegt nicht außer uns, sondern in uns selbst, in unserem Dürsten nach Lust, nach Leben, nach Macht. 3) Die Erlösung vom Leiden besteht in der Unterdrückung dieses Dürstens, des Willens zum Leben, in der Selbstüberwindung, dem „Verlöschen" des Begehrens, dem Nirwana. Und endlich 4) der Weg zu diesem Ziele ist jener achtteilige, heilige Pfad, der da heißt: „Rechtes Glauben, rechtes Entschließen, rechtes Wort, rechte Tat, rechtes Streben, rechtes Leben, rechtes Gedenken, rechtes Sichversenken"; was damit gemeint sei, werden wir später sehen.

Mit dieser Offenbarung war Gaotama zum Erleuchteten, zum Buddha geworden; er hatte nun die Gewißheit, daß er dem unseligen Kreislauf des stets neuen Geborenwerdens zu leidvollem Dasein entronnen sei. Er verweilte dann noch fünfzig Tage an der geweihten Stätte, wo ihm die Erleuchtung aufgegangen, und er erwog zweifelnd, ob er die erlösende Wahrheit für sich allein behalten, oder ob er sie auch den anderen Menschen verkünden solle, deren grober Sinn, von der Nacht irdischen Trachtens umhüllt, nicht zu schauen vermöge die tiefe, verborgene Wahrheit. Da traten die Götter selbst zu ihm heran und mahnten den kleinmütig Schwankenden, daß er aus Erbarmen mit dem Elend der Menschen die erlösende Wahrheit verkündigen möge; so ermutigt, entschloß er sich, vor allem Volk den Weg der Erlösung zu lehren. Seinen ersten Erfolg erlebte er in Benares, wo er seine fünf früheren Genossen des Büßerlebens fand, die ihm auch jetzt noch mit Mißtrauen entgegenkamen, dann aber sich von ihm bekehren ließen, indem er sie darüber belehrte, daß das Leben der leiblichen Kasteiung ebenso verfehlt sei, wie das der Lust, das richtige vielmehr der Mittelweg der inneren Selbstüberwindung sei, die auf der Erkenntnis jener vier Kardinalwahrheiten beruhe. Darauf predigte Buddha in Benares vor allem Volk, und dann zog er im ganzen Land (der Provinz Magadha) als Wanderprediger umher. Großer Erfolg ward ihm überall zuteil; Reiche und Arme, gelehrte Brahmanen und einfache Leute aus der Masse der Mühseligen und Beladenen lauschten auf seine Predigt von der Erlösung und traten zum Teil in seine bleibende Jüngerschaft und Nachfolge ein. Als er 60 Jünger gesammelt hatte, sandte er sie einzeln hinaus zur Wanderpredigt: „Gehet hin zum Gewinn für viele, aus Mitleid mit der Welt, predigt die herrliche Lehre vom vollkommenen und reinen Leben!" Unter seinen Jüngern wird von der Legende hervorgehoben ein Musterpaar, genannt der Jünger der Rechten und der Linken, der eine an Weisheit, der andere an Wunderkraft hervorragend; ferner der Lieblingsjünger Ananda, ein Vetter Buddhas, von dem es hieß, daß er das meiste gehört, das gehörte am besten behalten habe. Aber auch an einem Judas fehlte es diesem Jüngerkreis nicht: es war Dewadatta, den der böse Feind angestiftet hatte, sich in den Jüngerkreis einzuschleichen, um Buddha zu verderben. Ferner erfahren wir von Disputationen mit brahmanischen und asketischen Gegnern, die auch einmal zum Wundertun ihn herausforderten, worauf Buddha ihnen entgegnete: „Ich lehre meine Schüler nicht, daß sie vor den Leuten mit übernatürlicher Macht Wunder tun sollen, sondern das lehre ich sie: lebet so, daß ihr eure guten Werke verberget und eure Sünden bekennet." Das hinderte aber natürlich die fromme Dichtung nicht, von den erstaunlichsten Wundern Buddhas zur Beschämung seiner Feinde und zur Erbauung seiner Gläubigen mancherlei Proben zu erzählen, die uns nicht weiter interessieren.

Als Buddha im 80. Lebensjahre nach 45jähriger Wirksamkeit als Wanderprediger sein Ende nahen fühlte (etwa 480 v. Chr.), versammelte er seine Jünger um sich und ermahnte sie: „Seid wachsam ohne Unterlaß, wandelt allezeit in Heiligkeit, entschlossen stets und wohlbereit bewahret euren Geist! Wer sonder Wanken immer wandelt, dem Wort der Wahrheit treu, ringt von Geburt und Tod sich los, dringt durch zu alles Leidens Ziel." Er forderte sie dann noch auf, ihn zu fragen, wenn irgend was in seiner Lehre ihnen noch dunkel geblieben sei. Als alle schwiegen und Ananda erklärte, daß keiner von ihnen Zweifel hege über Buddhas Lehre, da sprach er die letzten Worte: „Alles Entstandene vergeht, wirket euer Heil mit Eifer!" Darauf ging Gaotama ein in das Nirwana. Es erhob sich ein Gewitter, und die Erde erbebte in seiner Scheidestunde. Und als seine Leiche auf den prachtvoll geschmückten Scheiterhaufen gehoben war, entzündete dieser sich von selbst.

Bei seinem Tode hatte Buddha schon eine große Gemeinde um sich gesammelt, die im steten Wachsen begriffen war. Woher dieser große Erfolg? Antwort: Er predigte anders als die Schriftgelehrten und Asketen; nicht in gelehrten Spekulationen über den Weltgeist und nicht in unnatürlichen Selbstpeinigungen suchte er den Weg der Erlösung, sondern als das eine, was not ist und was allen möglich ist, galt ihm die sittliche Selbstüberwindung und das selbstlose Wohlwollen gegen alle, woraus die wahre Erkenntnis von selbst folge. Er leugnete nicht die brahmanischen Götter, nicht die Seelenwanderungslehre, nicht die Kastenunterschiede, aber er entwertete den priesterlichen Zeremoniendienst, die Schulgelehrsamkeit; die Autorität des Veda und auch die trennenden Unterschiede der Kasten, indem er die sittliche Reinheit und Güte zur Hauptsache machte. Das Bauen eines Neuen, womit das Alte von selbst dahinfällt, das ist die Weise aller erfolgreichen Propheten. Buddha wollte zwar nicht, wie man öfter meinte, ein sozialer Reformer sein, aber er wurde es allerdings indirekt dadurch, daß er die Kaste für religiös bedeutungslos erklärte. Er sagte: „Mein Gesetz ist ein Gesetz der Gnade für alle, meine Lehre macht keinen Unterschied zwischen vornehm und gering, reich und arm, wie das Wasser alle reinigt und das Feuer alles verzehrt und der Himmel Raum hat für alle." Freilich hatte auch Buddha die Erfahrung zu machen, daß seiner Anhänger unter den Reichen nur wenige waren, während die Armen in Scharen ihm zuströmten; daher sagte er: „Es ist schwer, reich zu sein und den Weg (der Erlösung) zu lernen." „Der Arme füllt die Bettlerschale Buddhas mit einer Hand voll Blumen, während die Reichen sie mit 10 000 Scheffeln nicht füllen können; die Lampe der armen Frau brennt die ganze Nacht, während die von den Reichen gespendeten Lampen erlöschen." Einmal begegnete sein Jünger Ananda einem Mädchen aus der verachtetsten Klasse der Tschandalas am Brunnen und bat sie um einen Trunk Wasser; sie will es ihm nicht geben, aus Furcht, er könnte durch eine Gabe aus ihrer Hand verunreinigt werden; er aber sagte: „Meine Schwester, ich frage nicht nach deiner Kaste oder Familie, ich bitte dich um Wasser, wenn du es mir geben kannst." Da gibt sie es ihm, und Ananda nimmt sie als die erste Frau in die neue Gemeinde auf.

Dieser Versittlichung und Verallgemeinerung des Erlösungsweges entsprach auch die Form der Predigt Buddhas. Auf öffentlichen Plätzen hielt er Ansprachen und Zwiegespräche mit den Volkshaufen, nicht über theologische Probleme oder Fragen des priesterlichen Rituales, sondern über die eine Frage, die allen am Herzen lag: wie werde ich selig? Darüber sprach er in einfachen Sprüchen und in allgemein verständlichen Bildern und Gleichnissen. Z. B. vom Arzt, der, um die giftige Wunde zu heilen, zwar Schmerzen bereiten muß durch das Ausziehen des Pfeiles, dann aber die Wunde durch heilsame Kräuter heilt; oder von der Gemeinde, die dem Meere gleicht, darin kostbare Perlen neben greulichem Ungetier vorkommen, und worin alle Ströme unterschiedslos verschwinden. Oder: wie der Landmann auf das Wachsen seiner Saat warten muß und nur Wasser zuleiten kann, so muß der Jünger in Geduld warten auf die Zeit reiner Erlösung und kann inzwischen nur seinen Wandel in reiner Zucht halten. Wie die Lotosblume aus dem Sumpfwasser sich unbefleckt erhebt, so der Heilige aus der Unreinheit der umgebenden Welt. Wie der tiefe See ruhig und klar, so ist die Ruhe der auf die Wahrheit hörenden Weisen.

Nun zum Schluß noch einige schöne Sprüche aus dem Dhammapada, einer mit unserer Bergpredigt vergleichbaren Spruchsammlung: „Blumen sammelt der Mensch, nach

Lust stehet sein Sinn: wie über ein Dorf Wasserfluten bei Nacht, so kommt der Tod über ihn und rafft ihn hin, den unersättlich Begehrenden zwingt der Vernichter in seine Gewalt. Aus Freude wird Leid, wird Furcht geboren, aus Liebe wird Leid, wird Furcht geboren: wer vom Freuen, wer vom Lieben (der Anhänglichkeit an vergänglichen Besitz) erlöst ist, für den gibt's kein Leid, woher käme ihm Furcht? Der Schatz, den man in eine tiefe Grube legt, kann verloren gehen, der Schatz aber, den kein Dieb stehlen kann, wird gesammelt durch Liebe und Frömmigkeit, Mäßigkeit und Selbstzucht. Der Tor jagt der Eitelkeit nach, der Betrogene, während der Weise den Ernst für seinen reichsten Schatz hält. Haß wird nie durch Haß bezwungen, das ist eine ewige Regel. Was immer ein Feind dem Feinde, ein aufs Schaden gerichtetes Gemüt tun mag, das macht das Übel nur noch übler. Mag einer tausendmal tausende in der Schlacht bezwingen, doch ist nur der der größte Sieger, der sich selbst bezwingt. Zorn soll man durch Güte, Lüge durch Wahrheit überwinden, dem Bittenden geben von dem wenigen, was man hat: so geht man zur Gemeinschaft der Götter ein. Glücklich leben wir, frei von Haß inmitten von Hassenden, frei von Anfechtungen unter Herzenskranken, frei von Sorgen unter Ängstlichen, glücklich, obgleich wir nichts unser eigen nennen. So werden wir ähnlich den seligen Göttern."

Schließlich noch einige polemische Sprüche gegen die Äußerlichkeit des brahmanischen Werkdienstes: „Nicht Enthaltung von Fisch und Fleisch, nicht nackt gehen und das Haar scheren, nicht rauhes Gewand tragen und nicht Opfer für Agni bringen, kann den rein machen, der nicht frei ist von Selbstbetrug. Was hilft das Scheren des Haares, o Tor? Was dein Kleid von Fellen? Eure niederen Be-

gierden sind in euch, und ihr machet das Äußere rein! Wer
schuldlos Vorwürfe erduldet, Bande und Streiche, und sich
aus vieler Geduld ein starkes Heer bereitet, der ist's, den
ich einen Brahmanen nenne! Wer den bösen Pfad des
Irrsals überwunden hat, wer hindurchgedrungen das Ufer
erreicht hat, an Beschauung reich, ohne Begehren und
Wanken, wer, vom Dasein gelöst, das Nirwana gefunden hat,
den nenne ich einen wahren Brahmanen." (Alle diese
Sprüche sind zitiert nach den Übersetzungen von Rhys
Davids, Buddhism, und Oldenberg, Buddha.)

Der Buddhismus.

Ich habe in dem letzten Vortrag das Leben Gaotama Buddhas nach der legendarischen Überlieferung erzählt und die Art seiner volkstümlichen Predigt durch Beispiele zu veranschaulichen versucht. Wir müssen nun noch etwas näher auf die beherrschenden Grundgedanken seiner Lehre, dann auf die Organisation seiner Gemeinde und auf die kirchliche Weiterentwicklung der Buddhareligion in Indien und in anderen Ländern eingehen.

Die vier grundlegenden Wahrheiten, von denen Buddhas Lehre ausging, wurden schon erwähnt: 1. daß alles Leben Leiden sei, 2. von der Ursache des Leidens, 3. von der Aufhebung des Leidens und 4. vom Wege zum Ende des Leidens. Das erste, daß alles Leben Leiden sei, galt für den weltmüden Inder von vornherein als ausgemacht und bildet das in endlosen Sprüchen und Bildern variierte Thema. Worin liegt nun aber die Ursache des Leidens? Zunächst in dem „Durst" nach Lust, Macht, Leben und Glück. Aber woran hängt dieses unersättliche Begehren? Das erklärt die Lehre von der „ursächlichen Verkettung des Geschehens". Das letzte Glied dieser Kette ist das „Nichtwissen", nämlich vom Unwert alles Lebens und von der Nichtwirklichkeit des Ich; aus diesem Nichtwissen entspringen die Begehrungen („tendencies of mind", Rhys Davids), daraus das Bewußtsein, daraus Körperlichkeit, dann Sinne und Gegenstände, Berührung und Empfindung, Durst und Haften

(an den Objekten), dann (neue) Geburt, Alter und Tod
in endloser Wiederkehr dieses Kreislaufes. Diese psychologische Deduktion ist nicht ganz klar (sie mag etwa verglichen werden der Schopenhauerschen Lehre, daß aus
dem unbewußten Willen die Individuation und damit die
Objektivation des Willens im Bewußtsein entstehe); immerhin läßt sich als der wesentliche Sinn soviel erkennen,
daß das im Nichtwissen wurzelnde Begehren die Ursache
der Verkörperung des Bewußtseins in immer neuen Da-
seinsformen sei, wobei auch das „Wie" des künftigen Werdens immer bedingt ist durch die Art des vorhergegangenen
Begehrens. Darin eben besteht das den Weltprozeß beherrschende Gesetz der Ursächlichkeit, das einzig Unbedingte in dieser Welt des allbedingten Geschehens. Wie
der Brahmane in allem Werden nur das beharrliche Sein
sah, so der Buddhist in allem scheinbaren Sein nur das
stete Werden; es ist das derselbe Gegensatz, wie wir ihn
in der griechischen Philosophie zwischen den Eleaten
(Parmenides) und Heraklit finden: dort das Sein ohne
Werden, hier das Werden ohne Sein. Und dieses allbe-
herrschende Gesetz der Ursächlichkeit ist nicht etwa eine
persönliche Vorsehung; eine solche gibt es hier nicht, denn
Buddha will vom Weltgeist der Brahmanen nichts wissen,
und die Volksgötter (die er zwar nicht leugnet) haben für
ihn nicht mehr religiöse Bedeutung als die Götter Epikurs.
Aber auch an eine blinde Schicksalsmacht, ein Fatum,
eine Moira haben wir hier nicht zu denken, denn es ist
nicht ein äußeres Gesetz, eine fremde Macht, was über den
Menschen herrscht, sondern es ist nur die fortwirkende
Kraft seines eigenen Tuns, sein „Karma". Diese Notwendigkeit, nach der ein jeder erntet, was er gesät hat,
läßt sich vielleicht am ehesten vergleichen mit dem Gesetz

der „sittlichen Weltordnung" im Sinne der Fichteschen Philosophie. Hierbei scheint nun freilich die Voraussetzung unerläßlich zu sein, daß der, der in künftiger Existenz den Lohn seiner Taten in der jetzigen oder in früheren Existenzen empfängt, derselbe sei, wie der Täter dieser früheren Taten, daß also die Fortdauer der Seele als des beharrlichen Subjekts des Tuns und Leidens in den verschiedenen Lebensläufen anzunehmen sei. Aber gerade die Existenz einer in dem Wechsel ihrer Zustände beharrenden substanziellen Seele wird aufs entschiedenste verneint; was wir Seele nennen, das existiert nach buddhistischer Lehre, die schon auf Gaotama selbst zurückzugehen scheint, nicht in Wirklichkeit, sondern ist ein bloßer Schein, ein Name für die vorübergehende Gruppierung von fünf Elementen (Skandhas), nämlich Körperlichkeit, Empfindungen, Vorstellungen, Begehrungen und Bewußtsein; eine Substanz, ein dauerndes Ich besteht nicht hinter dieser Gruppe von Erscheinungen oder Zuständen. Zur Veranschaulichung dieses Gedankens werden mehrfache Bilder gebraucht: wie ein Wagen nur ein Name ist für die Verbindung der verschiedenen Teile, deren Gruppierung den Wagen ausmacht, so die Seele nur der Name für die Gruppierung der genannten fünf Elemente; oder: die Seele gleicht der Flamme, die zwar ein Seiendes zu sein scheint, in Wahrheit aber nur der fortwährende Vorgang des Verzehrtwerdens von immer neuem Brennstoff ist; oder: sie gleicht dem Strom, dessen scheinbares Sein nur im fortwährenden Kommen und Gehen immer neuer Wellen besteht — diese beiden letzten Bilder finden sich ähnlich auch bei Heraklit („πάντα ῥεῖ").

Das also ist die buddhistische Seelenlehre, die ausdrücklich als eine der Kardinalwahrheiten hingestellt wird, deren Nichtwissen zu den obersten Illusionen gehöre, die man beim Betreten des Erlösungsweges aufzugeben habe. Da erhebt sich nun offenbar die Frage: wenn es keine reale Seele gibt, wie kann es dann eine Seelenwanderung geben? wie kann für das Tun des jetzigen Lebenslaufes der nächste Lebenslauf die Vergeltung sein, wenn es nicht mehr dasselbe Subjekt ist, das vorher gehandelt hat und dann den Lohn empfängt? Die Buddhisten erklären das selbst für ein unbegreifliches Geheimnis; und es läßt sich in der Tat nicht auflösen, auch nicht durch die Analogie von zwei Generationen, deren zweite, obgleich aus lauter anderen Subjekten bestehend, doch die Erbschaft der Verdienste oder Verschuldungen der früheren antrete. Man wird zur psychologischen Erklärung nur sagen können, daß die Schwierigkeit entstehe aus der Kollision zweier verschiedenartiger Motive. Das eine ist der Gedanke der Vergeltung, nicht in der äußerlichen Fassung einer richterlichen Zuteilung von Lohn und Strafe, sondern in der tieferen Form eines innerlichen Zusammenhanges von Saat und Ernte; dieser tiefwahre Gedanke kleidete sich für Buddha in die überkommene Vorstellung der Seelenwanderung. Auf der anderen Seite aber sollte dem egoistischen Glücksverlangen des Menschen die Axt an die Wurzel gelegt werden durch die Erkenntnis von der Illusion des selbständigen Ich; die praktische Forderung der Selbstlosigkeit kleidete sich in die theoretische Form der Verneinung eines realen Selbsts. Diese beiden Motive treten zwar in einen logisch schwer zu lösenden Gegensatz, verbinden sich aber in der gemeinsamen Abzweckung auf ethische Selbstzucht.

Damit kommen wir auf die weitere Frage nach dem „Weg zur Erlösung". Da müssen wir unterscheiden zwi-

schen dem allgemeinen Weg, der elementaren oder Laien-
moral, und dem besonderen Weg der zur Vollkommenheit
Fortschreitenden, der Mönchsmoral. Die erstere enthält
schöne Züge von allgemeingültigem Werte, vor allem die
Innerlichkeit und Reinheit, Selbstlosigkeit und Milde der
Gesinnung. Nicht auf äußere Kasteiung oder auf rituelle
Werke kommt es an, sondern auf Reinheit des Sinnes von
Wahn und Leidenschaft. „Jeder ist selbst die Ursache
seines Leidens, und durch sich selbst wird er davon frei;
Reinheit und Unreinheit sind eines jeden eigene Sache,
keiner kann einen anderen rein machen" — ein Grundsatz, der an die Kantsche Autonomie erinnern kann. Andere schöne Sprüche, wie die von der Selbstüberwindung
als der größten Tapferkeit und vom Überwinden des Hasses
durch Liebe, der Lüge durch Wahrheit sind schon früher
erwähnt worden (S. 142). Die Pflichten werden in 10 Ge-
boten zusammengefaßt, deren erste fünf unbedingt gelten,
die letzten fünf nur als Hilfsmittel zur Tugend empfohlen
werden, nämlich: 1. Kein Leben zerstören. 2. Kein frem-
des Eigentum nehmen. 3. Nicht lügen. 4. Nicht berau-
schende Getränke trinken. 5. Von ungesetzlichem Ge-
schlechtsverkehr sich enthalten. 6. Nicht zur Unzeit essen.
7. Nicht Kränze oder Salben brauchen. 8. Auf hartem
Lager schlafen. 9. Tanz, Musik und Schauspiel meiden.
10. Kein Gold oder Silber besitzen. Außerdem soll der
Laie die drei monatlichen Feiertage durch Fasten und
Wohltätigkeit gegen die Ordensleute feiern, soll Vater und
Mutter in Ehren halten und ein ehrlich Geschäft treiben.
— Diese Laienmoral ist nun aber erst die Vorstufe des
„edlen Pfades der Erlösung", der zur Heiligkeit und
zum Nirwana führt. Um diesen zu betreten, muß man
Mönch werden. Für diesen verschärfen sich die Gebote

der Laienmoral: Die Ratschläge der fünf letzten Gebote
werden für ihn verpflichtend, das Verbot des ungesetz-
lichen Geschlechtsverkehrs verschärft sich zu dem Verbot
jedes Geschlechtsverkehrs; dann ist überhaupt kein eigener
Besitz mehr gestattet, sondern der Mönch soll seine Nahrung erbetteln; das sind also die bekannten Mönchsgelübde
der Ehelosigkeit und freiwilligen Armut. — Aber auch das
Mönchtum ist nicht an sich schon die Vollkommenheit,
sondern nur der Weg dazu, gleichsam die Schutzmauer,
hinter der sich der zur Vollkommenheit Strebende vor den
Anfechtungen und Zerstreuungen der Welt schützt. Der
letzte und eigentlich entscheidende Punkt liegt in keinem
äußeren Verhalten, sondern in der inneren Arbeit des
„rechten Denkens und rechten Sichversenkens".

Diese fromme Meditation wird nun genau beschrieben
und vier Grade werden unterschieden, deren Grenzen
wohl etwas fließend sind. Den Anfang macht das Durch-
schauen der naiven Illusionen des natürlichen Menschen,
dann kommt die Unterdrückung aller sinnlichen und
selbstischen Affekte, dann völlige Apathie und endlich
eine Art von ekstatischem Bewußtsein oder Verschwinden
aller bestimmten Vorstellungen in träumender Bewußt-
losigkeit (die ähnlich im Neuplatonismus den Gipfel der
Kontemplation bildet). Doch gilt dieser abnorme Zustand
— gewissermaßen eine Selbsthypnose — nicht als die Regel, sondern nur als vorübergehende Ausnahme. Die
Regel ist vielmehr für den höchsten Grad der Meditation
die absolute Ruhe, die nicht mehr von äußeren Reizen
noch von inneren Kämpfen bewegt wird, in der voller Friede
und damit die erwünschte Seligkeit, das Nirwana, erreicht
ist. Der Weise, der diese Stufe erreicht hat, ist der Heilige;
für ihn ist das Begehren erloschen und damit die Wurzel

neuer Geburten vernichtet. Das „Nirwana" ist das Erlöschen zunächst zwar nicht des Lebens, sondern des Begehrens oder Willens zum Leben; aber wo dieses bis auf die Wurzel ertötet ist, da ist die Ursache neuer Verkörperung aufgehoben, also die Gewißheit völligen Aufhörens der individuellen Existenz nach dem Tode gegeben — wenigstens muß dies als die logische Konsequenz der oben beschriebenen Lehre von der Seele und dem Karma gelten; wie weit sie wirklich gezogen wurde, ist freilich fraglich. Daß das Nirwana zunächst jedenfalls ein schon hier zu erreichender seelischer Zustand des Friedens, der Seligkeit sei, das geht zweifellos aus vielen Stellen hervor, z. B.: „Der Jünger, der Lust und Begier von sich abgetan hat, der weisheitsreiche, er hat hienieden die Erlösung vom Tode erreicht, die Ruhe, das Nirwana, die ewige Stätte." Einem Jünger Buddhas wird das Wort in den Mund gelegt: „Ich verlange nicht nach Tod und verlange nicht nach Leben; ich warte, bis die Stunde kommt, wie ein Knecht, der seinen Lohn erwartet, bewußt und wachen Geistes."

Die Frage nun, ob denn mit dem Heiligen, der hier schon das Nirwana erreicht hat, nach dem Tode alles aus sei? soll schon von den ersten Schülern dem Meister vorgelegt worden sein, aber er soll, so wird berichtet, die Antwort darauf verweigert haben, weil ein Wissen darüber nicht zum Heile diene. Daß die Konsequenz der Lehre von der Nichtwirklichkeit der Seele auf die Leugnung einer Fortdauer des Heiligen hinführe, haben wohl die entschlossenen Geister der Gemeinde erkannt, aber offizielle Lehre ist es doch nie geworden. Man blieb dabei stehen, daß darüber nichts geoffenbart sei; ja die direkte Behauptung, daß der Heilige nach dem Tode nicht mehr sei, wurde als unkirchliche Meinung getadelt. Mag man nun diese

Zurückhaltung des Urteils mehr zugunsten des Für oder des Wider deuten, soviel ist jedenfalls klar, daß das religiöse Verlangen nur auf Erlösung vom Leid der Vergänglichkeit ging; ob jenseits dessen irgend welches positive Sein oder das einfache Nichtsein liege, das blieb als religiös gleichgültig dahingestellt. Nimmt man dazu, daß die logische Konsequenz zweifellos auf das Nichtsein nach dem Tode hinführt, so wird das Urteil berechtigt sein, daß diese Erlösung nur eine negative, die Befreiung vom Übel der Welt ist, ohne ein positives Gut an die Stelle zu setzen. Dies ist erklärlich aus der Lebensmüdigkeit des Inders, dem das Dasein nur eine Quelle der Qual ist, dem die positiven Zwecke des Lebens, Schaffens, Strebens und Hoffens fehlen; bei solcher Zwecklosigkeit des Lebens muß freilich die Bilanz seines Wohl und Wehe negativ ausfallen. Daher die Negativität dieser Erlösungslehre, der auch der überwiegend negative und passive Charakter der Moral entspricht. Ihr Motiv ist nicht sowohl die Anerkennung des positiven Rechtes und Wertes der menschlichen Persönlichkeit, als vielmehr die Gleichgültigkeit gegen alle Werte, das Verurteilen der individuellen Existenz selbst als der Quelle aller Übel; daher zwar wohl Mitleid mit den leidenden Wesen, aber nicht schaffende Tatkraft, wohl Ertötung der selbstischen Triebe, aber nicht Bildung eines höheren Selbsts, wohl ein negatives, aber nicht ein positiv inhaltsreiches Lebensideal. Die buddhistische Moral läßt sich in das biblische Wort zusammenfassen: „Habt nicht lieb die Welt, denn die Welt mit ihrer Lust vergehet!" Aber beim Buddhismus bleibt dies das letzte, während die Bibel zu der Negation die Position hinzufügt: „wer aber den Willen Gottes tut, der bleibt in Ewigkeit", d. h. wer den positiven Zweck des Ganzen, das allgemeine höchste Gut, zu seines Lebens Inhalt und Zweck gemacht hat, für den besitzt das Leben einen überzeitlichen Wert und damit die Bürgschaft einer, ob auch unser Begreifen übersteigenden, unvergänglichen Dauer.

Mit der Negativität des buddhistischen Erlösungszieles hängt eine weitere Frage zusammen. Der Buddhist verehrt seinen Meister als den Bringer der Erlösung und das Vorbild derselben, den Allwissenden, Heiligen und Vollkommenen. Aber als solcher ist er ja eingegangen in das Nirwana, existiert also eigentlich nicht mehr, oder doch nur in einem geheimnisvoll ruhenden, mit der zeitlichen Welt nicht mehr zusammenhängenden Sein; die buddhistische Gemeinde hatte also an dem geschichtlichen Stifter zwar wohl einen Gegenstand der dankbaren Verehrung und erbaulichen Betrachtung, aber doch nicht eigentlich einen Ersatz für den fehlenden Gottesglauben, nicht die dauernde Macht der Erlösung, zu der sich das fromme Gemüt in Vertrauen und Hoffnung erheben könnte. Da half sich nun das religiöse Bedürfnis der buddhistischen Kirche in einer bemerkenswerten Weise. Bald kam die Lehre auf, daß die Erscheinung des Gaotama Buddha nur eine der zahllosen Buddha-Erscheinungen sei, die sich in jedem Weltalter, wenn das menschliche Elend dessen bedürfe, immer aufs neue wiederholen; schon vor dem Gemeindestifter Gaotama habe es 24 Buddhas gegeben (von einigen derselben werden Namen und Legenden berichtet), und nach ihm werden weitere folgen. Von diesen künftigen Buddhas glaubte man, daß sie jetzt schon als erwählte Kandidaten der Buddhawürde im Himmel existieren; den nächsten derselben, Maitreya, soll Gaotama vor seiner Menschwerdung schon zu seinem Nachfolger im Erlösungsberuf oder zum „Bodhisattwa" eingesetzt haben, wie im Lalitavistara überliefert ist; sein Bild ist schon frühe in der buddhistischen Kirche in Ceylon neben dem des Gaotama als Gegenstand der Verehrung aufgestellt worden. Später wurden zu Maitreya, dem Geist der Güte, noch weitere im Himmel präexistierende Bodhisattwas hinzugefügt, insbesondere Manjusri, der Geist der Weisheit, und Avalokitesvara, der Geist der Macht und Vorsehung. Nun sind die Geister der Güte, Weisheit und Macht offenbar nichts anderes als die verselbständigten Attribute des éinen höchsten Geistes, den wir Gott nennen (ähnlich wie die persischen Erzengel oder Amschaspans die Repräsentanten der Eigenschaften Ahuramazdas darstellen). So ist es denn nicht zu verwundern, daß in einer späteren Entwicklung der nordbuddhistischen Kirche alle diese Buddhas und Bodhisattwas als Erscheinungsformen eines „Urbuddha" aufgefaßt werden, der als „selbstexistierendes ewiges Wesen, unendliches Licht und Leben", d. h. als Gott im vollen Sinn gedacht wird. Man kann also nicht eigentlich sagen, daß der geschichtliche Gemeindestifter Gaotama Buddha selbst im Glauben seiner Gemeinde zum Gott geworden sei; wohl aber gilt er ihr als die letzte und wichtigste Erscheinung des ewigen Erlösungsgeistes, der auch vor ihm schon sich geoffenbart hatte und nach ihm sich immer wieder in neuen Gestalten offenbaren wird. Unwillkürlich erinnern wir uns dabei an die johanneische Lehre vom göttlichen Logos, der sich schon vor seiner Erscheinung in Jesus als das Licht der Menschen geoffenbart hat und nach Jesus sich weiter zu offenbaren fortfuhr in dem Geist der Gemeinde (dem Paraklet), der in Aposteln und Propheten die Werkzeuge seiner fortgehenden Offenbarung hat. Eine solche Ähnlichkeit zweier unabhängig voneinander erfolgten Lehrbildungen dürfte für den nachdenkenden Betrachter der Geschichte doch wohl ein Zeugnis dafür sein, daß wir es hier nicht mit willkürlichen Phantasiespielen zu tun haben, sondern mit einer im Wesen des religiösen Bewußtseins begründeten und natürlichen Bedürfnissen entsprechenden sinnreichen Entwicklung der religiösen Gedankenreihen.

Dies dürften nun wohl die Hauptlehren des Buddhismus sein. Seine weitere kirchliche Gestaltung und Entwicklung kann ich jetzt nur noch in kurzen Zügen andeuten. Daß die Mönche den Kern der buddhistischen Kirche bildeten, erhellt schon aus dem bisher gesagten. Aber doch ist der Buddhismus nicht ausschließlich eine Religion für Mönche, denn auch für die Laiengemeinde, die sich als weiterer Kreis an die Ordensglieder anschließt, bot der Buddhaglaube von Anfang an tröstende und erziehende Motive. Außer für die Verbreitung seiner Lehre hat Gaotama Buddha auch für die Organisation des Mönchstums den ersten Grund gelegt; er hat gewisse Regeln der Disziplin vorgeschrieben, aber später kam es zu manchen Streitigkeiten darüber, wie weit die strengen Verordnungen festgehalten werden sollen, welche die Überlieferung auf Buddha selbst oder doch auf seine ersten Schüler zurückführte. Besonders die Frage, ob wirklich mit dem Verbot jedes Geldbesitzes Ernst gemacht werden müsse, führte bei dem wachsenden Reichtum der Klöster zu lebhaften Debatten und Gegensätzen, wie wir das ganz ähnlich aus der Geschichte des christlichen Mönchtums, besonders der Franziskaner, kennen. — Über die Aufnahme in den Orden mag nur soviel gesagt werden, daß schon Kinder, unter Voraussetzung der Erlaubnis ihrer Eltern, zum Noviziat zugelassen wurden, die eigentliche Aufnahme und Weihe aber erst nach dem 20. Lebensjahre erfolgen durfte und von der Zustimmung der Gemeinde abhängig war. Zu den Mönchsgelübden gehörte außer Keuschheit und Armut auch das, sich nicht fälschlicherweise der Wundermacht zu rühmen; da die Wundermacht mit dem Stande der vollen Heiligkeit verbunden gedacht wurde, so mochte mancher, um dieser Würde schon bei Lebzeiten teilhaftig zu werden, Wunderkräfte vorgeben. Die Mönche zogen in der guten Jahreszeit einzeln mit dem Bettlertopf umher, den sie, ohne zu bitten, nur vorzeigen durften. In der Regenzeit aber versammelten sie sich in geschlossenen Räumen, später in großartigen, von wohlhabenden Gönnern gestifteten Klöstern, die von herrlichen Parkanlagen umgeben waren. Hier blieben sie drei Monate jährlich beisammen, und während dieser Zeit wurden regelmäßige Versammlungen — Gottesdienste können wir es kaum nennen — zu frommen Betrachtungen und zur Beichte gehalten. Alle Regeln der sittlichen Pflichten und Mönchsdisziplin wurden dabei verlesen, und jeder war verpflichtet, bei jedem Punkt, wo er sich einer Verfehlung bewußt war, dieselbe öffentlich zu bekennen, worauf ihn bei schweren Vergehen die Ausstoßung aus dem Orden, bei leichten eine geringere Buße traf. Übrigens stand auch der freiwillige Austritt jedem immer offen, er wurde damit wieder einfacher Laienbruder, ohne mit dem Orden verfeindet zu werden. — Die Aufnahme von Nonnen in den engeren Ordenskreis ist von Buddha selbst nur widerwillig zugestanden worden; der Lieblingsjünger Ananda war dafür eingetreten und hatte trotz des Meisters starken Bedenken den Anfang dazu gemacht. — Für die Bedürfnisse der Laien wurde gesorgt durch die Predigten der wandernden Mönche und durch ihre mit den Bettelgängen verbundene häusliche Seelsorge; im übrigen bestand der Kultus des buddhistischen Volkes zumeist in der Verehrung von Reliquien Buddhas, in Wallfahrten zu den heiligen Stätten seines Erdenlebens, in Opferspenden vor den Heiligenbildern (besonders Blumen und Weihrauch wurden dabei verwendet) und in Gaben an die Klöster.

In der Geschichte der buddhistischen Kirche spielt die Regierung des mächtigen Königs Asoka (270—233 vor Ch.) die gleiche Rolle wie in der christlichen die Konstantins. Asoka soll nach einer wilden Jugend im dritten Jahr seiner Regierung durch einen Mönch zum Buddhaglauben bekehrt worden sein, dem er dann, obwohl nur als Laienbruder, zeitlebens in eifriger Verehrung anhing. Er bewies dieselbe nicht bloß durch reiche Stiftungen und Bauten für kirchliche Zwecke, sondern insbesondere dadurch, daß er die schönste Seite der buddhistischen Moral, die humane Milde und Wohltätigkeit und Duldsamkeit, zum leitenden Grundsatz seiner Regierung machte. Er erklärte in einem seiner Edikte: „Alle Menschen sind wie meine Kinder; wie diesen, so wünsche ich allen Menschen, daß sie alles Glückes im Diesseits und Jenseits teilhaftig werden mögen. Es gibt keine größere Tat als die Arbeit für das allgemeine Beste." In einem anderen Edikt spricht er sich über seine Toleranzgrundsätze so aus: „Der König ehrt alle Sekten mit milden Gaben und Beweisen der Hochachtung, aber das wichtigste ist ihm, daß sie alle an innerem Wert zunehmen mögen. Die Hauptsache dabei ist Behutsamkeit in Worten, daß man nicht die eigene Sekte in den Himmel erhebt und die anderen herabsetzt, wer das tut, ob auch in löblicher Absicht, der schadet nur seiner eigenen Sekte. Darum ist Eintracht gut, damit alle gegenseitig die Lehre kennen lernen und gerne darauf hören. Das ist des Königs Wunsch, daß alle

Sekten wohlunterrichtet und fromm sein mögen." In diesem Sinne stellte er Beamte an zur regelmäßigen Unterweisung aller Volksklassen, und zwar nicht bloß der Männer, sondern auch — ein novum in Indien — der Frauen, in den sittlichen Pflichten, unter denen ihm obenan stand: Ehrfurcht gegen Eltern und Lehrer, Güte und Milde gegen Kinder, Dienende und Arme, Gerechtigkeit, Duldsamkeit und Wohltätigkeit gegen alle, auch Schonung der Tiere. Er selbst ging in der Fürsorge für Volkswohlfahrt mit bestem Beispiel voran, indem er Spitäler für Kranke stiftete, an den Landstraßen Brunnen und Bäume und Herbergen für Wanderer anlegte, seinen Beamten die humane Behandlung aller Bürger, und besonders auch der untersten Klassen und der Gefangenen, zur Pflicht machte. Neben dieser volkstümlichen Betätigung der buddhistischen Laienmoral widmete er seine Sorge auch der Ordnung der kirchlichen Verhältnisse. Er berief zu diesem Zwecke das große Konzil zu Patna (252 vor Ch.), das dritte nach buddhistischer Tradition, auf dem Streitigkeiten über Ordensregeln geschlichtet und der älteste Kanon der heiligen Schriften festgesetzt wurde; ob dieser schon derselbe gewesen sei, der in der südbuddhistischen Kirche unter dem Namen Tripitaka („drei Körbe") zur Geltung gekommen ist, scheint fraglich zu sein. Endlich war Asoka der erste, der die Ausbreitung des Buddhismus in außerindische Länder durch Aussendung von Missionaren ins Werk setzte. Besonders erfolgreich war die Missionierung Ceylons durch Asokas Sohn und Tochter, die dort freundliche Aufnahme fanden und den Grund zur blühendsten und noch heute am reinsten erhaltenen buddhistischen Kirche legten. Auch nach Kaschmir, Baktrien, Hinterindien sandte Asoka Missionare und suchte sogar mit Syrien, Makedonien und Ägypten Verbindungen anzuknüpfen, von deren Erfolgen näheres nicht bekannt ist. — Einige Jahrhunderte später drang der Buddhismus auch nach Ostasien vor, wo er im Laufe der Jahrhunderte immer mehr Boden gewann und heute seinen Hauptsitz hat. Aber hier war es ein etwas anders gearteter Buddhismus als der südliche von Ceylon und Hinterindien.

Zu Anfang des zweiten christlichen Jahrhunderts vollzog sich nämlich eine für die Folgezeit wichtige Spaltung in der buddhistischen Kirche zwischen den Anhängern des Mahayana und des Hinayana (des großen und kleinen Fahrzeugs). Die ersteren wichen von der älteren Form der Buddhalehre nicht unbeträchtlich ab. Sie stellten über die einzelnen Buddhas und Bodhisattwas ein höchstes Prinzip als den Urbuddha, ein ewiges selbstexistierendes Wesen, dessen besondere Erscheinungsformen die einzelnen Buddhas der Vergangenheit und die gegenwärtigen, im Himmel existierenden Bodhisattwas sind. Diese Wesen, die auch mit Volksgöttern und lokalen Heroen da und dort verschmelzen mochten, wurden zu Gegenständen des religiösen Gebetes, der Anrufung um Hilfe in allerlei Nöten. Das praktische Ideal war nicht mehr so sehr das Verlangen nach der Erlösung von der leidvollen Existenz in einem passiven Nirwana, als vielmehr die Würde eines Bodhisattwa, der befähigt ist, auch für andere als Erlöser und Heiland zu wirken; es überwog hierbei das ethisch-soziale Motiv der buddhistischen Heilslehre über das rein persönliche und im Grunde doch etwas egoistische Interesse an der passiven Erlösung und Seligkeit. Endlich wurde auch das Nirwana in dieser Lehrform zu einem positiven seligen Dasein im Jenseits, einem Himmelreich oder „reinen Land". Mit alledem war eine Richtung eingeschlagen, die sich mit dem populären Brahmanismus in Indien und mit dem Taoismus in China berührte und verschiedene Entwicklungsmöglichkeiten in sich barg, einerseits die zu einem theistischen Gottesglauben, andererseits die zum naturalistischen Polytheismus, Zauber- und Beschwörungswesen. Letztere Richtung wurde in Indien seit dem 5. Jahrhundert immer überwiegender. Der Reisebericht des chinesischen Pilgers Juen-Tschuang aus dem 7. Jahrhundert zeigt den damaligen indischen Buddhismus schon in vollem Zerfall, versunken in einen Wust rohen Aberglaubens und Zauberwesens. In diesem Zustand vermochte er der mächtigen Reaktion des Brahmanismus keinen nachhaltigen Widerstand entgegenzusetzen. Im 11. Jahrhundert erlag er vollends dem siegreich in Indien vordringenden Islam. Nur in Ceylon blieb der Buddhismus seinem ursprünglichen Charakter treu und behauptete sich auch unter den Wechselfällen der politischen Geschicke ungebrochen bis heute.

Ganz eigenartig verlief die Entwicklung des Buddhismus in T i b e t. Er wurde hier zu einem hierarchischen System, an dessen Spitze der Oberpriester Dalai-Lama als PapstKönig steht. Der jedesmalige Inhaber dieser Würde gilt als eine Verkörperung des Bodhisattwa Avalokitesvara, der sich mit einem alten Schutzgeist des Landes verschmolzen hatte. „Der Lamaismus mit seinen geschorenen Priestern, Glocken, Rosenkränzen, Bildern, Weihwasser und pompösen Gewändern, mit seinen Prozessionen, Bekenntnisformeln, mystischen Bräuchen und Weihrauch beim Gottesdienst, dem der Laie nur als Zuschauer anwohnt, mit seinen Äbten, Mönchen und Nonnen verschiedener Grade, seinem Kult der zweifachen Jungfrau und der Heiligen und Engel, seinem Fasten, Beichten und Fegefeuer, seinen gewaltigen Klöstern und prächtigen Kathedralen, seiner mächtigen Hierarchie, Kardinälen und Papst — hat äußerlich wenigstens eine starke Ähnlichkeit mit dem Romanismus, bei aller wesentlichen Verschiedenheit der Lehren und Denkweise". (Rhys Davids.)

Das Gegenstück zu dieser gewissermaßen römisch-katholischen Form des Buddhismus ist die protestantische Form, die er in der S c h i n s c h u -Sekte der japanischen Buddhisten (seit dem 13. Jahrhundert) angenommen hat. Sie lehrt, daß weder eigene Werke noch theologisches Wissen, sondern allein der Glaube an Amida Buddha selig mache („Amida" ist der japanische Name für den Buddha des Glaubens, den himmlischen Erlösergeist, der sich zu dem geschichtlichen Gemeindestifter Gaotama ungefähr ähnlich verhält, wie der Christus des Glaubens zu dem geschichtlichen Jesus). Ihn allein soll man anbeten, nicht um irdische Gaben zu erbitten, sondern nur als Ausdruck der Dankbarkeit für seine erlösende Gnade. Der Gläubige wird nicht erst nach dem Tode von Amida in sein Paradies geführt, sondern erfährt seine beseligende Gegenwart schon jetzt unmittelbar im Herzen. Der Priester ist nicht heiliger als der Laie, sondern er ist nur der Lehrer der seligmachenden Wahrheit; er darf daher auch heiraten, da die Familie der beste Übungsort für ein frommes Leben ist. —

Nun zum Schluß noch zwei Bekenntnisse inniger buddhistischer Frömmigkeit, das erste von einem indischen Buddhisten des 11. Jahrhunderts, der um seines Glaubens willen aus der Heimat fliehen mußte, das zweite von einem Bekenner der eben genannten japanischen Sekte:

„Ob ich lebe im Himmel oder in der Hölle, in der Stadt der Geister oder der Menschen, laß meinen Sinn fest auf dich gerichtet sein, denn es gibt kein anderes Glück für mich! Du bist mir Vater, Mutter, Bruder, Schwester, du bist mein treuer Freund in Gefahren, o mein Geliebter,

du bist mein Herr, mein Lehrer, der mir Weisheit mitteilt,
süß wie Nektar. Du bist mein Reichtum, meine Freude,
meine Lust, meine Größe, mein Ruhm, mein Wissen und
mein Leben, du bist mein alles, o allwissender Buddha!"

> „Im uferlosen Meer der Welt voll Leid,
> Wo sich ohn' Ende folgt Geburt und Tod,
> Da trieben wir dahin, der Wellen Spiel:
> Bis uns Amida voll Barmherzigkeit
> Nahm auf in seiner Gnade rettend Boot,
> Das trägt uns sicher jetzt zum selgen Ziel.'

Die griechische Religion.

Wir wollen heute von den Indern zu den Griechen übergehen. Zwischen der Religionsgeschichte dieser beiden Völker besteht mehr Ähnlichkeit, als man gewöhnlich glaubt. In den gewöhnlichen Vorstellungen hat sich zwar die Meinung festgesetzt, es gebe keine größeren Gegensätze: hier das heitere lebenskräftige Griechentum und dort das weltmüde, asketische und beschauliche Indertum! Aber wir haben ja gesehen, daß auch die Inder ursprünglich, in der Zeit, von der uns die Lieder des Rigveda Kunde geben, ein tatenfrohes und lebenslustiges Volk waren, so gut wie die Griechen zur Zeit Homers; und wir werden andererseits sehen, daß auch die Weltanschauung und Stimmung des griechischen Volkes geendet hat mit tiefem Weltschmerz, mit elegischer Resignation, mit Flucht aus der Welt der Sinne in die Welt der Ideen. Das eben ist das Interessante an der Parallele dieser beiden Völker: der beiderseitige Umschlag aus Lebensfreude in Resignation und Lebensverneinung.

Aber eines allerdings unterscheidet die Religionsgeschichten der Griechen und Inder: Die Griechen hatten eins, was den Indern völlig fehlte: den Sinn für Maß und Ordnung, für Klarheit und Schönheit. Diese künstlerische Veranlagung war das Charisma der Griechen, das sich auch in ihrer Religion und Philosophie immer bewährt hat, das sie vor den Exzessen indischer Phantastik und Träumerei immer bewahrte. Darum konnten sie auf die Geschichte des abendländischen Glaubens und Denkens einen so tiefgehenden Einfluß üben, wie er der indischen Weisheit nie möglich gewesen wäre.

Die griechische Religion ist von Hegel trefflich charakterisiert worden als die „Religion der Schönheit". Die Götter Homers, Zeus, Apollon, Athene, Aphrodite usw., sind wesentlich die ästhetischen Ideale schöner Menschheit. Darin liegt ihr Vorzug und freilich auch ihre bedenkliche Schwäche. Ihr Vorzug: Sie sind in ganz anderem Maße vermenschlicht, als wir es bei den Göttern der Inder, Germanen und anderer indogermanischen Völker finden. Es ist das Verdienst der homerischen Dichtung (die natürlich nicht das Werk eines einzelnen Dichters, sondern mehrerer, vom 10.—8. Jahrhundert lebenden Sängergenerationen war), daß sie die verschiedenen Lokal- und Stammgottheiten, Ahnen- und Naturgeister, die sie vorfand, von ihrem Naturboden losgerissen und gründlicher als irgendwo sonst vermenschlicht hat. Diese Wandelung hat der griechische Mythus selbst bewahrt in der Sage von dem Kampf der Olympier mit den Titanen, der mit dem völligen Sieg der Olympier endete; die Titanen sind für immer unterlegen und in den Orkus hinabgeschleudert, d. h. mit anderen Worten: die homerischen Götter haben nicht mehr mit den Naturmächten zu ringen, sind nicht mehr in die Naturvorgänge verwickelt, sondern sie sind selbständige, ganz menschlich fühlende, denkende und handelnde Personen geworden, so sehr, daß wir ihre frühere Naturbedeutung meistens nicht mehr sicher zu erkennen, höchstens zu vermuten vermögen. Sie sind Menschen geworden, und zwar schöne Menschen, Ideale der menschlichen Schönheit, Anmut und Würde, in dem Sinn jenes harmonischen

Gleichgewichts von Sinnlichkeit und Vernunft, das den Griechen als das Ideal des „Schön-guten“ (καλοκαγαθόν) vorschwebte. Aber nirgends ist's das rein sittliche Ideal des Guten als des unbedingt Wertvollen, dem unter Umständen auch das Sinnlichangenehme geopfert werden muß. Diese vermenschlichten Götter stehen zwar an Macht, Wissen und Glückseligkeit hoch über den Sterblichen, aber sie sind in keiner Hinsicht unbeschränkt und am wenigsten sittlich vollkommen. Zwar wird von ihnen gesagt, daß sie alles können und alles wissen, aber daß dem doch nicht so ist, zeigt sich im einzelnen oft genug: sie lassen sich täuschen und betrügen, sie durchkreuzen und hemmen wechselseitig ihren Willen, und vor allem: ihre Macht hat ihre Schranke am Schicksal, der Moira, deren Verhängnis selbst Zeus befragen und — ob auch widerwillig, wie beim Tode seines Sohnes Sarpedon — unbedingt erfüllen muß. Und noch unvollkommener als ihre Macht ist die sittliche Güte dieser Götter; Sie wissen ja, wie es mit der Moral der Olympier bestellt ist, wie sie sich stets zanken, Intrigen spinnen, unsaubere Liebeshändel haben, auch vor Ehebruch nicht zurückschrecken. Auch ihr Verhalten zu den Menschen ist nicht eben löblich, nach Verdienst und Würdigkeit fragen sie nicht, sondern lassen sich meistens von ihren persönlichen Launen und selbstischen Motiven, Sympathien und Antipathien, Eifersucht, Rachsucht u. dgl., bestimmen. Sonach muß man sagen: diese Götter sind zwar allerdings ästhetisch verfeinerte Wesen — man vergleiche beispielsweise eine Aphrodite mit ihrem asiatischen Urbild Astarte oder Cybele: welch ein Unterschied zwischen der rohen Naturkraft hier und dem menschlichen Ideal der Anmut und des Liebreizes dort! Aber immerhin, ein sittliches Ideal ist auch die liebreizende Aphrodite wahrlich nicht.

Es sind die homerischen Götter zwar Ideale der schönen Menschheit, aber nicht auch der guten; sie sind über die rohe elementare Natur zwar erhaben, aber sie fühlen und handeln nach der Weise der Naturmenschen und der Kinder, die kein höheres Gesetz des Guten kennen, das ihre Willkür und Launen zügeln würde.

Einen wunderlichen Gegensatz dazu bildet es nun aber, daß ein Zeus in seiner sozusagen amtlichen Tätigkeit der Vertreter von Recht und Gerechtigkeit, der Schirmherr der Weltordnung, Beschützer insbesondere der bürgerlich Schutzlosen, der Fremden und Schwachen ist; als der „König der Götter und Menschen“ ist er Repräsentant und Hort des Rechts in der Welt. So weit ist also doch der Gottesgedanke, besonders in den Gestalten von Zeus, Apollon und Athene, versittlicht. Aber diese Versittlichung ist freilich auf halbem Wege stehen geblieben, da alle diese Götter in ihrem Privatleben nach den mythischen Erzählungen nichts weniger als sittliche Vorbilder für den Menschen sind. Daher wollte Platon bekanntlich die Lektüre Homers in den Schulen verbieten; und wenn wir, ohne uns durch den ästhetischen Zauber blenden zu lassen, uns unbefangen in die Situation eines griechischen Volks- und Jugenderziehers hineinversetzen, so werden wir Platons Urteil sehr begreiflich finden, so schroff es der sonstigen Verehrung Homers bei den Griechen widerspricht. Der Grund dieser Zwiespältigkeit, in der die griechische Gottesanschauung befangen bleibt, lag ohne Zweifel darin, daß die Träger derselben nicht die sittlichen Erzieher des Volkes, nicht Propheten und Priester waren, sondern Dichter und Künstler, für die der ästhetische Reiz so sehr überwog, daß sie nach dem sittlich Heilsamen nicht weiter fragten. Insbesondere die Dichter der homerischen Epen waren

umherziehende Sänger, die an den Fürstenhöfen und Ritter-
sitzen zur Unterhaltung der Herrschaften ihre Gesänge
vortrugen; da können wir uns leicht denken, daß sie ihre
Götter- und Heldengeschichten eben in der Art erzählten,
wie man sie in diesen Kreisen gerne hörte, wo man ein leich-
tes Leben, wechselnd zwischen Gelagen, Abenteuern und
Fehden, führte, aber von ernsthaften sittlichen Zwecken
und Idealen nichts wußte. Weil es in Griechenland nicht
zu einem nationalen Königtum kam, das für die dauernde
Wohlfahrt des Volkes sorgte, und nicht zu einem Priestertum, das sich der Volkserziehung annahm, darum konnte
weder die Versittlichung noch die Vereinheitlichung der
Götterwelt, wie etwa in der Zarathustrischen oder gar in
der israelitischen Religion, durchgesetzt werden; die Götter
blieben die Ideale der leichtlebigen Adeligen, und Zeus blieb
der erste unter seinesgleichen, der Vorsitzende in der olympischen Aristokratie.

In den Gestalten der Athene und des Apollon, die bei
Homer dem Zeus am nächsten stehen, kommt die ideale
Seite der griechischen Göttervorstellung verhältnismäßig
am reinsten zum Ausdruck. Bei Athene, der mutterlosen
Tochter des Zeus, tritt der Naturhintergrund ganz zurück;
sie ist die Göttin der Weisheit, Besonnenheit, Staatsklugheit,
des Gewerbfleißes, der technischen und künstlerischen
Tüchtigkeit, die Patronin des fleißigen Bürgertums wie
der Künste und Wissenschaften. Und Apollon, der Sohn
des Zeus, ist der Offenbarer seines Willens; in seinem Kult
zu Delphi hat die griechische Religion ihren Höhepunkt
erreicht, und von hier aus übte sie einen kulturell fördernden
Einfluß auf das ganze Volk. In Delphi war von alter Zeit
her ein Orakel des Erdgeistes Python, von dem man glaubte,
daß er als Schlange in der Tiefe eines Erdspaltes hause.

Diese Orakelstätte wurde von der dorischen Priesterschaft des Apollon in Besitz genommen, was die Sage als einen Sieg Apollons über den Python darstellte. Dadurch kam ein höherer, versittlichter Zug in den Betrieb dieses Orakels. Es blieb zwar die enthusiastische Form bestehen: die jungfräuliche Priesterin Pythia saß auf einem Dreifuß über dem Erdspalt, aus dem betäubende Dünste aufstiegen, von denen sie hypnotisiert wurde; was sie in diesem Zustande „mit rasendem Munde" aussprach, galt als das Wort des Gottes, von dem sie besessen zu sein schien. Der Enthusiasmus der Priesterin lag also zwar dem Orakel zugrunde, aber er war nicht das ganze, denn hinter der Pythia stand die verständige Priesterschaft Delphis, die im Laufe der Zeiten reich an Erfahrungen, an Welt- und Menschenkenntnis und an weitverzweigten Konnexionen geworden war. Sie verstand es, die in der Verzückung von der Priesterin gesprochenen Orakel verständig zu redigieren und zu retuschieren, so daß etwas brauchbares daraus wurde. Es ist das ein bemerkenswertes Beispiel von der auch sonst sich öfters in der Religionsgeschichte bestätigenden Erfahrung, daß aus der Verbindung von enthusiastischem Prophetentum und priesterlicher Weisheit die wirksamste religiöse Beeinflussung des Volkes sich ergab.

Man hat behauptet, daß vom 9. bis 6. Jahrhundert das delphische Orakel das ganze griechische Volksleben beherrscht und geleitet habe. Das mag, trotz der Autorität eines Curtius, nicht ganz richtig sein, aber so viel ist doch wohl sicher, daß nichts Großes in Griechenland in jenen Jahrhunderten vorging, ohne daß das delphische Orakel seine Sanktion dazu gab; so bei allen Gesetzgebungen, bei Schließung politischer Bündnisse, bei Aussendung von Kolonien und Gründung von Staaten. Und dieser Sanktion

muß man doch höheren Wert beigelegt haben, sonst hätte
man sie nicht immer nachgesucht. Das wichtigste aber war
der Einfluß des delphischen Apollonkultus auf die nationale
Religion und Moral. Von dem reinen Gott ging eine höhere
Auffassung von religiöser Sühne und Reinheit aus, die von
größter kultureller Bedeutung wurde. Die Blutsühne, die
früher als Blutrache geübt worden, wurde jetzt durch das
staatliche Recht geordnet. Dabei war es ein bedeutsamer
Fortschritt, daß nicht mehr das vergossene Blut an sich schon
nach Rache schreit, sondern daß man fragte nach der Absicht und Gesinnung des Täters, ob er mit Absicht oder aus
Zufall, ob mit Recht oder Unrecht Blut vergossen habe.
Daß also nicht die äußere Tat, sondern die Gesinnung des
Täters das Maßgebende wurde, war von größter Wichtigkeit
für das ganze Rechtswesen der Griechen. Und von da war
es nur ein kleiner Schritt zu der Einsicht, daß es überhaupt
für die Beurteilung des Wertes des Menschen nicht bloß
auf sein äußeres Tun, sondern auf die Reinheit der Gesinnung ankomme; daß dieser Gedanke, im Prinzip wenigstens,
von den besten Vertretern der Apollonreligion erfaßt wurde,
läßt sich kaum bezweifeln. Von dem Tempel zu Delphi
leuchtete den Pilgern die Mahnung entgegen: „Für den
Guten genügt ein Tropfen, aber dem Bösen spülen die Fluten
des Meers nimmer die Sünden hinweg!“ Auch die beiden
anderen dortigen Inschriften sind bezeichnend. für die
griechische Frömmigkeit und Sittlichkeit: „Erkenne dich
selbst“ und „Nichts über das Maß“! Besonnene Selbsterkenntnis und ruhige Mäßigung, Selbstbeherrschung, das
ist das Ideal; nicht Unterdrückung der Sinnlichkeit wird
gefordert, sondern Selbstzucht durch Zügelung aller maß-
losen Leidenschaften; das ist der Grundsatz der griechischen
Moral, den bekanntlich Aristoteles in der Definition der

Tugend als der richtigen Mitte zwischen Extremen formuliert hat. Man wird zugeben müssen, daß damit immerhin schon eine sehr achtungswürdige Stufe in der sittlichen Kultur der Menschheit, wenn auch noch nicht die höchste, erreicht war.

Der Einfluß der delphischen Apollonpriesterschaft ist seit dem 6. Jahrhundert abwärtsgegangen, zum Teil wohl durch ihre eigene Schuld, besonders infolge ihrer antinationalen Haltung in den Perserkriegen, die das griechische Volk nie mehr vergessen konnte. Aber mitgewirkt hatten dazu schon vorher die neuen Zeitverhältnisse überhaupt. Das 6. Jahrhundert war in Griechenland eine Zeit tiefgehender Wandelungen und Neuerungen. Die Umwälzung der staatlichen Dinge durch das Aufkommen der Demokratie in den einzelnen Stadt-Staaten war teils Folge teils Ursache des weitverbreiteten Strebens nach Emanzipation des individuellen Denkens und Handelns vom überlieferten Glauben und von den Sitten der Väter; das war die kräftige Regung des seiner Eigenart mehr und mehr bewußtwerdenden griechischen Geistes, seines Dranges nach Freiheit, Klarheit, Vernünftigkeit, ohne den es nie ein perikleisches Zeitalter gegeben hätte, wenn auch freilich die Schattenseiten neben dem Lichte nicht fehlten. Merkwürdig ist nun die Art, wie dieser neue Zeitgeist in der Religion der Griechen sich äußerte. Da sehen wir ziemlich gleichzeitig zwei neue Richtungen auftauchen, die sich nur in der gemeinsamen Opposition gegen die homerische Religion berührten, sonst aber von gänzlich verschiedenen Motiven ausgingen und den Bedürfnissen verschiedener Volkskreise entsprachen. Auf der einen Seite eine Renaissance alter volkstümlicher Bauernkulte, die man als demokratische Reaktion gegen den aristokratischen Staatskultus beurteilen könnte, nur daß man nicht vergessen darf, daß diese Reaktion zugleich die fruchtbarsten Keime religiösen Fortschritts im Sinne individueller Verinnerlichung und m y s t i s c h e r Vertiefung in sich barg. Auf der anderen Seite der Anfang philosophischer Kritik der mythischen Religion, ein R a t i o n a l i s m u s, der von den jonischen Naturphilosophen ausging, bei den elegischen und tragischen Dichtern fortwirkte und in der Skepsis der Sophisten seinen Höhepunkt erreichte. Damit trat dann der Umschwung ein zu der neuen Richtung der Religionsphilosophie des Sokrates und P l a t o n, die man als die gemeinsame Frucht und höhere Einheit der Mysterienreligion und des philosophischen Denkens bezeichnen könnte. — Ich will versuchen, in kurzen Zügen diese drei Richtungen noch zu beschreiben.

Also zuerst die Renaissance der alten Bauernreligion des Acker- und Weinbaues, der Demeter und des Dionysos. Sie war durch die olympische Götterwelt Homers zwar für den öffentlichen Staatskultus in Hintergrund gedrängt, aber nie ganz unterdrückt worden. Denn den Bedürfnissen des Volks hatten die vornehmen Götter des Olymp, die sich nur um die allgemeinen Angelegenheiten kümmerten, nie genügt, und die Verbindung des Seelenkultes mit dem Jenseits hatten sich die Familien auch durch die homerische Abschließung der Seelen im Hades nie ganz abbrechen lassen. Jetzt aber, im Zeitalter der erstarkenden Demokratie, wandte sich das Volk wieder mit neuer Inbrunst zu jenen alten nie vergessenen Sagen und Bräuchen zurück, die sich um den Dienst der Götter der fruchtbaren Erde und der geheimnisvollen Unterwelt drehten. In Eleusis bestand seit alter Zeit der Kultus der Demeter und ihrer Tochter Kore (Persephone). Es ging die Sage, daß die

Göttin selbst bei ihrem Suchen nach der vom Todesgott Pluton entführten Tochter hier einst freundliche Aufnahme gefunden und den Kultus gestiftet habe, dessen Inhalt ursprünglich nichts anderes war als das jährliche Erlebnis vom Ersterben der Vegetation im Herbst (die Entführung der Kore) und ihrem Wiedererstehen im Frühling (die Rückkehr der Kore zu ihrer Mutter). Diese einfache Naturanschauung, die uns auch schon im Osiris-Isis-Mythos begegnete, lag dem eleusinischen Demeterdienst zugrunde; aber mit ihr verband sich dann eine höhere religiöse Idee, eine Hoffnung auf ein glückliches Jenseits für die Seelen der Frommen. Es mag sein, daß dazu der Dionysoskult mitgewirkt hat; seit nämlich Eleusis dem athenischen Staat einverleibt und der dortige Demeterkult zur Staatssache gemacht worden war, hatte sich mit ihm der in Athen heimische Dionysoskult verbunden; beide waren ohnedies nahe verwandt durch ihre leidenschaftlichen Motive und dramatischen Effekte; so ist es wohl denkbar, daß eben von da an in den Demeterkult der enthusiastisch-mystische Zug kam, auf dem die große Anziehungskraft der „eleusinischen Mysterien" beruhte. Worin bestand eigentlich ihr Zauber? Man hat gemeint, es seien hier priesterliche Geheimlehren mitgeteilt worden. Aber das war ein Irrtum; um Lehren und Glaubenssätze hat es sich überhaupt nicht gehandelt. Der Kern der Feier waren vielmehr die „Handlungen", dramatische Nachbildungen der Geschicke der beiden Göttinnen, der Trauer der Mutter um ihre verlorene Tochter, ihres Suchens nach ihr und endlich der Freude der Wiederverbundenen. Bedenken wir nun, daß man hier Götter feierte, die nicht das selige Leben im Olymp, unbekümmert um der Erde Leid, führten, sondern die selbst auch das Leid der Sterblichen erfahren, den Tod geschmeckt und den Tod wieder überwunden hatten, so können wir es wohl verstehen, daß sich an diese Feier für das trostbedürftige Gemüt die Hoffnung auf ein seliges Jenseits knüpfen mochte. Denn wohlverstanden, nicht um bloße Fortdauer der Seele nach dem Tode handelte es sich; daran hatten ja die Griechen immer geglaubt, nur daß eben die Existenz der Seelen im Hades ein so trauriges Schattendasein war, daß ein Achill lieber Tagelöhner auf Erden als Fürst im Hades sein wollte; solch ein jammervolles Dasein war natürlich kein Gegenstand der Hoffnung, sondern der Furcht. Im Gegensatz zu diesem gemeinen Los der Seelen hofften nun eben die Geweihten von Eleusis auf ein glückseliges, den Göttern ähnliches Leben im Jenseits, und wie beglückend diese Hoffnung für sie war, haben die edelsten Männer, wie Pindar und Sophokles, in begeisterten Worten bezeugt. Worauf eigentlich diese Hoffnung sich stützte, läßt sich freilich nicht mit Sicherheit sagen, aber vermuten können wir immerhin, daß schon durch die vorbereitenden Fasten und Prozessionen, dann durch die wachsende dramatische Spannung und zuletzt auf dem Höhepunkt der Feier durch das Schauen und Hören geheimnisvoller Symbole und Formeln das seelische Leben der Feiernden in eine solche Exaltation versetzt wurde, daß sie sich mit der Gottheit eins geworden, ihres unüberwindlichen Lebens mitteilhaftig fühlten, eben darum auch künftig ihr Schicksal zu teilen, also dem Bann des Hades zu entgehen hoffen konnten.

Dionysos war ursprünglich ein thrakischer Gott und wurde auf den Bergen Thrakiens mit rohen orgiastischen Bräuchen gefeiert; nach Athen verpflanzt, wurde er zum Gott des Weinbaues, dessen ländliche Feste bei der Weinlese im Herbst und Weinprobe im Frühling die Bauern mit derben Späßen zu würzen pflegten. Aber hier zeigte sich wieder einmal, wie der griechische Genius den aus der Fremde überkommenen rohen Stoff wunderbar zu veredeln, zu vergeistigen, zu verklären verstand. Gerade aus der naturwüchsigen Lebhaftigkeit dieser Feste des Weingottes, aus den Wechselgesängen, Tänzen und Aufzügen derselben ist die herrlichste Blüte der griechischen Kunst, das tragische und komische Drama erwachsen. Daß die Verbindung des Dionysoskultes mit dem eleusinischen Demeterkult auch diesem seinen höheren Aufschwung gab, wurde schon gesagt. Am eigentümlichsten aber äußerte sich die dionysische Begeisterung in dem Auftreten von ekstatischen Sehern, die sich als Wahrsager, Ärzte und Sühnepriester dem hilfe- und ratsuchenden Volke darboten. An sie schlossen sich kleine Kreise von Gläubigen an, die dionysischen Thiasoi oder Konventikel, in deren Mitte alte Orakel aufbewahrt und mit neuen vermehrt, auch alte Überlieferungen, wie Hesiods Theogonie, umgearbeitet und nachgebildet, kurz theologische Lehren ausgesonnen wurden, die man auf die Offenbarung alter Seher, wie eines Orpheus, zurückführte. So entstand die orphische Theologie und Literatur, deren Ursprung in das 6. Jahrhundert fallen dürfte. Sind uns auch nur dürftige Fragmente derselben erhalten, so lassen sich doch daraus die leitenden Grundgedanken noch wohl erkennen. Ihren Mittelpunkt bildet der Mythus von Dionysos-Zagreus, dem getöteten und neubelebten Gott, mit dem die orphische Seelenlehre zusammenhängt. Des Menschen Wesen, so lehrten die Orphiker, ist gemischt aus göttlichen (dionysischen) und widergöttlichen (titanischen) Elementen. Seine Seele ist von göttlicher Herkunft und durch eigene Schuld in das Erdenleben herabgesunken, der Leib ist ihr Gefängnis, ihr Grab. Auch der Tod führt nicht zur Befreiung, sondern zur Wanderung der Seele im Kreislauf der Geburten. Das einzige Mittel, aus diesem unseligen Kreislauf zu entrinnen, besteht in den von Orpheus gestifteten reinigenden Weihen des Dionysos, zu denen auch gewisse asketische Enthaltungen, besonders von Fleischgenuß, gehören. Die so Geweihten erwartet im Jenseits ein seliges göttergleiches Los, während die andern in der Unterwelt gepeinigt werden oder in neue Verkörperungen eingehen. Die Ausmalung dieses seligen und unseligen Jenseits war ein Lieblingsthema der orphischen Weihepriester und ein Hauptmittel der Zugkraft ihrer Predigt beim Volk, während sie bei den Aufgeklärten als Schwindler und Gaukler mißachtet waren.

Die Aufklärung hatte ungefähr gleichzeitig mit der eben beschriebenen religiösen Bewegung im 6. Jahrhundert begonnen. Xenophanes, der seine jonische Heimat nach der persischen Invasion verlassen und in Elea (Unteritalien) sich angesiedelt hatte, übte eine scharfe Kritik an den überlieferten Mythen: alles, was bei Menschen als schimpflich und schlecht gelte, Diebstahl, Ehebruch und Betrug, haben Homer und Hesiod den Göttern zugeschrieben; ebenso töricht sei es, die Götter in Menschengestalt sich vorzustellen, mit ebensoviel Recht könnten die Tiere die Götter in Tiergestalt darstellen, wenn sie Hände hätten; vielmehr könne Gott nur der éine, mit den Menschen nicht zu vergleichende Geist sein, der die Welt durch sein Denken bewege. Nach Parmenides ist Gott das alleinige unveränderliche Sein, die Welt des Vielen und Werdenden aber ein nichtiger Schein, der Traum der Maja, wie die Brahmanen lehrten. Nach dem Ephesiner Herakleitos dagegen gibt es überhaupt kein dauerndes Sein, sondern nur einen Kreislauf des zwecklosen Werdens und Vergehens, in dessen endlosem Fluß alle Güter und Werte des Lebens versinken; ein Kinderspiel ist der Weltlauf, und Narren sind die Menschen, die das Vergängliche für wichtig halten. Zu solcher pessimistischen Stimmung war die Lebenslust der jonischen Griechen Kleinasiens umgeschlagen, seit ihre Heimat die Beute der persischen Eroberer geworden war. Aber auch in Griechenland selbst, das doch den Ansturm der persischen Heere siegreich abgeschlagen hatte, mehrten sich gleichwohl im Laufe des 5. Jahrhunderts solche Stimmen des Zweifels am Wert des Lebens und an der Vernunft und Gerechtigkeit der Weltregierung. Aus den Dramen des Sophokles vernehmen wir immer wieder die bange Frage nach dem unbegreiflichen Walten der Götter und die Klage über das unverschuldet harte Los der Sterblichen, und auch wo der Dichter zur frommen Ergebung mahnt, schlägt doch der Ton eines bitteren Pessimismus durch: „Das Beste ist, nie geboren zu sein, das Zweitbeste aber, möglichst bald wieder dahin zurückzukehren, woher du kamst!" Bei Euripides aber steigert sich der Zweifel an der Gerechtigkeit des göttlichen Regimentes zum Zweifel am Dasein der Götter überhaupt, und doch kann er sich beim Unglauben so wenig beruhigen wie beim Glauben; in diesem rastlosen Schwanken und vergeblichen Suchen nach einer festen Überzeugung ist er der echte Sohn seines Zeitalters der Aufklärung. Ihre Hauptvertreter waren die Sophisten, die Meister der Redekunst, bei denen die Übung im dialektischen Spiel mit Begriffen zu dem Übermut führte, der alles Überlieferte skeptisch zersetzte. Ob es Götter gebe, könne man nicht wissen, meinte Protagoras, und Kritias erklärte den Götterglauben kurzerhand für eine Erfindung kluger Staatsmänner, wie auch das Recht nur ein anderer Name sei für die Macht des Stärkeren.

Dieser Dünkel eines oberflächlichen Scheinwissens fand seinen Meister in Sokrates, der für den Anfang der Weisheit das Wissen von unserem Nichtwissen hielt. Die Menschen zur Selbsterkenntnis, zur Einsicht in das sittlich Heilsame und damit zur Tugend zu erziehen, betrachtete er als seinen gottgegebenen Beruf. Er glaubte an die Vorsehung einer höchsten alles bestimmenden Vernunft, deren Werkzeuge die Götter des Volksglaubens seien, und die um soviel größer sei als unsere Vernunft, wie die Welt größer als unser Leib. Er glaubte aber auch an eine göttliche Offenbarung in seinem Innern, die er die Stimme seines „Dämonion" nannte, ungefähr dasselbe, was wir mahnende Gewissensstimme und warnende Ahnung nennen. Auf dieses Dämonion hatte er sich berufen auch gegenüber der Autorität der Staatsgewalt; er müsse, sagte er zu seinen Richtern, dem Gotte, der ihn beauftragt habe, die Menschen zur Tugend zu erziehen, mehr gehorchen als den Menschen. So trat hier erstmals die Persönlichkeit mit dem Anspruch auf das gute Recht ihrer individuellen Überzeugung gegenüber der Überlieferung von Staat und Gesellschaft. An diesem Konflikt, der eine neue Epoche der Religionsgeschichte bedeutet, ist Sokrates untergegangen. Wir können ihn den ersten Blutzeugen der Philosophie und zugleich einen Propheten auf das Christentum nennen.

Aber sein Werk wirkte fort in Platon, der die Selbsterkenntnis des Sokrates erweiterte zur Erkenntnis der übersinnlichen Welt der „Ideen", der ewigen Urbilder des Wahren, Schönen und Guten, die aller zeitlichen Erscheinungen Grund und Ziel sind, die sich einheitlich zusammenfassen in der höchsten Idee des Guten, die eins ist mit Gott, dem Schöpfer, Vater und Urbild der sichtbaren Welt als seines eingeborenen Sohnes. Aus jener höheren

Welt stammt auch die menschliche Seele; daß sie von göttlicher Art und Herkunft sei, hatten schon die orphischen Theologen gelehrt, und Platon hat diese Lehre in seine Philosophie in der Art eingefügt, daß er die Seele mit der Idee des Lebens vereinerleite und sie also teilnehmen ließ an der Ewigkeit und Unzerstörbarkeit der Ideen überhaupt. Ihre Herabkunft in die Körperwelt ist nach Platon die Folge eines intellektuellen Sündenfalles, eines Erlahmens der Schwingen der Seele im Emporstreben zu der Höhe der wesenhaften Wahrheit, Schönheit und Güte. Aber von dem, was sie einst davon geschaut hat, bleibt auch der von der Erdenschwere herabgezogenen Seele doch immer noch eine gewisse Erinnerung, dunkel zwar und unbewußt für gewöhnlich, aber sie kann ins Bewußtsein erhoben werden durch die Wahrnehmung der irdischen Abbilder jener himmlischen Gestalten, und dann erwacht in der Seele die Sehnsucht nach ihrer höheren Heimat und die begeisterte Liebe zu dem, was von oben ist, zu den Idealen des Wahren, Schönen und Guten. Das ist der Eros, der „Mittler zwischen Gottheit und Mensch, der göttliche Dämon" oder Erlösergeist, der uns emporhebt aus dem dumpfen engen Leben in des Ideales Reich. Denn einer Erlösung bedarf der Mensch allerdings — auch darin stimmt Platon ganz mit den Orphikern überein. Ist auch die sichtbare Welt ein Abbild von der Ideenwelt, so ist dieses Abbild doch durch Raum und Zeit verzerrt, entstellt und getrübt; ist auch viel Gutes in der Welt, so ist doch des Übels hienieden noch viel mehr. „Daher muß man versuchen, so rasch wie möglich von hier dorthin zu fliehen. Die Flucht aber besteht in der möglichsten Verähnlichung mit Gott, und dieses geschieht, indem man gerecht und fromm wird mit Einsicht." Denn nur die Erkenntnis der Gerechtigkeit

Gottes und das Streben der Verähnlichung mit ihm ist
echte Tugend, wogegen es bloße Scheintugend ist, um irgend
welcher nützlicher Zwecke willen die Schlechtigkeit zu
meiden. Wollte man fragen, ob die Gerchtigkeit dem
Menschen nützlicher sei als die Ungerechtigkeit, so wäre
das ebenso unvernünftig, wie wenn man fragen wollte, ob
es besser sei, gesund oder krank zu sein, eine verdorbene
und unbrauchbare oder eine tüchtige Seele zu haben. So
unbedingt und alles überragend ist der innere Wert der
Tugend, daß der Rechtschaffene, auch wenn er von Göttern
und Menschen verkannt und verfolgt wäre, doch für glücklich, der Lasterhafte aber, auch wenn er vor beiden seine
Schlechtigkeit verbergen könnte, doch für unselig zu halten
wäre. Doch ist dieser Fall in Wirklichkeit nicht denkbar,
weil das Gute und Böse meistens schon in diesem Leben,
jedenfalls aber und gewiß nach dem Tode seinen Lohn
erntet. Denn sowenig der Gerechte von der Gottheit je
verlassen werden kann, sowenig kann der Schlechte sich
seiner Strafe entziehen. Wenn eine Seele, ihrer göttlichen
Natur entsprechend, sich rein vom Leibe erhält und durch
Streben nach Weisheit unaufhörlich auf den Tod sich vorbereitet, so darf sie hoffen, hernach zu dem ihr Gleichartigen, dem Unsichtbaren und Ewigen und Göttlichen,
hinzugehen, wo ihrer ein glückliches Los wartet, ein seliges
Leben bei den Göttern, befreit von Irrtum und Leidenschaft
und sonstigen menschlichen Übeln; hingegen die Seelen,
die am Sinnlichen hafteten und das Geistige haßten, werden
durch ihren niedrigen Trieb bei der Erde festgehalten und
nach dem Tode in neue Leiber herabgezogen, und zwar
je nach ihrer Beschaffenheit in tierische oder menschliche;
in das Göttergeschlecht aber gelangen nur die Seelen, die
den Begierden des Leibes widerstanden und nach Erlösung

und Reinigung durch Liebe zur Weisheit trachteten und sich an der steten Betrachtung des Wahren und Göttlichen nährten.

So wird hier die eleusinische und orphische Mystik zu einem ethischen Idealismus vergeistigt, der dem Menschen sein höchstes Ziel und sein höchstes Gut zeigt in der möglichsten Verähnlichung und innigsten Gemeinschaft mit Gott, dem Urbild und Prinzip alles Guten, und der die Kraft zu dieser Erhebung findet in dem göttlichmenschlichen Geist des Eros, der begeisterten Liebe zu dem, was von oben ist, dem Wahren, Guten und Schönen. Dazu vergleiche man Augustins Wort: „Weil wir zu Gott geschaffen sind, so ist unser Herz ruhelos, bis es zur Ruhe gekommen in Gott" — und man wird die Vorbereitung des Christentums in der Religion und Ethik Platons anerkennen.

————

Die Religion Israels.

Wir kommen heute zur Religion Israels, der prophetischen Religion im hervorragenden Sinne. Wir hätten sie eigentlich, der Zeit und Bedeutung nach, den anderen prophetischen Religionen voranstellen sollen, noch vor der des Zarathustra. Aber ich habe sie absichtlich bis jetzt aufgeschoben, um ihren geschichtlichen Zusammenhang mit dem späteren Judentum und mit dem Christentum nicht zu unterbrechen.

Die Anfänge sind leider, wie bei den meisten Religionen, so auch bei der israelitischen in tiefes Dunkel gehüllt. Denn was uns darüber in den Büchern Moses berichtet wird, das sind eben Sagen, von denen jeder, der in diesen Dingen geschichtlich zu urteilen versteht, klar einsieht, daß sie so, wie sie in der Bibel erzählt sind, nicht in Wirklichkeit geschehen sein können. Wir können zwei Gruppen dieser Sagen unterscheiden. Die eine ist die, die von den Patriarchen Abraham, Isaak, Jakob und seinen Söhnen handelt. Das sind eigentliche Mythen, ursprüngliche Göttersagen, in denen göttliche Wesen oder vergötterte Heroen, die Namensheroen (heroes eponymi) der israelitischen Stämme, zu Menschen geworden sind, von denen in der gewöhnlichen Weise der Epen menschliche Erlebnisse und Taten berichtet werden. In diesen Sagen irgend etwas Geschichtliches zu suchen, haben wir sowenig ein Recht wie etwa bei den homerischen Erzählungen von den trojanischen

Helden. Schon etwas anders verhält es sich mit der zweiten Sagengruppe, der von Moses. Auch hier freilich befinden wir uns zunächst im Gebiet der Legende. Die Geschichte von der Aussetzung und wunderbaren Rettung des Moseskindes hat ihre Parallelen in den Sagen von der Kindheit des assyrischen Königs Sargon, des medischen Königs Kyros, des iranischen Propheten Zarathustra, des indischen Helden Krischna und des griechischen Helden Herakles, des römischen Kaisers Augustus und des christlichen Heilandes Jesus, lauter Sagen, die schon durch ihre nahe Verwandtschaft miteinander ihren Usrprung aus gleichartigen Motiven der antiken Volksdichtung verraten. Dann weiter, die Schicksale Moses in der Verbannung, die Offenbarung Gottes am feurigen Dornbusch, die Todesnot und Rettung in der Wüste durch das Sühneblut der Beschneidung seines Sohnes, dann die Art, wie er, nach Ägypten zurückgekehrt, den Pharao zur Entlassung des Volkes Israel auffordert, die Wunder, die er verrichtet, das Wunder der Rettung der Israeliten am roten Meer, die Gesetzgebung auf dem Berge Horeb in persönlicher Zwiesprache mit Jahve, endlich die Wanderung des Volkes in der Wüste, wo sie, zwei Millionen Seelen stark, vierzig Jahre hindurch ihren Unterhalt sollen gefunden haben! — das alles verrät sich durch seine innere Unwahrscheinlichkeit schon als spätere Sage. Dazu kommen nun die geschichtlichen Angaben, die neuerdings auf ägyptischen Tontafeln in Tellamarna gefunden wurden, jener Residenz des ketzerischen Königs Amenophis IV., dessen Sie sich vielleicht aus der ägyptischen Religionsgeschichte noch erinnern, der um 1400 v. Ch. lebte. Da schreibt einer seiner Vasallen aus Jerusalem (das also damals schon existierte), daß er um Hilfe bitte gegen das in Kanaan eingedrungene kriegerische

Volk der Chabiri. Sind diese, was etymologisch sehr wahrscheinlich ist, dasselbe mit den Hebräern, so folgt, daß diese schon um 1400 in Kanaan eingedrungen sind, also längst vor Ramses II., unter dessen Regierung (um 1250) die beiden Städte Ramses und Pithom gebaut wurden, wobei die Israeliten zu Frohndiensten genötigt worden sein sollen (nach II. Mos. 1, 11). Ferner wird auf einer Inschrift aus der Regierung von Ramses' Sohn und Nachfolger Merneptah, unter dem der Auszug der Israeliten stattgefunden haben sollte, unter anderen besiegten kananäischen Völkerschaften auch der Israeliten ausdrücklich Erwähnung getan, und zwar als eines Stammes, dessen Land verheert worden sei, dagegen von ihrer Flucht aus Ägypten und von dem Untergang des ägyptischen Königs bei ihrer Verfolgung findet sich weder hier noch sonst auf ägyptischen Denkmalen irgend welche Spur. Also Sie sehen, so wie diese Dinge in der Bibel erzählt werden, können sie jedenfalls nicht geschehen sein. Wie wir uns die wirkliche Geschichte zu denken haben, darüber lassen sich natürlich nur Vermutungen aufstellen.

Manche haben gemeint, der Auszug der Israeliten aus Ägypten und die Person Moses sei alles bloße Fiktion. Das war wohl etwas zuviel gesagt; so schlimm steht die Sache doch wohl nicht; namentlich was die Person des Moses betrifft, so sind die besonnenen Forscher heute darüber einig, daß er, soviel auch die Sage über ihn gefabelt haben mag, doch eine geschichtliche Gestalt von hervorragender Bedeutung gewesen sei. Es fragt sich bloß, in welcher Eigenschaft? War er es wirklich, der die Gesamtheit des Volks aus Ägypten ausgeführt und dann die Gesetze Gottes ihm feierlich übermittelt hat? Das ist wohl schwerlich anzunehmen. Wenn wir aber beachten, was über ihn im

„Segen Moses" (V. Mos. 32, 8 ff. — einem sehr alten Dokument) gesagt ist, so lassen sich daraus gewisse Grundzüge erkennen. Er ist da nichts anderes als der Ahnherr und das Urbild des berufsmäßigen levitischen Priestertums; dessen „Urim und Tummim" (Losorakel) sind in seiner Hand gewesen, d. h. er hat als Orakelpriester Weisungen erteilt und Recht gesprochen, wie es bei den Nomaden gewöhnlich ist, daß der Priester zugleich Wahrsager und Richter ist. Er hat das getan an der „Prozeßquelle" zu Kadesch-Barneah, einer Oase, die sonach Orakel- und Gerichtsstätte für die umher hausenden Nomadenstämme der nordarabischen Steppe gewesen ist. Damit stimmt überein die Notiz, daß Moses der Schwiegersohn des midianitischen Priesterfürsten Jethro gewesen und dessen Schafe am Berge Horeb gehütet habe, wo sich ihm auch Jahve, der Gott vom Berge, in einer Feuerflamme geoffenbart habe (II. Mos. 3, 1 ff.), und daß er später auf den Rat seines Schwiegervaters tüchtige Männer aus dem Volke zu seiner Unterstützung beim Rechtsprechen erwählt, also eine gewisse Organisation des Rechtswesens, die Anfänge einer bürgerlichen Ordnung, unter den Nomadenstämmen der Steppe gegründet habe (II. Mos. 18, 13 ff.). Sonach dürfen wir uns vielleicht Moses als einen Priester und Richter denken, der im Namen des Gottes Jahve, den er bei den Midianitern (und Kenitern) kennen gelernt hatte, einigen israelitischen Nomadenstämmen Orakel erteilte und Recht sprach und dadurch den Grund legte zu ihrer religiös-politischen Verbindung, aus der mit der Zeit die Einheit des „Volkes Israel" hervorging. Soviel halte ich für geschichtlich wahrscheinlich; wie sich aber dazu die Sage vom Auszug aus Ägypten und der führenden Rolle des Moses bei demselben verhalten möge, darüber wage ich nichts zu sagen; die spätere Sage hat hier den geschichtlichen Kern so dicht umsponnen, daß er sich schwerlich mehr ans Licht ziehen läßt.

Wichtiger ist nun aber die Frage, was ursprünglich der Gott Jahve gewesen sei, in dessen Namen Moses Orakel gab und Recht sprach, und unter dessen Schutz die verbündeten Stämme aus der Sinaihalbinsel nach Norden gezogen und in Kanaan eingedrungen sind? Jahve war der Gott vom Berge Horeb oder Sinai, dessen Sitz noch in später Zeit dort gedacht wird. Das Lied Deboras, vielleicht das älteste Schriftstück der Bibel (Richter 5) schildert sein Kommen von dort: „Jahve, als du auszogst aus Seir, einhertratest vom Gefilde Edoms her, da bebte die Erde, es troffen die Himmel, es troffen die Wolken von Wasser, Berge wankten vor Jahve, dieser Sinai vor dem Gotte Israels." Er war also der Gott des Berges und der ihn umtobenden Gewitterstürme, der Blitz seine Waffe im Kampf, der Donner seine furchtbare Stimme (Ps. 18), die Feuerwolke seine Erscheinungsweise in der Wüste. So wäre also, fragen Sie, Jahve auch nur eine personifizierte Naturmacht, wie die Götter anderer Völker? Ursprünglich war er dies allerdings, aber daß er mit der Zeit etwas so unvergleichlich anderes und höheres g e w o r d e n ist, das erklärt sich nicht aus seiner anfänglichen Bedeutung, sondern aus der G e s c h i c h t e seines Volkes; der Gott Israels hat seinen Inhalt, seine Bedeutung erst bekommen in und mit der Geschichte seiner Bekenner, er ist ein spezifisch geschichtlicher Gott. Wie er das geworden ist, das eben bildet den Gegenstand der Geschichte der Religion Israels.

Zunächst haben wir zu beachten, daß die Einwanderung der israelitischen Stämme nicht, wie die spätere Sage es darstellt, mit einem Male geschah, sondern allmählich, zu verschiedenen Zeiten und von verschiedenen Gegenden aus. Während die in der Mitte und im Norden Kanaans unter der Führung Ephraims eingedrungenen Stämme vom Osten her über den Jordan gekommen sind, haben sich die Judäer im Süden aus der Gegend von Kadesch-Barneah, wo sie ursprünglich heimisch waren, allmählich weiter nach Norden in der Richtung auf Jerusalem zu vorgeschoben. Das waren also anfänglich zwei ganz gesonderte Ströme, die sich erst zur Zeit Davids geeinigt haben; bis dahin waren sie voneinander getrennt durch einen zwischenliegenden Gürtel von befestigten kananäischen Städten, über welche die technisch minderwertige Kriegführung der Israeliten nicht Herr zu werden vermochte. Nur auf dem platten Lande haben die israelitischen Nomadenstämme zu Anfang festen Fuß gefaßt, und auch da haben sie die kananäischen Ureinwohner nicht ausgerottet, sondern sie siedelten sich mitten unter ihnen an, traten mit ihnen in friedlichen nachbarlichen Verkehr und lernten von ihnen die Arbeiten der Kultur, besonders Acker- und Weinbau. Die natürliche Folge dieser Vermischung von Israeliten und Kananäern war nun auch eine Mischung der beiderseitigen religiösen Vorstellungen und Bräuche. Die zu Bauern gewordenen Israeliten konnten sich nicht mehr begnügen mit ihrer früheren, an gottesdienstlichen Bräuchen armen Nomadenreligion, sie konnten es nicht vermeiden, mit ihren kananäischen Nachbarn zusammen die ländlichen Feste zu feiern, an denen man die Gottheiten der einzelnen Gaue, die Baale, als die Herren des Bodens und als die Spender seiner Früchte verehrte. Es gab nämlich nicht einen einzigen Baal als Gott des ganzen Landes Kanaan, sondern jeder einzelne Gau hatte seinen besonderen Baal, d. h. Herrn, dem er die Früchte des Ackers verdankte. So kamen auch die zu Bauern gewordenen Israeliten jetzt unter die Herrschaft der kananäischen Gau- und Fruchtbarkeitsgötter, der Baale. Nicht, als ob sie darum den Gott ihrer Nomadenzeit, Jahve, aufgegeben hätten; er war ihnen noch immer der gemeinsame Gott der verbündeten Stämme, unter dessen Namen und Schutz ihr siegreiches Vordringen in Kanaan gelungen war; aber er blieb auch der Gott des Berges, den man für gewöhnlich auf dem fernen Sinai wohnend dachte, und dessen Betätigung man nur zeitweise und stoßweise zu erfahren bekam. So oft Krieg ausbrach, eilte auch Jahve wieder vom Sinai herab seinem Volke zu Hilfe, brauste wie ein Sturmwind durchs Land, begeisterte seine Helden, sammelte seine Heerscharen und führte sie zu Kampf und Sieg. War aber dieser gewonnen und hatten die Heerscharen sich wieder in ihre Heimstätten zerstreut und ihre Bauernarbeit wieder aufgenommen, dann hatte mit dieser der kriegerische Gott vom Berge Sinai nichts mehr zu tun, an seine Stelle traten dann die näheren Götter des fruchtbaren Landes, die Baale. Ein „Abfall von Jahve“, wie die späteren Geschichtsschreiber es darstellten, war das nicht eigentlich, denn damals stand der Jahvedienst noch nicht so ausschließlich, wie später, dem Baalsdienst gegenüber, sondern beide standen sich ergänzend nebeneinander, nur daß allerdings der Jahveglaube und -dienst seine wechselnden Flut- und Ebbezeiten hatte, je nachdem die äußere Lage der Israeliten es mit sich brachte.

Dieser Zustand der Religionsmischung dauerte während der ganzen Richter- und älteren Königszeit. Sie zeigt sich im ganzen Kultus, vorab in den Festzeiten. Die drei Hauptfeste der Israeliten waren das Frühlingsfest der ungesäuerten Brote (der ersten Gerstenernte), das Sommerfest der Weizenernte und das Herbstfest der Weinlese, lauter landwirtschaftliche Feste, die von den Israeliten noch nicht in der Wüste, sondern erst nach ihrer Ansiedlung als Bauern gefeiert werden konnten. Nur éin Fest hatten sie aus ihrer Nomadenzeit mitgebracht und behielten es auch ferner bei: das Passah; das war ursprünglich das Frühlingsfest der Nomaden, wo die erstgeworfenen Lämmer geopfert und im Opfermahl verzehrt wurden. Dieses Nomadenfest wurde jetzt mit dem Bauernfest der ungesäuerten Brote, mit dem es zeitlich nahe zusammenfiel, in eins verknüpft; später suchte man dann die Verknüpfung der verschiedenartigen Bräuche künstlich zu erklären durch die Sage vom Auszug aus Ägypten, dessen Erinnerung das Passah feiern sollte, — ein lehrreiches Beispiel von einer Kultsage zur nachträglichen Deutung von unverständlich gewordenen alten Bräuchen. Ähnliches gilt auch von den heiligen Orten. Die Nomadenstämme waren einst wohl éinmal des Jahres an einem gemeinsamen Heiligtum, einer Orakel- und Gerichtsstätte wie Kadesch-Barneah, zusammengekommen, aber sonst hatten sie während ihres Umherziehens keine heiligen Orte. Jetzt aber auf kananäischem Boden fanden sie der Kultstätten gar manche: da gab es allenthalben in allen Gauen heilige Bäume, heilige Quellen und heilige Steine, wo nach dem Glauben der Landbevölkerung irgend ein göttliches Wesen hausen und sich offenbaren sollte; was konnten da die Hebräer anderes tun, als an denselben Orten Orakel suchen und Feste feiern? In früheren Zeiten sah man darin nichts Unfrommes; man verehrte noch unbefangen nebeneinander und an denselben Stätten die Baale und Jahve. Später aber wurde das für die strengeren Jahvediener bedenklich, und doch konnten sie die Feier an den volkstümlichen Heiligtümern nicht verwehren; was war da zu machen? Nun, man ließ die alten Heiligtümer bestehen, aber gab ihnen eine neue Bedeutung, man deutete die kananäischen Orts-Sagen um in israelitische Väter-sagen: der Hain zu Mamre oder Hebron, der Quell zu Bersaba, der Stein zu Bethel sollten jetzt ihre Heiligkeit daher erhalten haben, daß an diesen Orten dereinst in der Vorzeit ein Abraham, ein Isaak, ein Jakob geweilt, gött-liche Offenbarungen erhalten und dem Gotte Israels einen Kult gestiftet haben. So wurden die alten kananäischen Heiligtümer von den frommen Sagendichtern der Israeliten für ihren Volksgott Jahve annektiert. Ähnliches hat sich in der christlichen Kirchengeschichte oft wiederholt: als das Christentum zu den Heidenvölkern sich ausbreitete, hat es die Kultstätten der heidnischen Götter und Heroen zu Kapellen seiner Heiligen umgewandelt, ohne dabei ganz verhindern zu können, daß die alten heidnischen Bräuche sich unter der christlichen Etikette forterhielten. Dasselbe geschah im alten Israel. Zu den Kultstätten der Kananäer gehörten auch die Idole der Maßeben und Ascheren, auf-gerichtete Steinsäulen oder Holzpfähle, die als Bilder und Behausungen (Fetische) der Lokalgottheit galten. Die Israeliten behielten auch diese Idole bei und gaben ihnen nur die neue Beziehung auf Jahve. Außerdem hatten sie ihre „Lade Jahves", die bei Feldzügen mitgenommen wurde, sonst aber bei einem Heiligtum, früher in Silo, später in Jerusalem, stationiert war. Man dachte sich die wirksame Kraft Jahves in geheimnisvoller Weise in, mit und unter dieser Lade gegenwärtig. Daher die Angst, Jahves Beistand verloren zu haben, als seine Lade in einer unglücklichen Schlacht den Philistern in die Hände fiel. Aber Jahve zeigte sich seinem Volke treu: die Philister bekamen bald durch schreckliche Plagen zu fühlen, daß es mit dieser Lade nicht geheuer sei, und sie schickten den unheimlichen Gast schleunigst wieder heim. Eine merkwürdige Sage, die zeigt, wie derb realistisch man sich die Wundermacht der Gottheit an das sichtbare Kultusmittel gebunden dachte! Ein ähnliches Idol war das Stierbild, das an den Kultstätten des Reiches Ephraim zu Dan und Bethel aufgestellt wurde, und zwar von jahvegläubigen Königen; niemand nahm daran Anstoß, man stellte eben Jahve unter dem Stierbild dar, wie andere Semiten ihre Götter unter demselben Bild darzustellen pflegten; erst später haben die Propheten dies als Götzendienst verurteilt. Schließlich kam die Mischung beider Religionen im Gottesnamen selbst zu eigentümlichem Ausdruck. Man faßte die unbestimmte Vielheit der besonderen lokalen Götter und Geister in den Gesamtbegriff der Elohim (Geisterwelt, Gottheit) zusammen und vereinerleite ihn mit Jahve, indem man beide zu éinem Namen verknüpfte: Elohim-Jahve. Sollte das heißen, daß Jahve in den Elohim aufgegangen? oder daß die Elohim von Jahve aufgesogen seien? Für die Volksmenge mochte das lange im unklaren bleiben, schließlich aber ging Jahve als der alleinige Sieger aus dem Kampfe hervor. Welche Ursachen haben dazu mitgewirkt?

Gegen die Verwickelung der Israeliten in die kananäische Kultur und Religion hatte sich schon frühe eine kräftige Opposition erhoben von seiten gewisser puritanischer Sonderlinge, die, ihrer Herkunft nach Abkömmlinge der kenitischen Nomaden, später unter dem Namen Rechabiten bekannt wurden und mit den Nasiräern Ähnlichkeit hatten. Es war eine Sekte von kulturfeindlichen Asketen, die am primitiven Nomadenleben der Steppe als dem wahren gottgefälligen Ideal festhielten, nicht in Häusern, sondern in Zelten wohnten, nicht Ackerbau trieben und nicht Wein tranken. Es war eine energische Reaktion gegen die zweideutigen „Segnungen der Kultur", die in dieser extremen Form zwar natürlich nicht durchdringen konnte; niemand fiel es ein, das seßhafte Leben des Bauern wieder mit dem nomadischen des armen Hirten zu vertauschen. Immerhin wirkte das Auftreten dieser sonderbaren Schwärmer als eine ernste Erinnerung an das alte einfache und nüchterne Nomadenleben unter freiem Himmel, unter dem alleinigen Schutze des strengen Gottes der Wüste, des furchtbaren Kriegsgottes Jahve. Noch größeren Eindruck machte das Auftreten der Nebiim, die anfangs noch nicht das waren, was wir unter „Propheten" verstehen, sondern verzückte Schwärmer, die nach Art der Korybanten oder der Derwische das Land scharenweise durchzogen und durch ihr tolles Gebahren den Eindruck von Besessenen oder Begeisterten machten. Sie kamen auch bei den Kananäern vor (wie überhaupt in vielen Naturreligionen) und sind vielleicht von daher bei den Israeliten aufgekommen, wo sie nun aber dadurch von Anfang eine höhere Bedeutung bekamen, daß sie die Träger der national-religiösen Begeisterung während der schweren Bedrängnis durch die Philister wurden. Wo immer die Masse der Trägen und Feigen sich ducken und fügen wollte, da erschienen jene Begeisterten und fachten den Mut zur nationalen Erhebung und Befreiung im Namen Jahves an, der aus ihnen zu sprechen und seinen Beistand zu verheißen schien. Die Folge dieser Erhebung war die nationale Machtentfaltung unter Saul und David, die zugleich den Sieg Jahves über die Baale Kanaans bedeutete.

Noch wichtiger aber für die Religion Israels war später unter Ahab die Tätigkeit der beiden verbündeten Oppositionsparteien, der Puritaner und der Propheten. Als der König Ahab seiner phönizischen Gemahlin Isebel zuliebe den tyrischen Baalskult in Samaria einführte, da fürchteten die frommen Jahvediener, daß das Aufkommen und Umsichgreifen dieses fremden Kultes schließlich zur Ausrottung des nationalen Jahvedienstes führen könnte. In dieser kritischen Zeitlage erhob sich die gewaltige Gestalt des Propheten Elias, des Thisbiters. Er trat dem König entgegen und bekämpfte dessen unheilvolles Regiment sowohl vom religiösen als auch vom sittlichen Gesichtspunkt aus. Denn Ahab hatte nicht bloß den fremden Götzendienst dem Jahvedienst an die Seite gestellt, er hatte auch ein willkürliches Gewaltregiment eingeführt, die Armen bedrückt, seinen Grundbesitz durch rechtswidrige Gewalttat erweitert, wie die bekannte Erzählung vom Weinberg des Naboth beweist. Da war es das religiöse und das sittliche Gewissen, das den Propheten Elias antrieb, gegen den König aufzutreten und Zeugnis abzulegen für Jahve als den alleinberechtigten Gott des Rechts und der Gerechtigkeit. Verfolgt vom König und seinen Baalspriestern mußte der Prophet fliehen, er entwich zum Berge Horeb, der Wohnstätte seines Gottes, und hier geschah es, daß er eine wunderbare Offenbarung erlebte. Vor der Höhle, darin er übernachtete, ging ein gewaltiger Sturmwind vorüber, der Berge und Felsen zerriß, aber Jahve war nicht in dem Sturmwind; dann kam ein Erdbeben, aber Jahve war nicht im Erdbeben; dann kam ein Feuer, aber Jahve war nicht im Feuer; danach ließ sich ein sanftes Säuseln vernehmen, da verhüllte Elias das Antlitz mit seinem Mantel und trat vor die Höhle und hörte eine Stimme, die ihn fragte, was willst du hier, Elias? Da klagt der Prophet sein Leid, daß er geeifert habe für Jahve, aber von allen Getreuen allein übrig geblieben sei und man ihm nach dem Leben trachte. Jahve aber tröstet ihn: Ich lasse in Israel siebentausend übrig bleiben, die nicht ihre Knie gebeugt haben vor Baal! (I. Kön. 19, 10ff.) — Die Wirksamkeit Elias war ein Wendepunkt in der Religionsgeschichte Israels von ähnlicher Tragweite, wie das Auftreten Zarathustras in Iran. Wie dieser, so stellte auch Elias das Volk vor die entscheidende Wahl zwischen den Lügengöttern und dem Gott, der allein der wahre ist, weil er der Gott des Rechts und der Gerechtigkeit ist: „Wie lange wollt ihr hinken nach beiden Seiten? Ist Jahve der (wahre) Gott, so wandelt ihm nach, ist's aber Baal, so wandelt ihm nach!" (I. Kön. 18, 21.) Es war der sittliche Gottesgedanke, der, unter der Not der Zeit in der Seele des Propheten gereift, mit unwiderstehlicher Gewalt durchbrach zu der Forderung, ein für allemal zu wählen zwischen dem heiligen Gott Jahve und den unheiligen Naturgöttern der Heiden. Damit war Jahve aus dem Volksgott Israels zum Gott der sittlichen Weltordnung geworden, der den Anspruch auf Alleinherrschaft erheben konnte und bald auch als der wirklich alleinige erkannt wurde.

Auf der von Elias eröffneten Bahn gingen die Propheten des achten Jahrhunderts, von denen wir schriftliche Denkmale haben, weiter und wurden die Schöpfer des ethischen Monotheismus, von dem ein Moses und David noch weit entfernt gewesen waren. Amos predigte den leichtfertigen Israeliten, daß sie nicht pochen sollen auf den Schutz Jahves, solange sie durch Ungerechtigkeit sich desselben unwürdig machen; er sei nicht an ein einziges Volk gebunden, auch die fremden Völker stehen unter seiner Regierung und müssen ihm als Zuchtruten gegen sein ungetreues Volk dienen. Mit gewaltigen Worten eiferte er gegen die Scheinfrömmigkeit ihres äußerlichen Gottesdienstes: Nicht am Opfergepränge und Lärm der Lieder hat Gott Wohlgefallen, vielmehr „möge Recht strömen

wie Wasser und Gerechtigkeit wie unversiegliche Bäche,
suchet das Gute und nicht das Böse, dann werdet ihr leben,
so (nur) wird Jahve mit euch sein, wie ihr sprechet!"
Von Hosea ist das Wort bekannt: „Barmherzigkeit will
ich, nicht Opfer!" Barmherzigkeit! damit ist schon ein
zarterer Ton angeschlagen, nicht bloß Gerechtigkeit im
juristischen Sinne, sondern tätige Menschlichkeit fordert
die Religion Jahves, in dessen sittliches Wesen erstmals
durch Hosea der mildere Zug der Langmut und vergebenden
Gnade aufgenommen ist. Bald nach diesen beiden im
Reich Ephraim wirkenden Propheten trat Jesaia am Hofe
der Könige Ahas und Hiskia in Jerusalem auf. Auch er
eiferte gegen die „Lügenopfer" und die scheinheiligen Beter,
deren Hände voll Blut seien, und fordert statt dessen den
Gottesdienst des rechtschaffenen Wandels: „Schaffet eure
bösen Werke mir aus den Augen, höret auf zu freveln!
Lernet Gutes tun, trachtet nach Recht, weiset zurecht den
Vermessenen, schaffet der Waise Recht, führet der Witwe
Sache!" Also Menschlichkeit, Brüderlichkeit, Hilfsbereit-
schaft, das sind die Eigenschaften, durch die man Jahve
wirklich dient. Sie sehen, es ist das sozialethische Gewissen,
das unter dem Druck schlimmer sozialer Mißstände in
diesen Propheten lebendig geworden ist und ihr höheres
Gottesideal erzeugt hat. Aber sie fanden damit meistens
so wenig Gehör, daß Jesaia in bitterem Pessimismus geradezu
die Verstockung dieses Volkes für den Zweck seiner Sendung erklärte (6, 9 ff.). Doch der Widerstand der stumpfen
Welt steigerte nur sein Gottvertrauen; über das Dunkel
der Gegenwart erhob sich sein hoffender Seherblick zu
einer herrlichen Zukunft, wo über dem jetzt in Finsternis
wandernden Volk ein großes Licht erglänzen und auf Da-

vids Thron ein wunderbarer Held und Friedefürst sitzen
und in seinem Reiche Freude ohne Ende sein werde
(9, 1 ff.).

Der günstige Einfluß des Jesaia auf die Regierung
Hiskias war nicht von dauernden Folgen. Unter seinem
Nachfolger Manasse kam der schlimmste Götzendienst:
phönizische Kinderopfer, babylonischer Istar- und Sonnen-
dienst in Jerusalem, ja im Tempel Jahves auf. Erst unter
Hiskias Enkel Josia kam es durch das Zusammenwirken
des Königs mit dem Priestertum zu einer praktischen
Durchführung des prophetischen Religionsideals. Die
heidnischen Kulte in Jerusalem wurden abgeschafft, und
um dem halben Heidentum der Lokalkulte im Lande die
Axt an die Wurzel zu legen, wurde aller Opferdienst an
den außerjerusalemischen Heiligtümern (auf den „Höhen")
durchweg verboten und der Opferdienst für Jahve auf den
Tempel zu Jerusalem beschränkt. Zugleich wurde das
prophetische Ideal der Jahvereligion in einem Gesetzbuch
niedergelegt, das im Tempel aufgefunden sein sollte und
ohne Zweifel von der dortigen Priesterschaft verfaßt war:
es ist das unter dem Namen „Deuteronomium" bekannte
und im V. Buch Moses uns aufbewahrte Gesetz. Hier ist
die Verehrung Jahves als des einzigen Gottes und die herz-
liche Liebe zu ihm als oberster Grundsatz aufgestellt, auf
den eine einfache bürgerliche und allgemein menschliche
Pflichtenlehre begründet wird, eine gesunde und humane
Moral, wie sie dem Geist der prophetischen Religion entspricht. Mit der Proklamierung dieses Gesetzes (621 v. Ch.)
war der Grund gelegt, um diese Religion, wie sie bisher nur erst im Herzen der Besten gelebt hatte, zur
allgemeinen Volkssache und zur dauernden Institution zu
machen.

Freilich bald zeigte es sich, daß mit Gesetzen und mit der Aufrichtung einer reineren Gottesdienstordnung der Sinn der Menschen noch nicht geändert war. Die Menge samt den Priestern gab sich dem Wahne hin, daß mit der gesetzmäßigen Übung des Tempeldienstes alles getan sei, um der Hilfe Jahves allen drohenden Gefahren gegenüber unbedingt sicher zu sein. Da war es Jeremia, die erhabenste und tragischste unter den großen Prophetengestalten, der diesem Wahn, dieser falschen Sicherheit mit rücksichtslosem Freimut gegen hoch und nieder entgegentrat. Eindringlich warnte er vor dem fleischlichen Vertrauen auf den Tempel, den man doch durch unsittlichen Wandel zu einer Mördergrube mache, und auf die korrekte Gesetzeskenntnis, mit der das Leben im Widerspruch stehe; Lügenpropheten nannte er die optimistischen Friedensprediger, die vor den nahenden Strafgerichten die Augen verschließen und das Volk und seine Führer in verhängnisvolle Sicherheit einwiegen. Aber so unentrinnbar er die schwersten Schicksalsschläge über Staat und Stadt hereinbrechen sah, unerschüttert stand ihm doch der Glaube fest an die Dauer des Bundes Jahves mit seinem Volk; ja er sah in der Zukunft als die letzte Frucht der bevorstehenden schweren Gerichte eine neue Heilszeit, eine Zeit der verinnerlichten Religion und allgemeinen Gotteserkenntnis anbrechen. „Fürwahr, es kommt die Zeit, spricht Jahve, da will ich mit dem Hause Israel und Juda einen neuen Bund schließen, nicht wie der Bund war, den ich mit ihren Vätern schloß, als ich sie bei der Hand nahm, um sie aus Ägypten auszuführen, welchen Bund sie gebrochen haben, obwohl ich ihr Herr war; sondern darin soll der Bund bestehen, den ich nach dieser Zeit mit dem Hause Israel schließen will: Ich lege mein Gesetz in ihr Inneres und schreibe es ihnen

ins Herz, und so will ich ihr Gott sein, und sie sollen mein
Volk sein! Dann sollen sie nicht mehr einer den anderen
belehren: erkennet Jahve! Denn sie werden mich alle-
samt erkennen vom Kleinsten bis zum Größten, denn ich
will ihnen ihre Verschuldung vergeben und ihrer Sünde
nicht mehr gedenken!" (Jer. 31, 31 ff.)

Die Religion des nachexilischen Judentums.

Die von Jeremia geweissagten Strafgerichte brachen herein, Jerusalem wurde zerstört, die Mehrzahl der Juden in das babylonische Exil deportiert (586 v. Ch.). Daß aber die Religion Jahves nicht zugleich mit dem israelitischen Staate unterging, das war das Verdienst der Propheten, die schon längst Jahve vom Volk Israel losgelöst und als den Gott der sittlichen Weltordnung erkannt hatten, der als der ewige Geist über allem Wechsel der Völkergeschicke throne. Sie waren es auch, die jetzt wieder bei den unter dem Elend der Verbannung Seufzenden den glimmenden Docht des Glaubens und Hoffens nicht erlöschen ließen. Zwei gewaltige Gestalten treten uns da entgegen, grundverschieden in der Art ihres Denkens und Wirkens, aber beide von größtem Einfluß auf die ganze folgende Entwicklung — man könnte vielleicht sie die Vorbilder und Väter der zwei Richtungen nennen, die fortan in der jüdischen Religion nebeneinanderliefen und miteinander rangen, und die zuletzt im Talmudjudentum einerseits, im Christentum andererseits ausliefen. Ich rede von Ezechiel und vom zweiten oder babylonischen Jesaia, wie man den (oder die mehreren) unbekannten Verfasser der Weissagungen Jes. 40—66 zu nennen pflegt.

Ezechiel ist der klassische Typus des theokratischen Priesters; die Not seines Volkes sah er kühlen Herzens an als die gerechte göttliche Strafe für die gehäufte Schuld seiner ganzen Vergangenheit, das Unglück diente ihm als Mittel, um das Schuldgefühl zu wecken und zu solchem Grade von Zerknirschung zu steigern, daß alles menschliche Glückstreben, alles Verlangen nach weltlicher Macht und nationaler Selbständigkeit gebrochen und erstickt werden sollte, um dann auf den Trümmern der nationalen staatlichen Existenz den neuen Bau des priesterlichen Gottesstaats zu errichten. Sein Ideal ist die Gemeinde der Heiligen unter der Herrschaft der Priester, der Tempel ihr Mittelpunkt, der gesetzlich geordnete Kultus ihre wichtigste Sorge, und die Heiligung aller ihrer Glieder durch strenge Beobachtung zeremonieller Regeln und peinliche Absonderung von dem befleckenden Verkehr mit den Heiden die einzige Lebensaufgabe. Dies Programm hat Ezechiel schon zu Anfang des Exils entworfen, und hundert Jahre später kam es dann durch Esras Priestergesetzgebung zur tatsächlichen Ausführung in der nach Palästina zurückgekehrten jüdischen Gemeinde.

Welch anderer Geist tritt uns entgegen in den gegen Ende des Exils geschriebenen Weissagungen des großen Ungenannten oder „Deuterojesaia"! Nicht zerknirschen und beherrschen, sondern trösten und aufrichten wollte er sein Volk, nicht in ritueller Abschließung und Lebensverengung, sondern in der weitesten Missionsarbeit für die wahre Religion an der gesamten Völkerwelt zeigte er ihm das Ideal seiner weltgeschichtlichen Aufgabe und Hoffnung. In dem tiefgebeugten Volke den Glauben an seine Zukunft, das Vertrauen auf die Treue seines Gottes zu wecken und zu stärken, das ist seine nächste Absicht. Aber darüber noch weit hinaus erhebt sich sein Seherblick. Denn er weiß es — die Geschichte der Völkerwelt selbst ist ihm dafür Zeuge — daß Jahve nicht bloß der Gott

Israels, sondern der alleinige Herr der ganzen Welt, der
Schöpfer Himmels und der Erde, der Lenker aller Völkergeschicke ist, und daß die Heidengötter alle Nichtse sind,
Gebilde der Torheit und der Menschenhand. Dieser alleinige Gott aber hat das kleine Volk Israel auserwählt,
nicht damit es sein einziges Eigentum bleiben, sondern
damit es als sein Diener, Werkzeug und Herold allen
Völkern den wahren Gott verkündigen, das Mittlervolk
in der göttlichen Erziehung der Menschheit werden sollte.
Die weltlichen Herrschaftsgedanken sind auch von Deuterojesaia aufgegeben, aber nicht um durch eine ausschließlich
jüdische Theokratie ersetzt zu werden, sondern an ihre
Stelle tritt hier der religiöse Missionsberuf Israels, dessen
Ideal Deuterojesaia in wundervollen Worten beschreibt:
„Siehe, mein Knecht, den ich aufrecht halte, mein Er-
wählter, an dem meine Seele Wohlgefallen hat: ich habe
meinen Geist auf ihn gelegt, daß er das Recht den Völkern
verkünde. Er wird nicht schreien noch laut rufen noch
auf den Gassen seine Stimme erschallen lassen; zerknicktes
Rohr wird er nicht vollends zerbrechen und glimmenden
Docht nicht auslöschen. In Wahrheit wird er das Recht
verkünden. Nicht müde noch matt wird er werden, bis
er das Recht auf Erden zu Bestand gebracht, und auf
seine Belehrung harren die Inseln." (42, 1 ff.) Von hier
aus fällt nun auch ein neues Licht auf die schweren Leidens-
geschicke Israels. Nicht die plumpe Strafrechtstheorie Eze-
chiels ist der zureichende Schlüssel zur Lösung dieses
Rätsels, sondern dem religiösen Geschichtsphilosophen —
so mögen wir wohl unseren Propheten nennen — erscheint
das Leiden des Knechtes Gottes als das dienende Mittel
zur Erreichung des höchsten Zwecks, der Erlösung und
Errettung der Gesamtheit. Wie man auch die einzelnen

Worte in dem 53. Kap. des Jesaia deuten möge, soviel ist jedenfalls klar, daß hier der tiefsinnige und immer wieder sich bewährende Gedanke ausgesprochen ist, daß das unschuldige Leiden der Gerechten ein Opfer ist zum Besten aller, ein Kaufpreis für das Heil der Welt.

Den hochgespannten Erwartungen der Propheten entsprach der Verlauf der Dinge in den nächsten Menschenaltern wenig. Zwar gab der Perserkönig Kyros, in dem Jesaia den Gesalbten (Messias) Jahves begrüßte, nach der Eroberung Babels 536 v. Ch. die Erlaubnis zur Rückkehr der Juden aus der Verbannung, und ein großer Teil von von ihnen kehrte wirklich heim, aber die Zustände der neuen in und um Jerusalem angesiedelten Kolonie waren sehr elend. Eine politische Krisis, die bald nachher unter Darius das Perserreich erschütterte, gab den Anlaß zum neuen Aufflammen der alten weltlich-politischen Messiashoffnungen, die von den Propheten Haggai und Sacharja genährt wurden; unbelehrt durch alle Erfahrungen der Vergangenheit, verstieg man sich wieder zur kühnen Erwartung des Anbruchs des Gottesgerichts über die Heiden und der Weltherrschaft der Juden, und schon rüstete man die goldene Krone für den davidischen Prinzen Serubabel, den persischen Statthalter. Aber das Perserreich überwand die Krisis, und die Juden mußten ihre Messiashoffnung auf unbestimmte Ferne vertagen. Der begonnene Tempelbau wurde zwar vollendet, aber die religiöse Begeisterung erlahmte nach der neuen Enttäuschung. Man begann, den tatsächlichen Verhältnissen Rechnung zu tragen, mit den Nachbarn sich zu vertragen, insbesondere mit den in Samarien noch von früher her heimischen Volksgenossen durch Ehebündnisse sich zu verbinden.

Hierin aber erblickte die in Babylonien zurückgebliebene jüdische Kolonie, für welche die strenge Abschließung gegen ihre heidnische Umgebung eine Existenzfrage war, eine Gefahr für die Religion Jahves. Sie wollte das in ihrer Mitte seit Ezechiel entworfene und von anderen in gleichem Geiste weiter ausgesponnene Ideal einer jüdischen Theokratie auf dem Boden des heiligen Landes der Väter endlich verwirklicht sehen.

Zu diesem Behufe stellte der Priester und Schriftgelehrte Esra diese bisherigen Entwürfe und Vorarbeiten zu einem neuen „Gesetzbuch Moses" zusammen und erwirkte vom persischen König Artaxerxes die Vollmacht zu dessen offizieller Einführung in Jerusalem. Begleitet von einer stattlichen Karawane von jüdischen Exulanten aus Babylon, kam er 458 v. Ch. in Jerusalem an und begann hier alsbald, die Reinigung des Volkes Gottes von allen fremden Elementen und seine Abschließung gegen die ketzerischen Samariter mit rigoroser Strenge, die auch vor der Auflösung der bestehenden Mischehen nicht zurückschreckte, ins Werk zu setzen. Um sein Werk gegen gewaltsame Eingriffe der so rücksichtslos beleidigten Nachbarn zu schützen, versuchte er dann die Mauern Jerusalems aufzubauen, aber dieser Versuch scheiterte an dem vom Statthalter Samariens erwirkten Verbot des persischen Königs. Das war ein schwerer Schlag für die Autorität des Priesters Esra; er mußte seine Hoffnung auf Einführung des neuen Priestergesetzes auf Jahre hinaus vertagen. Endlich kam ihm Hilfe wieder von seiten des persischen Hofes, wo der jüdische Mundschenk Nehemia seine Stellung benutzt hatte, um vom König seine Entsendung als Statthalter nach Jerusalem und die Erlaubnis zum Bau der Mauern zu erwirken. Durch die Klugheit

und Energie seines Auftretens wußte er die Stimmung des
Volkes für sich und Esra zu gewinnen. Als die Wieder-
herstellung der Mauern gelungen war, berief er eine allgemeine Volksversammlung, von der Esra zur Vorlesung
seines Gesetzbuches aufgefordert wurde. Der Eindruck
war so mächtig, daß sofort die ganze Bevölkerung, mit
Ausnahme einzelner Priester, deren Widerstand vor dem
Enthusiasmus der Masse weichen mußte, sich nach dem
Vorgang des Statthalters Nehemia durch Namensunter-
schrift auf das esraische Priestergesetz verpflichtete. Mit
diesem feierlichen Akt (445 v. Ch.) war der Grund gelegt
zum jüdischen Priesterstaat; er war ganz ebenso, wie sein
späteres Abbild im römischen Papsttum, das Ergebnis aus
dem Bunde von Priestertum und Königsmacht.

Das Priestergesetzbuch ist uns zwar nicht in seiner
ursprünglichen Form, aber in seinem Inhalt erhalten; es
wurde nämlich später mit älteren Gesetzen und Schriften
geschichtlichen bzw. legendarischen Inhalts zusammen-
gearbeitet zu dem Gesamtwerk der fünf Bücher Moses
(„Pentateuch"), das den Anfang des alttestamentlichen
Kanons bildet. Dieses Werk, in dem nicht éine Zeile von
Mose stammt, ist also eine künstlich zusammengeschweißte
Sammlung von Schriften aus etwa fünf Jahrhunderten,
deren verschiedene Schichten die Entwicklung der Religion
Israels und Judas im Zeitraum zwischen Salomon und den
letzten Perserkönigen widerspiegeln. Was aber das
Priestergesetzbuch von dem unter Josia 621 v. Ch. veröffentlichten Deuteronomium unterscheidet, ist das Fehlen
von bürgerlichen und sittlichen Vorschriften und die aus-
schließliche Richtung auf Ordnung der priesterlichen Hierarchie und Kultusfunktionen und auf Regelung der Observanzen, durch welche das jüdische Leben „geheiligt",

d. h. von dem anderer Menschen abgesondert werden sollte. Man könnte vielleicht sagen, das esraische Priestergesetz sei der Niederschlag der Durchschnittsreligion der Juden im Exil. Ihr tiefes Schuldgefühl drückte sich aus in der Häufung von Sühnopfern und neuen Zeremonien, wie dem Versöhnungstag, wo die Sünden des Volkes vom ganzen Jahr dem Sündenbock aufgeladen und mit dessen Entsendung in die Wüste als abgetan betrachtet wurden — ein roher Brauch, in dem die animistische Vorstellung von Sünde und Schuld als einem dinglichen und durch sinnliche Mittel zu beseitigenden Übel wiederauflebte und unter der Etikette alter Offenbarung sanktioniert wurde. Dasselbe gilt auch von den komplizierten Reinheitsgesetzen, insbesondere denen über reine und unreine Tiere, worin das „Tabu" der Naturreligion zu einer hochwichtigen Gewissenssache und Forderung des heiligen Gottes Israels erhoben wurde. Wie tief dieser Priestergott, der sich um solch ärmliches Zeug kümmert, unter dem sittlichen Gottesgedanken der großen Propheten steht, sieht . jeder. Zu erklären aber ist dieses Zurücksinken in ein halbheidnisches, nur durch den Nimbus mosaischer Gottesoffenbarung verherrlichtes Ritualwesen daraus, daß die Juden des Exils, in Ermangelung des ordentlichen Kultus, das Bedürfnis empfanden, eben durch solche äußere Bräuche, wie Enthaltung von Schweinefleisch, strengste Sabbatfeier, Beschneidung u. dgl., ihre Besonderheit gegenüber der heidnischen Umwelt zu markieren und zu erhalten. Dadurch bekamen diese Dinge, die früher naive Volkssitten waren, über die man sich nicht weiter Gedanken machte, jetzt den Wert besonderer gottgefälliger Leistungen und heiliger Pflichten, in deren Erfüllung man sich als Glied der jüdischen Kirche darstellte. So wurde die Erhaltung der prophetischen Jahvereligion erkauft um den Preis ihrer Mechanisierung und halbheidnischen Materialisierung.

Indessen war dies doch nur die éine Seite der nachexilischen jüdischen Religion. Unter der harten Schale der äußerlichen Gesetzlichkeit lebte doch auch der bessere Geist der idealen Prophetenreligion noch fort und trieb neue wertvolle Früchte. Während im Tempel der sinnliche Opferdienst, an dem die Propheten so wenig Geschmack gehabt hatten, in gesteigertem Pomp weiterbetrieben wurde, erstand in der Synagoge der geistige Gottesdienst der opferlosen Erbauung am Schriftwort. Hier konnte der Gottesglaube der Propheten, früher nur das Eigentum einzelner, von allen Gliedern der jüdischen Gemeinde zur persönlichen Überzeugung und Gesinnung angeeignet werden. Die schönste Frucht dieser Verinnerlichung und Anwendung der Religion auf die alltäglichen Erfahrungen des einzelnen Menschenlebens waren die Psalmen und die Weisheitsbücher (Proverbien, Sirach, Hiob). Ihr Frömmigkeitsideal ist nicht die rituelle Heiligkeit des Priestergesetzes, sondern ein reines Herz und redlicher Wandel in Gottesfurcht und Gottvertrauen. Nur die solches haben, sind echte Diener Gottes und wissen sich als solche durch eine tiefe Kluft geschieden von den Gleichgültigen und Gottlosen, die, ob auch nach Geburt und äußerer Sitte Juden, doch in Wahrheit den Heiden gleichstehen. Unterschied man aber so zwischen wahrer und nur äußerlich-scheinbarer Zugehörigkeit zur Gemeinde Gottes, wobei der persönliche und sittliche Wert der einzelnen maßgebend war, so verloren damit die nationalen Schranken nach außen an religiöser Bedeutung; man konnte nicht übersehen, daß es auch außerhalb des Judentums fromme und gute Menschen gebe. In diesem Sinne sagte der letzte Prophet Maleachi, daß Gottes Name

überall unter den Völkern im Osten und Westen groß sei
und ihm überall reine Gaben geopfert werden, d. h. daß
es auch unter den Heiden wahre Diener Gottes gebe. Ja,
der Verfasser des Buches Hiob hat sogar einen nichtjüdischen
Mann, eben den Dulder Hiob, zum Vertreter des reineren
Gottesglaubens gegenüber den jüdischen Vorurteilen gemacht.

Mit der persönlichen Vertiefung des religiösen Bewußtseins
erhoben sich auch neue Probleme, drückende Rätsel und bange
Zweifel. Über die Tatsache der Erfahrung, daß es den Frommen
oft schlecht und den Gottlosen gut ergehe, hatte man sich
früher noch wenig Gedanken gemacht, solange man die
Religion noch vorzugsweise auf das Volksganze bezogen
hatte, mit dessen Geschicken der einzelne sich solidarisch eins
fühlte. Jetzt aber, seit die einzelnen Frommen sich in
einem unmittelbaren persönlichen Verhältnis zu Gott
stehend fühlten, und seit auch ihre sittliche Selbstbeurteilung
sich vertieft und geklärt hatte, jetzt erhob sich die ernste
Frage, wie das Unglück des Frommen zu vereinigen sei
mit dem Walten einer vergeltenden Gerechtigkeit Gottes?
Sie war um so schwerer zu lösen, als der Ausblick auf eine
jenseitige Ausgleichung dem damaligen Judentum noch
fremd war oder doch nur in leiser Ahnung als schüchterne
Frage aufzudämmern begann. Nur um so bewundernswerter
ist der Mut, mit dem der Verfasser des Buches Hiob mit
dem schweren Rätsel gerungen hat. Er läßt die Freunde
Hiobs, von dem herkömmlichen jüdischen Vergeltungs-
glauben aus, die Anklage gegen den Dulder erheben, daß
sein Leiden die Strafe für geheime Verschuldung sein müsse.
Hiergegen verwahrt sich Hiob, da sein Gewissen ihn keiner
schweren Schuld zeiht; er ruft Gott selbst zum Zeugen an
und vertraut darauf, daß der wahrhaftige Gott noch einmal

als Ehrenretter für den schwer verkannten und doch fest
an seinem Glauben haltenden Dulder eintreten werde. Und
wirklich läßt dann auch der Dichter Gott selbst ins Mittel
treten und dem frommen Dulder Recht geben gegen die
Verdächtigungen seiner Freunde, die eine Folge ihres Ver-
geltungsglaubens waren. So wird dieser Glaube, sofern
er die Wertbeurteilung des Menschen von seinem äußeren Er-
gehen abhängig macht, als unvereinbar mit einer reineren
Gottes- und Selbsterkenntnis verworfen; das fromme Bewußtsein erhebt sich zur innerlichen Gewißheit seiner
Gottesgemeinschaft, die, vom Zufall äußerer Geschicke
unabhängig, auch durch Unglück nicht zu erschüttern ist.
Mit dieser Einsicht steht der Dichter des hebräischen
Lehrgedichtes Hiob im vollen Einklang mit dem (vielleicht
gleichzeitigen) griechischen Denker Platon, der ebenso den
unbedingten Wert des sittlich Guten veranschaulicht hat
am Bilde des leidenden Gerechten, der unter Verkennung und
Verfolgung doch innerlich glücklich und dessen gewiß ist,
daß der Gerechte nie von Gott verlassen werden könne.
Derselbe Gedanke findet sich auch in manchen Psalmen
ausgesprochen, besonders schön im 73., dessen Verfasser
aus dunklen Geschicken seine Zuflucht nimmt zu Gott:
„Dennoch bleibe ich stets bei dir, du hältst mich bei meiner
Rechten und leitest mich nach deinem Rat und ziehst mich
dir nach mit deiner Hand; wenn ich dich habe, frage ich
nicht nach Himmel und Erde; ob mir auch Leib und Seele
verschmachten, bist doch du, Gott, allzeit meines Herzens
Trost und mein Teil!" Solche Gesinnung, wo immer sie
sich zeigen möge, dürfen wir wohl ein Christentum vor
Christus nennen. Aber das durchschnittliche Judentum
blieb auf dem Standpunkt des utilitaristischen Vergeltungs-
glaubens stehen, und der Konflikt dieses Glaubens mit den

Tatsachen der Erfahrung führte manche zu jener pessimistisch-skeptischen Stimmung, zu der sich der hellenistisch gebildete „Prediger Salomo" bekannt hat: „Alles ist eitel!"

Die griechische Aufklärung hatte seit dem 3. Jahrhundert, wie in ganz Vorderasien, so auch in Judäa bei den oberen Klassen Eingang gefunden und bei vielen mit der Hinneigung zur fremden Bildung eine Gleichgültigkeit gegen den Glauben und die Sitte der Väter erzeugt. Der gründlich verweltlichte Priesteradel in Jerusalem ging in der Griechenfreundschaft zuletzt so weit, daß er dem syrischen König Antiochus Epiphanes bei seinem Bestreben, das jüdische Volk völlig zu hellenisieren, die hilfreiche Hand bot. Aber die Gewalttätigkeit, mit welcher dabei vorgegangen wurde, weckte die Reaktion des national-religiösen Volksgeistes. Als es den makkabäischen Helden im Bunde mit den frommen Bauern gelungen war, die syrischen Heere zu schlagen und das Joch der Fremdherrschaft abzuschütteln, war auch die jüdische Religion vor der drohenden Umgarnung durch den griechischen Geist gerettet. Nun aber geschah, was immer und überall in solchen Lagen zu geschehen pflegt: die siegreiche religiöse Begeisterung läuft in eine massive kirchliche Reaktion aus, und was im Geiste begonnen war, wird vollendet im Fleische — Ritualismus, Hierarchismus, Dogmatismus usw. Um fortan gegen das Eindringen des Heidentums geschützt zu sein, drang die Partei der Frommen, der Asidäer, die bald zu den „Abgesonderten", Pharisäern, wurden, auf pünktliche Erfüllung des Gesetzes in allen seinen Einzelheiten und Äußerlichkeiten. Auch hatte man am geschriebenen Gesetz noch nicht genug: man umgab es mit einem weiteren Zaun von Schulsatzungen, die den Bereich des Erlaubten immer enger

eingrenzten, und das tägliche Leben in ein Netz von Observanzen einschnürten. Worauf es ankam, war jetzt nicht
mehr die fromme Gesinnung der Psalmen und die Lebens-
weisheit der Proverbien, sondern die korrekte Legalität
nach den Vorschriften der Schriftgelehrten und Pharisäer.
In der Schule dieser Virtuosen der Religion wurde die schon
im esraischen Priestergesetz merkliche Richtung auf Voran-
stellung des Zeremoniellen vor dem Sittlichen vollends so
auf die Spitze getrieben, daß das Gesetz zum erdrückenden
Joch und die Erfüllung aller seiner Forderungen zu einer
unerschwinglichen Leistung für die große Menge des arbei-
tenden Volkes wurde. Um so hochmütiger sahen die
Musterfrommen der Schule auf das „Landvolk" herab, das
sie als gottlos verdammten, weil es von der Kasuistik der
Schulsatzungen nichts verstand und unter der Not des
täglichen Lebens sich unmöglich vor Übertretungen und
Verunreinigungen hüten konnte. Das Gesetz wurde so zur
Scheidewand, nicht nur nach außen gegen die Heiden,
sondern auch nach innen zwischen den Gerechten im gesetzlichen Sinn und dem profanen Volk. Der sittlich lebendige
Geist der prophetischen Religion wurde in ihrer pharisäischen Entstellung zum ertötenden Buchstaben.

Aber wie sehr auch durch diese gesetzliche Zucht der
Schriftgelehrten das L e b e n der Juden in Fesseln geschlagen und gegen die übrige Welt abgeschlossen wurde, so
konnte sie doch nicht verhindern, daß in das D e n k e n
der Juden eine Menge neuer Elemente von Osten und
Westen einströmte und eine Mischung von jüdisch-
orientalisch-griechischen Vorstellungsweisen entstand, die
den Boden für eine künftige religiöse Neubildung vorbereitete. Aus dem Osten (Babylonien und Persien) kamen die

Spekulationen über göttliche Mittelwesen, über das gute und böse Geisterreich, über Auferstehung, Weltgericht und jenseitige Vergeltungsorte. Göttliche Attribute, wie Weisheit, Geist und Wort, wurden verselbständigt zu persönlichen Mittlern zwischen Gott und Welt in der Weise der persischen Amschaspans oder Erzengel. Die alte Vorstellung von „Boten Gottes" (Engeln) wurde ausgesponnen zu einem Heere von Geistern, deren Vornehmste bestimmte Geschäfte in der Weltregierung zu besorgen haben; Völker und Individuen bekommen ihre Schutzengel, auch die Naturerscheinungen werden von Engeln regiert, eine Nachbildung der heidnischen Naturgötter. Und wie in der persischen Religion dem Heere der guten Geister das der bösen gegenübersteht, so erhielten jetzt auch im Judentum die Dämonen, früher bedeutungslose Gespenster des Volksglaubens, die religiöse Bedeutung von gefallenen Engeln, die unter ihrem Oberhaupt, dem Satan, ein gottfeindliches Reich bilden. Satan selbst, der noch im Buche Hiob zum Gefolge Gottes gehörte und als göttlicher Staatsanwalt den Ankläger der Menschen machte, wurde jetzt zum Widersacher Gottes und Fürsten der Weltreiche, die das Gottesreich der Juden bedrängen. Auf seine Verführung wurde das Eindringen der Sünde und des Übels in die gute Schöpfung Gottes zurückgeführt, und in seinen Dämonen sah man die Verursacher von leiblichen und geistigen Erkrankungen („Besessenheit"). Die Angst vor diesen feindlichen Geistermächten lastete wie ein Alp auf den Seelen der Menschen jener Zeit, der Juden nicht weniger als der Heiden. Aber wie die Juden diese Vorstellung eines Kampfes zwischen dem göttlichen und dem satanischen Regiment ohne Zweifel von den Persern übernommen haben, so hofften sie auch mit diesen auf einen künftigen Sieg der Gottesherrschaft, Erlösung des

Gottesvolkes, allgemeines Weltgericht und Totenauferstehung.

Diese Zukunftsbilder sind der Gegenstand der „apokalyptyschen" Literatur, die in den letzten Jahrhunderten vor und im ersten nach Chr. von hervorragender Bedeutung für die jüdische Religion war. Ihren Anfang macht das in der Makkabäerzeit (165 v. Ch.) geschriebene Buch Daniel. Es enthält eine der persischen Einteilung der Weltzeit in vier Perioden nachgebildete religiöse Geschichtsphilosophie, deren Grundgedanke ist, daß nach dem unmittelbar bevorstehenden Untergang des letzten heidnischen Weltreiches (des griechisch-makedonischen) das ewige Reich der Heiligen, d. h. Juden, beginnen werde. Wie die vier heidnischen Weltreiche in Tiergestalten, so sieht er das jüdische künftige Gottesreich repräsentiert in einer auf Himmelswolken vor Gott kommenden Gestalt eines „Menschensohnes", wobei er vielleicht an einen himmlischen Messias denkt, wie ein solcher sich auch in den Weissagungen der Sibylle und des Henoch findet. Die alte prophetische Hoffnung auf eine messianische Heilszeit des Volkes Israel hat damit die neue Wendung bekommen, daß sie nicht mehr auf natürlich-geschichtlichem Wege herbeigeführt werden soll, sondern durch eine plötzliche Wunderkatastrophe vom Himmel her soll die Gottesherrschaft kommen und dem ganzen jetzigen Weltzustand ein Ende machen. Das blieb die herrschende Meinung des Judentums, die dann auch das älteste Christentum übernommen hat. Doch blieb hinsichtlich der Person des erwarteten Messias ein Schwanken, sofern er bald als ein vom Himmel kommendes übernatürliches Wesen erscheint (Sibylle, Henoch, Esra), bald als ein menschlicher König aus Davids Geschlecht (Psalmen Salomos), bald auch ganz fehlt, so daß Gott allein im künftigen Aeon regieren wird („Himmelfahrt Moses"). Gleich aber bleibt sich immer der katastrophische Wundercharakter des Kommens des Gottesreiches. Und diesem seinem übernatürlichen Ursprung wird auch seine Beschaffenheit insofern entsprechen, als es zwar auf Erden verwirklicht werden soll, aber teilnehmen werden an seinem Glück auch die Frommen der Vorzeit, die zu diesem Zweck auferstehen zum Leben, wie die Gottlosen zu ewigem Grauen. Auch diese erstmals im Buch Daniel ausgesprochene Hoffnung auf Totenauferstehung ist wahrscheinlich unter persischem Einfluß und im engen Zusammenhang mit dieser ganzen Anschauung vom Weltgericht und von der Welterneuerung aufgekommen. In den späteren Apokalypsen (Henoch, Esra, Baruch) kam dann noch hinzu die Vorstellung von jenseitigen Vergeltungsorten für die einzelnen Seelen: dem Paradies für die Frommen und der Gehenna oder Hölle für die Gottlosen. Auch diese Vorstellung von der Unsterblichkeit und dem seligen oder unseligen Leben der Seelen nach dem Tod war dem alten israelitischen Glauben noch fremd gewesen, gehörte aber längst (neben dem Auferstehungsglauben) der persischen und ägyptischen Religion, den griechischen Mysterien, den orphischen und neupythagoreischen Kultvereinen an, und aus diesen sind wahrscheinlich auch die einzelnen Züge der bunten Ausmalung des Jenseits in die jüdischen Apokalypsen übergegangen.

Denn nächst der orientalischen Gnosis war es die griechische Religionsphilosophie, die einen tiefgehenden Einfluß auf das religiöse Denken der Juden, besonders in Alexandrien, während der letzten vorchristlichen Jahrhunderte ausgeübt hat. Schon das Buch der „Weisheit Salomos" ist ein Erzeugnis dieser Mischung von jüdischem

Glauben und griechischer (stoischer und platonischer) Philosophie; deren reifste Frucht aber ist uns erhalten in den Schriften des alexandrinisch-jüdischen Philosophen und Theologen Philon (20 vor bis 54 nach Ch.), der mittels kühner allegorischer Erklärungsweise in die heiligen Schriften seines Volkes die Gedanken Platons und der Stoiker hineinzulegen und dadurch den jüdischen Glauben mit der griechischen Denkweise seiner Zeit zu vermitteln suchte. Auch Philons Weltanschauung war dualistisch, aber es war nicht der in den jüdischen Apokalypsen herrschende Gegensatz der gegenwärtigen und der zukünftigen Welt, sondern der hellenistische Gegensatz der sinnlich-sichtbaren und der übersinnlich-idealen Welt. Gott ist nach Philon reiner Geist, erhaben über alle Schranken der Endlichkeit, das Gegenteil der stofflichen Welt, daher er auf diese nicht unmittelbar wirken kann; dennoch ist er immer tätige Kraft und die vollkommene Kraft, von der alle gute Gabe und nur Gutes unmittelbar kommt — die Übel sind die von ihm nur zugelassenen Wirkungen untergeordneter Geister. Die Vermittlung aber zwischen Gott und der Welt bilden die körperlosen Kräfte oder Ideen oder Engel, an ihrer Spitze der Logos, der sowohl die weltordnende Vernunft als auch das personifizierte Offenbarungswort ist; er heißt Gottes „erstgeborener Sohn und Abbild", ein „zweiter Gott", Mittler der Schöpfung und aller geschichtlichen Offenbarung, Hohepriester und Anwalt (Paraklet) der Menschen, ihr Lehrer, Arzt, Steuermann, Führer aus der irdischen Fremde in die himmlische Heimat. Denn die menschliche Seele ist, wie Philon mit Platon lehrt, aus der oberen Idealwelt herabgesunken und im irdischen Leib wie in einem Kerker gefangen, ihre Aufgabe daher, aus dieser Sinnenwelt sich loszumachen und zur Idealwelt zu erheben. Aber dies ist ihr nicht möglich aus eigener Kraft, sondern nur durch die göttliche Hilfe des Mittlers Logos (da haben Sie die theologische Wendung des platonischen Gedankens von der erlösenden Kraft des göttlich-menschlichen „Eros"). Der Logos ist es, der aus barmherzigem Mitleid in die Seelen der Menschen herabsteigt und sie aus dem sturmbewegten Meer der vergänglichen Welt zur Gemeinschaft des Göttlichen erhebt, zu Tempeln Gottes weiht. Der platonische Weg zur Erlösung, das Streben nach Weisheit (Philosophie), bekommt daher bei Philon die bestimmtere religiöse Wendung: es ist der Glaube, der sich dem Zuge des Logos nach oben in Demut hingibt; er verbindet uns mit Gott, ist der Trost des Lebens, die Fülle der Hoffnung, das allein untrügliche Gut, das Erbe der Seligkeit. Und mit dem Glauben gehört die Liebe als „Zwillingsschwester der Frömmigkeit" zusammen. Seinen Gipfelpunkt aber erreicht der Glaube im Schauen, das in den Momenten der ekstatischen Begeisterung die jenseitige Seligkeit schon hienieden vorausgenießt.

Mit diesen Gedanken stand Philon in seiner Zeit keineswegs allein; sie wurden von vielen der mit griechischer Bildung in Berührung gekommenen Juden damals geteilt. Auch Vereine bildeten sich zur gemeinsamen Übung dieser frommen Weisheit, so in Unterägypten die Therapeuten und in Palästina die Essäer. Das war eine religiöse Bruderschaft, die in ordensmäßiger Abgeschlossenheit ein stilles Leben der Arbeit und asketischen Selbstzucht führte, ein Nachtrieb jener alten Puritaner (Rechabiten), deren Sie sich vom letzten Vortrag her noch erinnern werden, aber modifizert durch Einflüsse des neupythagoreischen und ähnlicher religiös-sozialer Vereine der griechischen Welt. Gemein hatten die Essäer mit den anderen Juden die Verehrung des Gesetzes Moses und die peinliche Sorge um

rituelle Reinheit; was sie aber unterschied, war die Verwerfung der blutigen Opfer, an deren Stelle sie ihre täglichen
Bäder und gemeinsamen sakramentalen Mahle setzten,
insbesondere aber die Ehelosigkeit und die Gütergemein-
schaft. Sie lebten zusammen in Ordenshäusern unter
hierarchischer Organisation und strenger Disziplin, die
Woche über mit Acker- und Gartenbau oder einfachen
Handwerken beschäftigt, am Sabbat sich versammelnd zu
gemeinsamer Erbauung an heiligen Schriften, die von den
Kundigsten gedeutet wurden. Diese Unterweisung zielte
auf die Erziehung der Ordensglieder zur Frömmigkeit, Reinheit, Mäßigkeit, Selbstbeherrschung, Barmherzigkeit und
Wohltätigkeit gegen Arme und Kranke. Aus den gemeinsamen Mitteln übten sie reiche Wohltätigkeit auch an Nicht-
ordensgliedern; überdies wirkten sie als Ärzte, Wahrsager,
Seelsorger und Erzieher überall, wo man ihrer Hilfe und
ihres Rates bedurfte. Was die kynischen Popularphilo-
sophen in der griechisch-römischen Welt, die buddhistischen
Mönche in Indien und Ostasien, das ungefähr waren die
Essäer in Palästina. Wir dürfen nicht bezweifeln, daß ihr
Einfluß weit über die Grenzen der Ordensgemeinschaft
hinausreichte und dahin wirkte, daß unter den „Stillen
im Lande" die innerliche Frömmigkeit der Psalmen, trotz
aller pharisäischen Werkheiligkeit, lebendig blieb. Das war
der Boden, aus dem das Christentum erwuchs.

Das Christentum.

Der letzte Vortrag hat uns bis an die Schwelle des Christentums geführt. Das Christentum nach seiner Entstehung und Entwicklung darzustellen ist jetzt, da nur diese heutige Stunde noch zur Verfügung steht, natürlich nicht möglich. Ich könnte ja auch nur wiederholen, was ich in den Vorträgen über die Entstehung des Christentums im letzten Winter an ebendieser Stelle gesagt habe. Da diese Vorträge inzwischen im Drucke erschienen sind, so darf ich wohl darauf verweisen und mich heute darauf beschränken, in kurzen Zügen ein Bild von dem Glauben der Christengemeinde in der neutestamentlichen Zeit zu zeichnen.

Wir wollen uns dabei wohl hüten vor dem heute so weit verbreiteten Fehler, in die biblischen Urkunden etwas hineinzulesen, was nicht drinsteht, und von dem, was drinsteht, alles das beiseite zu schieben, was unserer heutigen Anschauungsweise nicht mehr ganz genehm ist. Auf diese Weise entstehen die bekannten erbaulichen Jesus-Romane, die jetzt wie Pilze aus der Erde schießen, und die wir ja auch den Dichtern wohl vergönnen mögen, nur sollten sie nicht den Anspruch erheben, wirkliche Geschichte zu erzählen. Gerade in dem, was dem modernen Bewußtsein befremdlich, fast anstößig zu sein scheint, darin verrät sich gewöhnlich am meisten das geschichtlich Charakteristische, worauf der durchschlagende Erfolg des

christlichen Glaubens zu seiner Zeit beruhte. Ebendieses
Charakteristische gilt es also zunächst rein objektiv auf-
zufassen und zu verstehen. Dann erst kann man auch
weiter fragen, was in diesen geschichtlich bedingten Vorstellungsweisen von bleibender Bedeutung für uns enthalten sei. Aber keineswegs ziemt es dem Religionshisto-
riker, den geschichtlichen Stoff nach dem subjektiven
Maßstab seines eigenen oder des zeitgenössischen Ge-
schmacks zurechtzumachen und zu entstellen.

Was war das Christentum, wie es uns im Neuen Testa-
ment vorliegt? Es war der Glaube an die Erlösung durch
Christus; womit schon gesagt ist, daß ein „Christentum
Christi" nie existiert hat, denn Christus hat ja nicht glauben
können an seine Erlösung durch sich selbst, das ist einfach ein innerer Widerspruch. Der christliche Glaube
existierte überhaupt erst in der christlichen Gemeinde,
wobei die Frage, welchen Beitrag der geschichtliche Jesus
dazu gegeben habe, eine Sache für sich ist, auf die ich
heute nicht eingehen kann; meine heutige Aufgabe ist
nur, den ursprünglichen Glauben der christlichen Kirche
darzustellen. Und da werde ich nun wohl auf allgemeine
Zustimmung rechnen dürfen, wenn ich sage, daß das
Christentum von Anfang an Erlösungsreligion gewesen
sei. Solche hat es aber auch schon vorher gegeben, ja
man könnte sagen, daß um die Wende der Zeiten fast
jede Religion in irgend einer Weise sich zur Erlösungsreligion zu gestalten im Begriff gewesen sei. Also fragt
sich: worin bestand das eigentümlich Charakteristische
der christlichen Erlösungsreligion? Ihr Erlösungsglaube
war der reichste und tiefste, denn er umfaßte die d r e i
G r u n d f o r m e n : Glaube an eine z u k ü n f t i g e
Erlösung, an eine v e r g a n g e n e Erlösung und an eine

g e g e n w ä r t i g e Erlösung. Jede dieser Formen war
in irgend einer Religion oder Philosophie jener Zeit ver-
treten, das Christentum aber faßte sie — und eben darin
bestand sein auszeichnender Vorzug — alle drei zu einer
höheren Einheit zusammen und stand dadurch über allen
anderen. Es wurde das große Sammelbecken, das Meer,
in das alle Flüsse münden und zusammenfließen.

Also z u e r s t : Das Christentum eine Erlösungsreligion im Sinne der Hoffnung auf **z u k ü n f t i g e** Erlösung, und zwar Erlösung nicht bloß und nicht in erster
Linie des einzelnen Menschen, sondern der menschlichen
Gesellschaft als solcher. Die Botschaft von einer zukünftigen, und zwar in nächster Zukunft zu erhoffenden Erlösung aus dem jetzigen elenden Weltzustand, vom An-
bruch einer neuen Welt, vom Kommen eines Gottesreiches,
in dem allgemeiner Friede, Glückseligkeit und Gerechtigkeit herrschen werde, — das war die große Botschaft, die
von Palästina ausging. Und sie fand ein gewaltiges Echo,
denn sie kam zur rechten Zeit. Durch die Römerherrschaft
war die Freiheit und Herrlichkeit der alten Völker gebrochen
und erdrückt worden, und durch die langen Bürgerkriege
war eine allgemeine Unsicherheit und Rechtlosigkeit, eine
Verwilderung und Verlotterung der gesellschaftlichen Zustände eingetreten, deren Elend überall natürlich am
schwersten auf den unteren Volksschichten lastete, auf
den Mühseligen und Beladenen, den Armen, die im Evangelium einer zerstreuten, mißhandelten und führerlosen
Herde verglichen werden. Daher überall im Osten und
Westen das Sehnen nach einer neuen Welt des Friedens
und der Gerechtigkeit. Ein treffliches Stimmungsbild aus
jener Zeit gibt uns ein Hymnus auf den Kaiser Augustus,

der in einer Inschrift zu Priene kürzlich entdeckt wurde (aus dem Jahr 9 v. Ch.). Da heißt es: „Dieser Tag — der Geburtstag des Augustus — hat der ganzen Welt ein neues Aussehen gegeben, sie wäre dem Untergang verfallen, wenn nicht in dem jetzt Geborenen ein gemeinsames Glück aufgestrahlt wäre für alle Menschen, der Anfang eines neuen Lebens. Nun ist die Zeit vorbei, da man bedauern mußte, geboren zu sein. Diesen Mann hat die Vorsehung uns und den kommenden Geschlechtern zum Heiland gesandt, er wird aller Fehde ein Ende machen und alles herrlich ausgestalten. In seiner Erscheinung sind die Hoffnungen der Väter erfüllt, alle früheren Wohltäter der Menschheit hat er übertroffen, es ist unmöglich, daß ein größerer komme. Der Geburtstag des Gottes hat für die Welt die an ihn sich knüpfenden Frohbotschaften („Evangelien") heraufgeführt. Von seiner Geburt muß eine neue Zeitrechnung beginnen." Solche Hoffnungen setzten die Volksmassen auf die vergötterten Cäsaren Roms, und wie wurden sie enttäuscht! Wenn es auch unter Augustus noch immerhin leidlich zuging, unter seinen Nachfolgern brach die Enttäuschung immer gräßlicher über die Welt herein, es zeigte sich nur zu bald, daß gerade diese Cäsaren die eigentliche Verkörperung der rohen Selbstsucht und Gewalttätigkeit waren, unter deren Druck die mißhandelten Völker seufzten.

Da kam aus dem Volke, das zwar politisch für nichts geachtet, aber in religiöser Hinsicht um seiner alten Offenbarungen und Messiashoffnungen willen immer hoch geschätzt wurde, es kam aus Palästina die wunderbare Kunde, es werde hier ein Heiland erwartet, nicht ein irdischer, sondern ein himmlischer König, der vor kurzem noch auf Erden gewandelt habe als ein Prophet, ein Mann aus dem

Volke und ein Freund des armen und bedrückten Volkes, der sich erbarmte der führerlosen Herde, der den Armen, den Weinenden und Hungernden das Glück des Reiches Gottes, seine Sättigung und Tröstung verheißen habe, ein Menschenfreund, der sich als sanftmütiger Lehrer und heilender Arzt der Geringsten und Verworfenen angenommen, dagegen den satten Reichen, den hochmütigen Gerechten und den stolzen Oberen scharfe Worte entgegengeschleudert habe, weshalb sie ihn denn auch verworfen und verdammt, ja zuletzt ans Kreuz geschlagen haben; aber den Gekreuzigten habe Gott selbst wunderbar wiedererweckt und auf den himmlischen Thron zu seiner Rechten erhoben, von wo er demnächst als der siegreiche Erlöser der Seinigen wiederkommen werde. Was die Juden seit lange gehofft von ihrem Messias, die Perser von ihrem Heiland Saoshyant, die Ägypter, Griechen und Römer von ihren Heilsgöttern Serapis, Asklepios, Herakles, oder zuletzt noch gar von ihren vergötterten Cäsaren — das alles war hier überboten durch die Botschaft von dem himmlischen Messias-König der Christen, der ein Mensch gewesen war und das Menschenleid gekostet, ja seinen Kelch bis auf die Neige geleert habe, jetzt aber mehr als Mensch sei, ein himmlisches Wesen, ausgestattet mit den Kräften der Allmacht und eingesetzt zum Erlöser und Richter aller Menschen. Diese Doppelseitigkeit von der Botschaft aus Palästina: ein Heiland, der der Erlöser der Frommen, aber zugleich der Richter der Gottlosen sein werde, war von größter Bedeutung für die damalige Welt; das gab dieser Botschaft ihre gewaltig erweckende sittliche Kraft. Das durch die Not der Zeit ohnehin schon lebhaft erregte Schuldgefühl wurde dadurch aufs stärkste gesteigert, der Gerichtsgedanke wurde für die Sicheren,

Stolzen und Lauen zum Motiv der Selbstbesinnung, der Umkehr, der Reinigung und Besserung des Lebens. Noch in späteren Jahrhunderten, als die Kirche längst die Hoffnung auf ein irdisches Messiasreich und ein baldiges sichtbares Kommen ihres Herrn aufgegeben hatte, machte doch noch der Gedanke an den großen Gerichtstag des Herrn die Menschen im Innersten erbeben.

> „Dies irae, dies illa
> Solvet saecla in favilla,
> Teste David et Sibylla!“

Fragen wir nun, welche Bedeutung dieser älteste christliche Erlösungsglaube, die Hoffnung auf ein irdisches Gottesreich der Gerechtigkeit, des Friedens und der Freude, für uns heute noch haben kann? Nun, das Übernatürliche und Katastrophische daran ist ja selbstverständlich für uns hinfällig geworden, da die Geschichte selbst es als einen Irrtum jener Zeit erwiesen hat. Darum bleibt aber doch der urchristliche Glaube an das auf Erden kommen sollende Gottesreich auch uns unverloren, er bleibt als Glaube an das gute Recht und die siegreiche Verwirklichung der sittlich-sozialen Ideale der menschlichen Gesellschaft. Nur erwarten w i r ihre Verwirklichung nicht mehr von einem Wunder vom Himmel herab, sondern wir sehen darin die uns von Gott gegebene sittliche Aufgabe, an der Verwirklichung jenes Ideals selbst redlich mitzuarbeiten, und wir hoffen, daß dieser Arbeit für den göttlichen Weltzweck auch die Weltgeschichte dienstbar sein müsse. Das ist die Bedeutung des Glaubens an die zukünftige Erlösung. Und ebenso ist's auch mit dem an das künftige Gericht. Wir glauben zwar nicht mehr, daß Christus vom Himmel auf die Erde herabkommen und hier eines Tages einen förmlichen Gerichtstag abhalten werde, aber darum bleibt doch die Wahrheit bestehen, daß die göttliche Gerechtigkeit je und je in den schweren Krisen und sichtenden Gerichten des Völkerlebens sich geoffenbart hat und ferner offenbaren wird. Die einmalige Wunderkatastrophe zerlegt sich für unser Denken in die nach den ewigen Gesetzen der Weltordnung immer wiederkehrenden Katastrophen des Völkerlebens, in denen das Unechte im Feuer der Prüfung vergeht, und das Echte, das Wahre und Gute allein Bestand hat: „Die Weltgeschichte ist das Weltgericht!"

Nicht minder wichtig, als die zukünftige Erlösung der Gesellschaft, war den Menschen um die Wende der Zeiten die Hoffnung auf ein seliges Jenseits für die einzelne Seele. Diese Hoffnung stützte sich aber auf die Sagen von gewissen Heilstatsachen der V e r g a n g e n h e i t, in denen die Bürgschaft gegeben sei für die jenseitige Seligkeit der mit ihrem Heilsgott verbundenen frommen Seelen. Sie werden sich noch erinnern der Sagen von Osiris-Isis, Istar-Tamuz, Demeter-Kore, denen die von Attis-Kybele, Adonis-Aphrodite usw. anzureihen sind. Alle diese Sagen drehen sich, wie wir wiederholt sahen, um den einfachen Gedanken vom Sterben und Wiedererstehen der Natur und der in ihr waltenden Götter. Das alljährliche Erlebnis des Herbstes und Frühlings wurde im Mythus verdichtet zum einmaligen Schicksal des Naturgottes, der eines gewaltsamen Todes starb und wieder zum Leben zurückkehrte. Und dieser Mythus vom vergangenen Schicksal des Gottes wurde wieder in die zeitlose Gegenwart entrückt durch den entsprechenden Ritus, den Festbrauch, der alljährlich aufs neue das Sterben und Wiedererstehen des Gottes feiert. Durch die Bräuche dieser Feier glaubte man mit dem Gott in eine derartige geheimnisvolle Gemeinschaft versetzt zu sein, daß man an seinem den Tod überwindenden Leben Teil bekomme und damit des seligen Lebens im Jenseits versichert sein dürfe. Von diesen Festbräuchen in Ägypten, Syrien und Phrygien haben wir mehrfache Berichte: von Plutarch, von Apuleius, von Lucian, von Firmicus Maternus u. a. Der bekannte Schriftsteller Lucian aus Antiochia beschreibt die Feier des syrischen Frühlingsfestes ungefähr so: Wenn im Frühling die roten Anemonen blühten und das Wasser des Orontes von der Ockererde der Berge, aus denen er herfließt, rot gefärbt war, dann hieß es, der Gott Adonis („der Herr") sei vom wilden Eber zerrissen und getötet worden, und man feierte seinen Tod, indem man unter wilden Trauergesängen der Frauen seine Leiche in Gestalt eines Holzbildes feierlich bestattete. Sodann aber am zweiten oder (nach anderem Brauch) am dritten oder vierten Tag nach dem Todestag erscholl plötzlich die Kunde: Der Herr lebt, Adonis ist wieder erstanden! Da ließ man ihn (sein Bild) leibhaftig aus dem Grabe, in das man ihn gelegt hatte, wieder heraus- und in die Höhe aufsteigen (mittels irgend eines Mechanismus — eine Zeremonie, die in der griechischen Kirche und, wie ich erfuhr, teilweise auch in der römisch-katholischen noch heute ganz ähnlich in der Osternacht üblich ist). Dann sprach, wie Firmicus Maternus von der phrygischen Attisfeier weiter berichtet, der Priester, indem er den Mund der Klagenden mit Öl salbte, die tröstenden Worte: „Getrost ihr Frommen! da der Gott gerettet ist, so wird auch uns aus Nöten Rettung werden!" — ganz wie auch wir heute noch singen: „Jesus lebt, mit ihm auch ich!" Das also war das Osterfest wie, es in der syrischen Hauptstadt Antiochia alljährlich seit alten Zeiten gefeiert wurde.

Nun eben nach diesem Antiochien waren bald nach den Anfängen der jerusalemischen Messiasgemeinde Männer aus Kypros und Kyrene gekommen und hatten angefangen, das Wort vom gekreuzigten und auferstandenen Christus nicht bloß den Juden, sondern auch den Heiden zu verkünden, und sie hatten bei den Heiden Eingang gefunden, und manche von ihnen hatten sich zu dem neuen Herrn Christus bekehrt. So war dort die erste aus Juden und Heiden gemischte Gemeinde entstanden, und diese hatte hier erstmals den neuen Namen „Christen" bekommen, wie die Apostelgeschichte berichtet (11, 20—26). Man hat also dort die Gemeinde als etwas Neues erkannt, was nicht mehr jüdisch noch heidnisch war. Woran wird man das wohl erkannt haben? Natürlich aus ihren Bräuchen, die also andere gewesen sein müssen als die der früheren bloß jüdischen Messiasgemeinde. Woher aber werden diese neuen Bräuche, an denen man jetzt die Gemeinde als die neue Religionsgemeinschaft der „Christen" erkannte, gekommen sein? Da religiöse Bräuche nie aus dem Nichts geschaffen werden, so werden wir wohl annehmen dürfen, daß die Heidenchristen Antiochiens ihre alten Bräuche, mit denen sie vordem den Tod und die Auferstehung ihres Herrn Adonis gefeiert hatten, noch beibehalten und jetzt nur auf den neuen Herrn Christus übertragen haben. So geschah es ganz von selbst, daß ihnen Christus als der Herr erschien, der eben durch seinen Tod und seine Auferstehung das Heil der Seinigen bewirkt habe und der Erlöser der Welt geworden sei. Und nun kam der Apostel Paulus in diese neue Gemeinde, wohin er aus seiner Vaterstadt Tarsus von Barnabas abgeholt worden war; bald war er in ihr heimisch und wirkte mit reichem Segen, so daß die Gemeinde zusehends wuchs. Da war es gewiß nur natürlich, daß Paulus auf die Bräuche und Vorstellungen, die er in der heiden-christlichen Gemeinde Antiochiens vorfand, auch seinerseits einging — wie hätte er sonst segensreich unter ihr wirken können? Es war das um so natürlicher, als alles das, was er hier vorfand, trefflich stimmte zu der Art, wie er selbst zum Christusglauben gekommen war. Aus einem fanatischen Verfolger der Messiasgemeinde war er zum Apostel Christi bekehrt worden durch ein visionäres Ereignis, in dem er den gekreuzigten Jesus als den himmlischen Christus und Gottessohn schaute, dessen Tod sonach nicht ein Verbrechertod gewesen, sondern ein Opfertod, in den Gott seinen Sohn hingegeben um unserer Sünden willen, auf daß er uns errette von dieser gegenwärtigen argen Welt. Vom Leben des irdischen Propheten Jesus wußte Paulus blutwenig, so wenig, wie auch seine antiochenischen Heidenchristen; um so natürlicher war es, daß er mit ihnen zusammenstimmte in der Überzeugung, daß eben nur der Tod und die Auferstehung des Gottessohnes Christus die erlösende Tatsache und der Inhalt des neuen Erlösungsglaubens sei.

Diesen Glauben hat dann Paulus in seiner Theologie weiter ausgeführt und begründet. Christus ist ihm nicht mehr der Prophet und kämpfende Held eines jüdischen Messiasreiches, wie die Urgemeinde meinte, sondern er ist ihm der leidende Held einer mystischen Welterlösung, sein Tod ein Sühnopfer zur Versöhnung Gottes und Vergebung der menschlichen Schuld, seine Auferstehung eine Überwindung der Mächte des Todes und der Hölle, das siegreiche Erstehen des göttlichen Lebens, der Anfang einer neuen vom Gottesgeist belebten Menschheit. Triumphierend ruft er in der bekannten Stelle I. Kor. 15 aus: „Der Tod ist verschlungen in den Sieg; Tod, wo ist nun dein

Stachel, Hölle, wo ist dein Sieg? Gott aber sei Dank, der uns den Sieg gegeben hat durch Jesum Christ, unseren Herrn!" So wurde das Evangelium des Paulus die Predigt von dem gekreuzigten und auferstandenen Mittler unserer Erlösung, dem Herrn, der der Geist ist, dem Herrn über Lebende und Tote. Dieser Sieger über Tod und Hölle kann selbstverständlich nicht mehr ein irdischer Mensch, der „Christus nach dem Fleische" sein — der sank dahin und blieb im Grabe, was aber nun lebt, das ist nach Paulus etwas viel Höheres: es ist der Herr, der lebendig-machender und freimachender Geist ist, Gottes erstge-borener Sohn, der Mensch vom Himmel, der zweite Adam, von dem eine neue Menschheit ihren Anfang genommen hat, es ist mit einem Worte der Idealmensch, in dem nicht mehr Jude noch Grieche ist, sondern alle eins sind, in denen die Idee des Menschen zum Leben erstanden ist. — Diesen himmlischen Menschen also hat Gott, so lehrt Paulus, herabgesandt auf Erden, hat ihn annehmen lassen einen Leib aus Sündenfleisch, damit er den Tod erleide und durch sein unschuldiges stellvertretendes Leiden und Sterben dem Tode seinen Stachel nehme, der Sünde ihren Tribut zahle, dem Gesetz sein Recht werden lasse, aber ebendamit zugleich alle diese schlimmen Mächte ein für allemal abtue, ihr Joch breche und ihren Bann löse, den Tod für alle überwinde und Leben und unvergängliches Wesen für alle ans Licht bringe.

Die Wirkung dieser christlichen Botschaft von der Er-lösung durch den Opfertod des Gottessohnes Christus auf die Heidenwelt war mächtig. Die Sühnebräuche, in denen das gesteigerte Schuldgefühl der Menschheit jener Zeit eine kümmerliche Beruhigung gesucht hatte, die Mysterien-feiern, in denen man sich in das Sterben und Auferstehen eines mythischen Gottes andächtig versenkte, um darin eine Bürgschaft für die eigene Erlösung und Seligkeit zu finden, — das alles war hier erfüllt, ja weit überboten. Es war erfüllt, denn auch hier war ein übermenschliches, ein himmlisches Wesen, das Gott selbst zum Opfer gemacht hatte, um damit der Welt Heil zu erkaufen. Aber dieses Wesen hatte nicht, wie die mythischen Götter, den Tod als Naturschicksal erlitten, sondern in freiem Gehorsam und aus Liebe hatte der Gottessohn Christus sein irdisches Leben hingegeben, um die Welt zu erlösen; es war eine sittliche Tat des Selbstopfers eines göttlichen Menschen, die die Menschheit von Sünde, Gesetz, Tod und Teufel erlöst, alles alte rituelle und mythische Opferwesen und Sühnewesen entwertet und den neuen Bund der Gemeinschaft mit Gott im Geiste der Kindschaft gestiftet hatte. So begreifen wir wohl die ungeheure durchschlagende Wirkung dieser Predigt des Paulus vom gekreuzigten und auferstandenen Herrn Christus; ohne sie wäre der Sieg des Christenglaubens in der Heidenwelt kaum denkbar.

Ein anderes ist es aber mit der Frage, was dieser Glaube an die vergangene Erlösung durch Christi Opfertod f ü r u n s noch zu bedeuten habe? Darüber wäre nun freilich viel zu sagen, wozu heute die Zeit nicht reicht; ich muß mich auf kurze Andeutungen beschränken. Ich meine, daß es sich auch hiermit ähnlich verhalten wird wie mit dem zuerst besprochenen Glauben an die zukünftige Erlösung: das mythische, übernatürliche an der Form des altchristlichen Glaubens ist freilich für uns hinfällig geworden, aber ein Kern von Wahrheit wird darum doch bleiben. Diese Wahrheit, welche andere wird sie sein als das ewige Gesetz der Weltordnung, daß durch Tod der Weg zum Leben führe, daß der „alte Adam“, das sinnlichselbstische Menschenwesen, ersterben muß, wenn das göttlich-geistige Selbst der Persönlichkeit, der Gottessohn in uns, lebendig und wirksam werden soll. Und bleiben wird auch die Wahrheit, daß auf den sittlichen Opfern des Gehorsams und der Liebe, die die Einzelnen zum besten des Ganzen bringen, von jeher alle Erlösung der Menschheit, aller Gewinn von bleibenden Heilsgütern beruht hat und fernerhin auch beruhen wird. Auch hier wieder zerlegt sich also für unser Denken das einmalige mythische Wunder, der Opfertod eines einzigartigen übernatürlichen Gottessohnes, in ein immer wiederkehrendes Geschehen, nämlich die endlose geschichtliche Reihe aller Opfer der Menschen, die ebendarin sich als wahre Gotteskinder erwiesen, daß sie, getrieben vom Geist Gottes, nicht an sich selbst dachten, sondern in tätiger und leidender Liebe sich hingaben an das Heil des Ganzen, an die gute Sache Gottes und seines Reiches. Auf diesen durch alle Generationen herabgehenden Opfern des Gehorsams, der Treue und Liebe beruhen zuletzt alle Fortschritte der Menschheit, alle ihre Erlösung vom Zwang der rohen Naturmächte, aller Erwerb der dauernden idealen Güter, die das Leben erst lebenswert machen. Die Weltgeschichte ist also nicht bloß das Welt g e r i c h t , sie ist auch die Welt e r l ö - s u n g l Das ist die Wahrheit des paulinischen Evangeliums, das man nicht aus dem Christentum streichen kann, ohne dieses in fataler Weise zu verstümmeln. Denn ebendiese paulinische Verkündigung der vergangenen Erlösung hat sich geschichtlich erwiesen als der Weg, der über die bloße Hoffnung der zukünftigen Erlösung, die ja mit jedem Jahre der Verzögerung ihrer Erfüllung problematischer wurde, hinausgeführt hat zur unmittelbaren Gewißheit der gegenwärtigen innerlichen Erlösung.

Wie kann eine Erlösung, die in der Vergangenheit vollbracht sein soll, in der G e g e n w a r t zur wirksamen Erfahrung werden? Die Antwort auf diese Frage war auf mannigfache Art vorbereitet, so daß das Christentum wieder nur die Ähren vom reifen Erntefeld zu sammeln hatte. Die Mysteriendienste dienten dazu, ihre Geweihten in eine gegenwärtige und dauernde Verbindung mit dem Heilsgott zu versetzen. Das Bindemittel war teils die Anrufung des Namens des Heilsgottes, in dem alle seine Segenskräfte geheimnisvoll beschlossen sind, teils Reinigungsbräuche und Tauchbäder, die die leibhaftige Wegschaffung von Sünde und Schuld und allem dämonischen Wesen bewirken sollten, teils endlich das Essen und Trinken geweihter Speise und geweihten Trankes, in welchen das Leben des Gottes leibhaftig gegenwärtig gedacht wurde, so daß es in, mit und unter dem sinnlichen Stoff vom Genießenden angeeignet zu werden schien. Daher nannten sich die durch solche Bräuche Geweihten: „für immer wiedergeboren" (renatus in aeternum).

Es müßte in der Tat wunderbar zugegangen sein, wenn diese Bräuche nicht auch in die christliche Gemeinschaft hätten eindringen sollen. Paulus war gewiß nicht der erste, der sie eingeführt hat; er hat sie ohne Zweifel schon in der antiochenischen Gemeinde vorgefunden. Er hat sie dann aber allerdings in die engste Beziehung mit seiner Christus- und Erlösungslehre gesetzt und ihnen eine tiefe sittlich-religiöse Bedeutung gegeben, die weit hinausliegt über die mit den heidnischen Bräuchen verknüpften Vorstellungen. Die Taufe bekam die Bedeutung einer Einpflanzung in Christi Tod und Auferstehung zum Zweck der Anteilnahme an beiden: der alte Mensch der Sünde wird begraben durch die Untertauchung, und aufersteht der neue Mensch zu einem Leben mit Gott und für Gott, über das weder Sünde noch Tod mehr herrscht. Und die urchristlichen Liebesmahle bekamen jetzt die mystische Bedeutung des Essens und Trinkens vom Leibe und Blute des Christus, wodurch eine Lebens- und Liebesgemeinschaft zwischen dem Haupt und den Gliedern und diesen untereinander gestiftet wird. In diesen sakramentalen Mitteln ist ebendas repräsentiert und vollzogen, was der Glaube an Christi Namen schon an sich selbst ist: ein Sein in Christus, Erfülltsein von seinem Geist, wodurch der Gläubige ebendasselbe wird wie Christus, ein Sohn Gottes: „Ihr seid alle Gottes Söhne durch den Glauben in Christus Jesus". So innig ist diese Verbindung mit Christus, daß Paulus sagen kann: „Nicht mehr ich lebe, sondern Christus lebet in mir." „Ist jemand in Christus, so ist er eine neue Schöpfung, das Alte ist vergangen, siehe es ist ein Neues geworden." Vergangen ist für diesen neuen Menschen vor allem die alte Welt des Gesetzes mit seinem Buchstabenwesen der Gebote, der Drohungen und des Fluches für den Übertreter — das ist alles abgetan, es gilt nicht mehr für die, die in Christus neue Menschen, freie Geistesmenschen geworden sind. Denn „der Herr ist der Geist, wo aber der Geist des Herrn ist, da ist Freiheit." Der Geistesmensch ist also vor allem ein freier Mensch, der in sich selbst die Quelle wahrer Erkenntnis und die Triebkraft zu allem Guten trägt. „Die Liebe ist des Gesetzes Erfüllung", ihr heiliger Geistestrieb tritt an die Stelle alles äußeren Zwanges. Und dasselbe gilt auf Seiten des Erkennens: „Der geistige Mensch richtet alles und wird von niemanden gerichtet", denn „der Geist, der uns gegeben ist, erforscht alles, auch die Tiefen der Gottheit." In dieser innigen Geistesgemeinschaft mit Gott, was der Glaube nach Paulus ist, hört also alle Unfreiheit, alle Heteronomie oder

Unterwerfung unter fremde Satzung und Autorität auf; dieser Glaube ist nicht blindes Fürwahrhalten, er ist die freie Hingabe des Herzens an den innerlich erfahrenen und klar erkannten Willen Gottes, der unser Heil will, er ist der wahrhaft „vernünftige Gottesdienst". Darum kann dann auch Johannes sagen: „Das ist das ewige Leben, daß sie dich als den allein wahren Gott und den du gesandt hast, Jesum Christum, erkennen." Also die Erkenntnis Gottes nach seiner Offenbarung in Christus, das i s t das ewige Leben, die schon gegenwärtige Erlösung. Christus ist aber freilich nach Johannes nicht dasselbe wie der Mensch Jesus, sondern weit mehr: das ewige Gotteswort oder der Logos, der von Anfang bei Gott und die Kraft war, durch die alles geworden ist, das Leben der Welt und Licht der Menschen, das sich dann zwar in Jesus in einzigartiger wunderbarer Weise geoffenbart hat, aber doch nicht auf sein menschliches Dasein beschränkt blieb, sondern sich auch nach Jesus immer aufs neue wieder offenbart in dem Geist, der die Gemeinde auch ferner in alle Wahrheit führt. Ebendarum ist auch nach Johannes der Glaube an Christus, diesen ewigen Logos und Gottessohn, der schon gegenwärtige Besitz des ewigen Lebens. Die Gläubigen „sind schon jetzt aus dem Tod zum Leben hinübergetreten und schmecken den Tod nicht mehr", ihr Glaube ist die Kraft, die die Welt schon überwunden hat. Aber darum gilt doch die Welt für den Christen nicht etwa, wie für den Buddhisten, als wert- und realitätslos, sondern sie ist Gegenstand einer positiven sittlichen Aufgabe, der Stoff, der zum Reich Gottes zu gestalten ist durch die Arbeit der dienenden und duldenden Liebe. Die Liebe, die schon Philon die Zwillingsschwester des Glaubens genannt hat, ist auch nach Paulus die tätige Energie des Glaubens und die köstlichste Gnaden-

gabe, die bleiben wird, ob auch das Weissagen und Zungen-
reden und Erkennen vergehen wird (I. Kor. 13, 8). Und
Johannes faßt die ganze Summe des Christenglaubens in
das tiefsinnige Wort zusammen: „Gott ist die Liebe, und
wer in der Liebe bleibet, der bleibet in Gott und Gott in ihm."
Wenn es der Glaube ist, der den Menschen zum Herrn aller
Dinge macht, frei von allem, was ihn sonst knechtete, so
ist's die Liebe hinwiederum, die ihn an das Ganze bindet
und zum freien Diener aller macht. So ist also Glaube und
Liebe die wirkliche Erlösung der Gegenwart, die die Brücke
schlägt von den vergangenen Offenbarungen des göttlichen
Geistes zu der noch zu erhoffenden künftigen Erfüllung
und Vollendung.

Die mythischen Vorstellungen von vergangenen und
künftigen Wundern waren freilich als Einkleidungsformen
des Erlösungsglaubens unentbehrlich für die alte Kirche,
wie sie es heute noch für gar viele sind; aber darum waren
sie doch von Anfang an nur die Hüllen, in die sich die wirkliche Erfahrung von der gegenwärtigen erlösenden Kraft
des Glaubens und der Liebe barg. Wenn wir heute jene
mythischen Vorstellungen nicht mehr für buchstäbliche
Wahrheit halten können, so dürfen wir in ihnen doch wohl
Sinnbilder und Veranschaulichungsmittel für die bleibende
Wahrheit des christlichen Erlösungsgedankens anerkennen.
Und hüten wir uns wohl, daß wir nicht den idealen Kern
zugleich verlieren oder doch verkürzen und verflachen,
wenn wir allzu eilfertig seine sinnbildlichen Hüllen beiseite
werfen, ehe wir ihren tiefen Sinn wirklich erkannt haben!
Wenn die christliche Gemeinde von ihrem Anfang an über
das Erdenleben des jüdischen Propheten Jesus hinausging
und zum eigentlichen Gegenstand ihres Glaubens gemacht
hat den himmlischen Menschen, den ewigen Gottessohn,

den göttlichen Logos, der das Licht aller Menschen ist, so war
das doch wahrlich nicht ein willkürlicher Vorwitz, sondern
es war eine innere Notwendigkeit, es war die unwillkürliche
Anerkennung der Kardinalwahrheit, daß die erlösende
Macht nicht irgend etwas Zeitliches, auch nicht der vorzüg-
lichste Mensch, sondern nur der ewige göttlich-menschliche
Geist der Wahrheit und des Guten ist. Nur er kann uns ja
zur unmittelbaren inneren Erfahrung werden, nur er kann
eine unbedingte, von allen Schranken der Zeitlichkeit und
Endlichkeit unabhängige Gewißheit erzeugen, nur er kann
für alle Menschen und alle Zeiten die allgemeingültige
Norm und Autorität sein. Dieser göttlich-menschliche
Geist ist die freimachende Wahrheit und die bindende Liebe;
ihm das Herz öffnen in erkennendem Glauben, ihm das
Leben weihen in schaffender Arbeit, in dienender Liebe, in
harrender Geduld und Hoffnung — das ist die wirkliche
Erlösung der Gegenwart, zu der sich alle Gestalten und
Geschichten und Sagen und Dichtungen der Vergangenheit
nur als Mittel der Veranschaulichung, als Sinnbilder und
Gleichnisse verhalten: „Alles Vergängliche ist nur ein
Gleichnis!"

Der christliche Erlösungsglaube hat alle die Wahrheiten
in sich aufgenommen, die die Religionen und philosophischen
Lehren seiner Zeit enthielten. Das Christentum teilte mit
den Mysterienreligionen den mystischen Enthusiasmus, das
gehobene und gesteigerte Gefühl des In-Gott-Seins und die
damit gegebene Hoffnung auf jenseitige Seligkeit, und ihre
mystischen Heilsmittel machte es zu Symbolen der sittlichen
Wiedergeburt und Bruderliebe; und es teilte zugleich mit
der Philosophie jener Zeit den vernünftigen Gottesdienst in
sittlicher Erkenntnis und Praxis. Es teilt ferner mit dem
Buddhismus die Selbst -und Weltverleugnung, den ruhigen

Frieden der Ergebung, und zugleich mit der Religion Zarathustras den mutigen Kampf wider alles ungöttliche Wesen und die frohe Hoffnung auf den Sieg der Sache Gottes in der Welt. Es teilt mit dem Judentum den Glauben an den einen erhabenen und heiligen Gott, den Richter der Einzelnen und der Völker, und an das Kommen seines Reiches auf Erden; aber auch mit Platon den Glauben an den Gott, der das höchste Gut und die neidlose Quelle alles Wahren und Guten ist, und an den göttlichen Mittler Eros, diese uns innewohnende Kraft der Begeisterung, der Liebe zu den von oben stammenden Idealen. Das Christentum teilt endlich mit den Stoikern die innere Freiheit von der Welt, die Gelassenheit des in sich gefesteten Charakters, die Kraft des sich selbst bestimmenden (autonomen) Willens und die Weitherzigkeit des über alle Nationen und Stände übergreifenden allgemeinen Menschheitsgedankens; aber es belebt diese kalte und stolze Tugend der Stoiker durch den Glauben, daß die Welt Gottes ist, und durch die Liebe, die den Brüdern freudig dient, und durch die Hoffnung, daß aller Streit und alles Leid der Zeit sich einmal lösen werde im Frieden der Ewigkeit.

So ist das Christentum zur Religion der Religionen geworden, es hat die alte Welt überwunden und eine neue Welt heraufgeführt.

Der Islam.

Die letzte unter den geschichtlichen Religionen ist der „Islam", die Religion Mohammeds, ein später Nachtrieb der religionsbildenden Kraft der semitischen Rasse. In dem halbbarbarischen Volke der Araber im 7. Jahrhundert unter jüdischen und christlichen Einflüssen durch den Propheten Mohammed gestiftet, teilt der Islam mit dem Judentum den monotheistischen, starr theokratischen und gesetzlichen Charakter, aber ohne seine nationale Schranke, mit dem Christentum den Anspruch und Ausbreitungstrieb der Weltreligion, aber ohne den Reichtum religiöser Gedanken und Motive und ohne die Beweglichkeit und Entwicklungsfähigkeit, die zu einer solchen gehören; man könnte vielleicht sagen, der Islam sei die durch die jugendliche Volkskraft der Araber in erweitertem Umfang durchgeführte jüdische Idee der Theokratie, wohl geeignet zur Disziplinierung roher Barbarenvölker, aber ein Hemmschuh des Fortschritts zu freier menschlicher Gesittung.

Die Religion der Araber vor Mohammed war das altsemitische Heidentum, das sich bei ihnen am längsten in seiner ältesten Art erhalten hat. Die einzelnen Stämme hatten ihre Sondergötter, die sich voneinander nur durch die an ihre lokalen Heiligtümer gebundenen Kultusformen unterschieden. Allah war der Gattungsname für Gott und wurde schon vor Mohammed als selbständiger oberster Gott über die Sondergötter gestellt; die ältesten unter diesen,

Allat (Herrin), Utza und Manat, wurden als Töchter dem Allah untergeordnet. Neben diesen und einigen anderen Naturgöttern spielten die Dschinnen, wohl- und übeltuende Geister, eine große Rolle im Volksglauben. Als Behausung und Vergegenwärtigung der Gottheit für den Kultus galten vorzugsweise Steine, auch Bäume und Brunnen; an sie schlossen sich Heiligtümer an, bei denen sich die einzelnen Stämme jährlich einmal zur gemeinsamen Verehrung ihrer Gottheit versammelten. In besonderem Ansehen stand das Heiligtum zu Mecka, die Kaaba, ein viereckiges Haus, in dessen Mauer ein schwarzer Stein als der Fetisch des hier heimischen Gottes (Hobal oder Allah) eingemauert war. Dieses Heiligtum gehörte dem Stamm der Koraischiten; sie hatten die jährliche Festfeier mit besonderer Feierlichkeit ausgestattet, zu der Karawanen aus ganz Mittelarabien sich einfanden. Mit der religiösen Feier verband sich immer ein lebhafter Marktverkehr, an dem Waaren und Gedanken, auch die neuesten Produkte der Liederdichter, ausgetauscht wurden. Das weltliche Treiben überwog bei diesen Festen, man machte zwar die alten Bräuche noch mit, aber der Glaube an die alten Götter war im 6. Jahrhundert in der Auflösung begriffen. Um so mehr konnte der monotheistische Glaube der Juden und Christen, die in Kolonien oder als Einsiedler zerstreut in manchen Gegenden Arabiens zu finden waren, auf ernstere Gemüter einen anziehenden Eindruck machen. Solche Männer, die den heidnischen Götzendienst verwarfen, an den éinen Gott und sein Weltgericht glaubten und ein ernstes asketisches Leben führten, gab es unter den Arabern schon vor Mohammed manche, man nannte sie „Hanife", was vielleicht vom syrischen Wort für Ketzer oder vom arabischen für Separatisten sich herleitet. Besonders in Mecka und Medina scheinen sie in größerer Anzahl vorhanden gewesen zu sein, ohne sich übrigens zu einer Gemeinde zu verbinden oder Propaganda zu treiben. Immerhin waren sie die Vorläufer des Islam und bereiteten den Boden für das Werk Mohammeds.

Mohammed, geboren um 570 nach Chr., gehörte zu dem herrschenden Stamm der Koraischiten in Mecka. Früh verwaist, war er unter ärmlichen Verhältnissen aufgewachsen, bis er in den Dienst einer reichen Kaufmannswitwe Chadidja trat, die er in seinem 25. Lebensjahr heiratete und mit der er bis zu ihrem Tode in glücklicher Ehe lebte. Seine kaufmännischen Reisen führten ihn öfters nach Syrien und Palästina, wo er mit Juden und Christen in Berührung kam. Aber die ersten Anregungen zur religiösen Erweckung kamen ihm von einem frommen Hanifen Meckas. Er begann sich in die Einsamkeit zurückzuziehen und nachzudenken über den Wahn der Heiden, die in ihrer Sicherheit dahinlebten, ohne an das Gericht Gottes zu denken. So wurde er selbst ein Hanif und suchte sein Seelenheil im „Islam", d. h. in der Hingebung an den einen wahren Gott. Der erste Antrieb, diesen Glauben auch in seiner Umgebung auszubreiten, kam von einer Vision, die er in seinem 40. Lebensjahr während einer Nachtwache auf dem heiligen Berge bei Mecka erlebte. Es erschien ihm ein Engel mit einer Rolle und befahl ihm: „Lies! im Namen deines Herrn, der den Menschen geschaffen hat aus einem Tropfen. Lies! denn dein Herr ist der Allmächtige, der durch die Schrift gelehrt hat, was der Mensch nicht wußte. Ja wahrhaftig, der Mensch geht dahin im Wahn, wenn er meint, daß er sich selbst genüge; zu deinem Herrn müssen alle zurückkehren." Diese erste Vision versetzte ihn in große Aufregung, er glaubte sich von einem Dschin besessen, und seine Ratlosigkeit war um so drücken-

der, als geraume Zeit verfloß, ehe die Vision sich wiederholte. Dann aber kam sie wieder, und zwar in Form der
bestimmten Aufforderung: „Stehe auf und warne! Ver-
herrliche deinen Herrn und warte auf deinen Herrn!"
Das wiederholte sich jetzt öfter, und so kam Mohammed zu
der Überzeugung, von Gott zum Propheten seines Volkes
berufen zu sein. Daß diese Überzeugung eine ernstliche
war und ebensogut wie bei den Propheten Israels auf einem
unwiderstehlichen Gewissensdrang beruhte, der ihm als
göttliche Offenbarung erschien, darüber kann kein Zweifel
sein, und daran ändert auch die Tatsache nichts, daß spätere
Kundgebungen des Propheten, die er auch für „Offenbarungen" ausgab, unverkennbar aus freier Reflexion und
kluger Erwägung der Umstände herstammten.

Zunächst predigte nun Mohammed in dem engen Kreise
seiner Verwandten und Freunde. Er wollte nicht eine neue
Religion gründen, sondern nur den alten Gottesglauben
Abrahams wiederherstellen, der in dem himmlischen Buch
aufgezeichnet sei, aus dem alle Propheten der Juden und
Christen ihre jeweiligen Offenbarungen empfangen haben.
Er forderte seine Angehörigen auf, sich dem Allah zu er-
geben als dem höchsten Herrn und gerechten Richter, vor
dessen Gericht sie einst zu erscheinen haben; ihre heidnischen
Laster sollen sie ablegen, regelmäßige Gebetsübungen
halten und Almosen geben ohne Hoffnung auf Gewinn.
Bald aber trieben ihn neue Offenbarungen, auch öffentlich
vor seinen Mitbürgern aufzutreten und ihr Heidentum zu
verurteilen. Sie hörten nicht auf ihn, sondern verspotteten
ihn als einen Wahnsinnigen und Besessenen. Ihr Spott
reizte sein Selbstgefühl, der Ton seiner Predigt wurde immer
schärfer, er drohte seinen Landsleuten mit furchtbaren
Strafgerichten Gottes im Diesseits und Jenseits. Dadurch

steigerte sich die Erbitterung gegen ihn zu tödlichem Haß und ernstlichen Verfolgungen. Sie bestärkten aber nur den Propheten in der Überzeugung von seinem göttlichen Beruf, und der Eindruck von dieser seiner Überzeugungstreue unter schweren Bedrängnissen erweckte ihm begeisterte Anhänger, besonders unter den Armen und Sklaven. Dennoch schien seine Sache in Mecka, wo die Volksmasse schon durch die materiellen Vorteile des vielbesuchten Wallfahrtsortes an die alte Religion gefesselt war, aussichtslos zu sein. Da wurde Mohammed durch eine Schar von Freunden aus Medina, die als Festpilger nach Mecka gekommen waren und hier unter dem imponierenden Eindruck seiner Persönlichkeit sich so für ihn begeisterten, daß sie sich ihm auf Tod und Leben feierlich verschrieben, zur Übersiedelung nach Medina veranlaßt. Dies war der entscheidende Wendepunkt seiner Sache; von dieser „Flucht" (Hidjra) im Jahr 622 datiert der Islam seinen Anfang als organisierte Religionsgemeinschaft.

Aber mit der neuen Umgebung und den günstigeren Erfolgen wurde auch das Wirken Mohammeds ein anderes. War er in Mecka der Prophet eines religiösen Glaubens ohne politische Absicht gewesen, so wurde er in Medina bald zum Gründer und Beherrscher eines religiös-politischen Gemeinwesens, das die Grundlage der Theokratie des Islam bildete. Mit großer Energie und Klugheit unterwarf er die ganze Einwohnerschaft der Stadt seinen sozialen Ordnungen und rituellen Satzungen. Die Gebete bekamen die Form militärischer Exerzierübungen, die Moschee wurde der große Exerzierplatz und der Ritus das Drillsystem des Islam, das seinen Heeren den Korpsgeist und die stramme Disziplin einpflanzte. Auch die Almosen wurden zu regulären Steuern und bildeten die Grundlage der Finanzwirtschaft des neuen Gottesstaates. Mit der festeren Verbindung und Organisation der Glaubensgenossen wuchs zugleich ihre Abschließung gegen die Nichtgläubigen, besonders gegen die Juden, die Mohammed früher als Freunde betrachtet hatte, aber seit seiner Wandlung zum politischen Organisator der arabischen Theokratie als unbequeme Rivalen seiner Idee und Feinde seiner Alleinherrschaft behandelte. Daß Mohammed an die Stelle der altheidnischen Anarchie der Araber einen Staat auf Grund des religiösen Gemeinschaftsgefühles errichtet hat, war die größte und für die Folgezeit entscheidende Tat seines Lebens; die Gemeinde von Medina war das Werkzeug, ihr heroischer Glaube die Kraft, durch die der Islam seine weltgeschichtlichen Erfolge erreicht hat. Das Schwergewicht seiner geschichtlichen Bedeutung liegt in seinem Werke zu Medina, und hier ist der Prophet immer mehr hinter dem Politiker zurückgetreten. Als solcher hat Mohammed unleugbar großes vollbracht, aber er war freilich auch nicht wählerisch in den Mitteln; manche Taten der Grausamkeit, Rachsucht und Tücke mögen zwar vom Standpunkt der arabischen Volksmoral aus milder zu beurteilen sein, im Charakterbild eines religiösen Propheten und Religionsstifters (hier paßt dieser Titel mehr als irgend sonstwo) sind es doch immer dunkle Flecken.

Der Fall Meckas, der den Sieg Mohammeds über die Araber entschied, hat nicht bloß den Grund zu den weiteren Eroberungen des Islam gelegt, sondern auch die innere Gestaltung der neuen Religion tief beeinflußt. Es galt auch von diesem Sieg das alte Wort: Victa victores cepit! Indem Mohammed die heidnischen Bräuche an der Kaaba zu Mecka und die Feier des dortigen Wallfahrtsfestes seiner Religion einverleibte, hat er dem alten Heidentum der

Araber eine dem monotheistischen und universalen Grundgedanken seiner Religion widersprechende Konzession gemacht. Die Beschönigung derselben durch das Vorgeben, daß diese heidnischen Bräuche von Abraham gestiftet worden seien, war eine grobe Täuschng, gleichviel ob bewußte oder unbewußte. Das wahre Motiv bei diesem Rückfall in fetischistischen Aberglauben war die kluge Rücksichtnahme auf die Vorurteile und Vorteile seiner Landsleute, deren Stadt hierdurch noch in ganz anderer Art als vordem zum nationalen Kultusmittelpunkt erhoben worden ist. Aber in demselben Maße, in dem hiermit der Islam an die arabische Hauptstadt als seinen bleibenden Mittelpunkt gebunden worden ist, wurde sein Anspruch, eine allgemeinmenschliche ,,Weltreligion'' zu sein, hinfällig; er blieb im Grunde immer eine durch Waffengewalt erweiterte national-arabische Theokratie, ganz ebenso wie das jüdische Messiasreich eine national-jüdische Theokratie werden sollte. Als nationale Theokratie ist der Islam zwar eine gewaltige Macht in der Weltgeschichte geworden, aber auf die religiöse Entwicklung der Menschheit hat er eher hemmend als fördernd eingewirkt. Sein religiöser Gehalt war von Anfang an beschränkt und unrein, und sein massiver Offenbarungs- und Buchglaube war eine Fessel, die jeden gesunden Fortschritt verhinderte.

Die Sprüche Mohammeds waren anfangs nur mündlich fortgepflanzt worden; erst gegen Ende der ersten Generation seiner Gemeinde begann man, sie schriftlich zu fixieren. Um die Abweichungen der einzelnen Spruchsammlungen untereinander zu beseitigen, ließ der dritte Kalif Othman durch Mohammeds Sekretär Zaid eine amtliche Redaktion veranstalten, aus der das heilige Buch des Islam, der Koran, hervorging. Sein Stil ist durchweg gereimte Prosa, bei den Sprüchen aus älterer Zeit noch prägnant nach Art der alten Orakelsprüche, bald aber mehr unh mehr umschweifig, voll künstlicher Rhetorik und zahlloser Wiederholungen, eine unerquickliche Lektüre für einen Menschen von gesundem Geschmack. Das hinderte natürlich nicht, daß doch dieses Buch den Gläubigen des Islam jederzeit für das galt, wofür es sich selbst ausgibt: für das unmittelbare Wort Gottes, das von Ewigkeit her als „ungeschaffenes Wort" in einem himmlischen Urtext existiert habe und vom Engel Gabriel dem Mohammed geoffenbart worden sei. Neben dem Koran steht als zweite Glaubensregel des Islam die Überlieferung, Sonna. Sie enthält ausführliche Bestimmungen über alle möglichen Äußerlichkeiten des Zeremoniells, des bürgerlichen und häuslichen Lebens, die alle auch — oft grundlos — auf Äußerungen Mohammeds zurückgeführt werden. Außerdem enthält die Tradition eine Menge von Wunderlegenden, deren der Koran noch keine hatte, da Mohammed die Wundersucht ausdrücklich verwarf und auf die großen Wunder Gottes in der Natur hinwies.

Die Lehre des Islam ruht auf fünf Grundpfeilern, die von Mohammed selbst herstammen: 1. Glaube an den alleinigen Gott Allah und an Mohammed als seinen Propheten. 2. Täglich fünfmaliges Gebet in bestimmten Formeln, mit der Gesichtswendung nach Mecka. 3. Almosengeben, später als Armensteuer reguliert. 4. Fasten, später auf die Tagesstunden des Monats Ramadhan beschränkt. 5. Pilgerfahrt nach Mecka, wenigstens einmal im Leben für jeden Gläubigen unerläßliche Pflicht. Für alles das ist das Zeremoniell um so ausführlicher bis in die kleinsten Einzelheiten hinaus vorgeschrieben, je ärmer an geistigem

Gehalt die Lehre ist. Das Grunddogma ist die Einheit Gottes; aber über Gottes Wesen hat Mohammed nicht tiefer nachgedacht. Er stellte sich Gott als den überweltlichen allmächtigen Herrscher nach dem Bilde des orientalischen Despoten vor: furchtbar in seinem Zorn, doch auch wieder barmherzig und aus Barmherzigkeit das Gericht verzögernd, willkürlich im Belohnen und Bestrafen, sein Wille so unwiderstehlich wie unbegreiflich, vom Menschen blinde Unterwerfung fordernd, und auch dann noch seine Gnade unsicher. Diese allbestimmende Freiheit des Herrscherwillens Gottes wurde teilweise, doch ohne strenge Konsequenz, in der Form einer unbedingten Vorherbestimmung ausgedrückt. Auch unmoralische Züge, wie Rachsucht und Hinterlist, die ja freilich zum orientalischen Herrschertypus gehören, trug Mohammed kein Bedenken seinem Gott zuzuschreiben. Dieser düsteren Ansicht von Gott entspricht eine pessimistische Ansicht von der Welt: sie wird mit einem Düngerhaufen voll verwesender Gebeine verglichen, ihr Elend ist so groß, daß es nur noch durch die Martern der Hölle übertroffen werden kann. So grauenvoll aber die Hölle, so lustig wird das himmlische Paradies beschrieben, dessen Trinkgelage die Frommen entschädigen werden für den vorgeschriebenen Verzicht auf Weingenuß während des Erdenlebens. — Die Offenbarung Gottes ist zu allen Zeiten durch Tausende von Propheten kundgemacht worden, unter denen die hervorragendsten sind: Adam, Noah, Abraham, Moses, Jesus und Mohammed, dieser als der letzte zugleich der größte von allen, er allein ist für alle Menschen bestimmt. Geoffenbart hat sich ihm Gott meist durch den Engel Gabriel, teilweise auch durch direkte Unterweisung im Himmel, wohin er leibhaftig zeitweise entrückt worden ist. Übrigens hat Mohammed für sich keine

übernatürlichen Eigenschaften, auch nicht sittliche Vollkommenheit beansprucht; er hat geirrt und gesündigt und
braucht Vergebung, wie andere Menschen, er wollte nur
Prediger und Warner, der erste Gläubige (Muslim) sein;
seine Aufgabe war erfüllt mit der Offenbarung des heiligen
Buches, eine dauernde Mittlerschaft zwischen. Gott und
den Menschen kommt ihm nicht zu. Eine alte Tradition
läßt ihn sagen: „Preise mich nicht, wie Jesus, der Sohn
Marjams, gepriesen wurde." Die Anerkennung Jesu als
eines vorangegangenen Propheten hinderte Mohammed
keineswegs an der Verwerfung des Christentums, das er
für eine Verfälschung der wahren Lehre Jesu ausgab;
besonders anstößig war ihm die Lehre, daß Jesus der Sohn
Gottes sei; das sei, meinte er, eine offenbare Lüge, weil ja
gewiß sei, daß Gott keine Frau habe; die Lehre von der
Dreieinigkeit verstand und verwarf er im Sinne einer aus
Vater, Mutter und Sohn bestehenden himmlischen Familie,
wozu ihm vielleicht die gnostische Mythologie irgend einer
der orientalischen Sekten den Anlaß gegeben hat, wie auch
die sechs Hauptpropheten an die elkesaitisch-klementinische
Gnosis erinnern.

Der Streit über die rechtmäßige Nachfolgerschaft des
Propheten gab bald Anlaß zur Entstehung der Sekte der
Schiiten, die seit Ende des 7. Jahrhunderts in Persien
herrschend wurden. Sie wollten nur den Schwiegersohn
Mohammeds, Ali, Gemahl seiner Tochter Fatima, und dessen
Nachkommen als berechtigte „Imam", d. h. Vorsteher
der Gemeinde, anerkennen. Diese zunächst politische Spal-
tung bekam aber auch eine religiöse Bedeutung durch die
Lehre von der fortgesetzten Kette der Propheten. Während
der orthodoxe Islam in Mohammed den letzten Propheten

sieht, glaubten die Schiiten, daß die göttliche Offenbarung sich in Ali und dessen Familie fortsetzt, ja sie stellten Ali als den „Wali" (Vertrauten) Gottes noch über Mohammed, und der Todestag von Alis Sohn Hosein, der 680 bei Kerbela gefallen war, galt ihnen als viel höhere Feier als das große Mecka-Fest. Eine extreme Richtung der persischen Schiiten sah in Ali und den nachfolgenden legitimen Imamen geradezu eine fortgesetzte Inkarnation der Gottheit, was an die tibetanische Lehre vom Dalai Lama erinnert. Wie tief dieser dem ursprünglichen Islam fremde Gedanke bei den Persern wurzelte, zeigte noch in der zweiten Hälfte des vorigen Jahrhunderts die Entstehung der Sekte des Babismus, dessen Stifter Mirza Aly Mohammed sich für die höchste Verkörperung desselben göttlichen Geistes ausgab, der vorher in Abraham, Moses, Jesus und Mohammed erschienen sei.

Eine Zeitlang konnte es scheinen, als ob auch im Islam ein freieres Denken aufkommen wolle. Es war die Sekte der Mutaziliten, die Widerspruch erhob gegen die orthodoxe Lehre von der Ewigkeit und Unfehlbarkeit des Koran, gegen die Prädestinationslehre und gegen die Vorstellung von göttlicher Willkür, der gegenüber sie auf die Gerechtigkeit Gottes den größten Nachdruck legte. Die Orthodoxie fand es zwar meistens am bequemsten, diese Rationalisten durch den weltlichen Arm des Kalifen unschädlich machen zu lassen; doch bildete sich im Kampfe mit ihnen eine Theologie aus, die die von den Ketzern gelernte Dialektik zur Verteidigung der orthodoxen Lehre zu verwerten suchte. Ihr berühmtester Vertreter Al-Ashari († 941) kann als der Begründer der dogmatischen Theologie des Islam gelten. Er entschied z. B. in der Frage der Prädestination ganz im Sinn der christlichen Semipelagianer: das Wollen sei des Menschen, das Vollbringen aber Gottes; oder über die Sündlosigkeit des Propheten: die Möglichkeit des Sündigens habe er zwar gehabt, zur Wirklichkeit desselben aber habe es die göttliche Bewahrung im Bunde mit dem eigenen Verdienst des Propheten nicht kommen lassen. Indessen war es nicht etwa die Feinheit dieser Dialektik, der die Rationalisten erlagen, sondern sie scheiterten an dem von Anfang feststehenden Charakter des Islam. Nicht in dem Gott der Mutaziliten, dessen Wesen die Gerechtigkeit ist, sondern in dem der Orthodoxie, dem allmächtigen, an kein anderes Gesetz als seine Willkür gebundenen, erkannte die große Masse ihren und Mohammeds Allah.

Eine andere nicht minder interessante Eigentümlichkeit des persischen Islam ist der Sufismus, eine mystisch-spekulative Richtung von teilweise inniger Frömmigkeit und hohem Gedankenflug. Daß er kein echtes Erzeugnis des arabischen Islam war, ist gewiß, wenn auch dahingestellt bleiben muß, ob auf seine Entstehung altpersische oder indische oder neuplatonische Gnosis Einfluß gehabt habe. Nach der Theorie des Sufismus ist die Welt eine stetige Ausströmung aus und Rückströmung zu Gott. Die Seele des Menschen ist ein Teil des göttlichen Wesens, und ihre Bestimmung ist die Einigung mit Gott, die sich in drei Stufen vollzieht. Auf der ersten oder Gesetzesstufe hält man Gott noch für den jenseitigen Herrn, der durch die traditionellen Zeremonien verehrt sein wolle. Auf der zweiten geht die Erkenntnis auf, daß der äußere Werkdienst für die Wissenden ohne Wert und durch die asketische Befreiung des Geistes von der Sinnlichkeit zu ersetzen sei. Durch fortgesetzte Konzentration der Gedanken gelangt man dann in den Zustand des Enthusiasmus und der Entzückung, deren öftere Wiederkehr zur dritten und höchsten

Stufe führt, wo man Gott nicht mehr außer sich sucht, weder durch rituelle noch durch asketische Werke, sondern seines Innewohnens im eigenen Geist bewußt ist. Für den zu dieser Erkenntnis gelangten Weisen und Mystiker werden die unterscheidenden Lehren und Satzungen der verschiedenen Religionen bedeutungslos. Hier einige Proben aus den tiefsinnig frommen Gedichten des persischen Mystikers Dschelaleddin Rumi (1207—1275) nach Übersetzungen von Tholuk und Rückert:

> „Wenn die Frommen beten, Preis und Ruhm sogleich
> Aller Glaubensstifter wird zu einem Teig.
> Was in seinem Glauben jeder betend sagt,
> Nicht das Wasser, nur das Glas es vielfach macht.
> Da der Lobpreis all doch nur dem Einen fließt,
> Gott auch alle Gläser in éin Becken gießt.
> Jedes Beten, wiß, aus Gottes Lichte strömt,
> Was dran falsch ist, nur aus Form und Spaltung kömmt.
> Fällt an eine Wand der Sonne einfach Licht,
> Sich die éine Sonn in tausend Strahlen bricht.“

* * *

> „Die hin zur Kaaba pilgern gehn,
> Wenn nun an ihrem Ziel sie stehn,
> In einem Tale ohne Saat
> Ein altes Haus sie stehen sehn.
> Sie gingen hin, um Gott zu schaun,
> Und nun ums Haus im Kreis sich drehn.
> Wenn sie sich lange so gedreht,
> So hören sie die Stimme wehn:
> Was, Toren, ruft ihr an den Stein?
> Wer wird vom Steine Brot erflehn?
> Wenn ihr den Tempel Gottes sucht,
> In eurem Herzen tragt ihr den!
> Wohl dem, der bei sich selbst kehrt ein,
> Statt pilgernd Wüsten durchzugehn!“

* * *

„O Lieb', ich zeug es dir: ich weinte trüb wie Nacht,
Und deiner Sonne Strahl hat Tag mir angefacht.
O meiner Seele Seel', ich du und du bist ich,
Und du bist All, und ich durch dich zum All erwacht.
Du bist die Süßigkeit, du bist die Trunkenheit,
Das Meer voll Perlen du, und du voll Gold der Schacht.
Wer sich dir nahet, gibt die Seele bei dir auf,
Stirbt, wenn dein Mund ihm grollt, stirbt, wenn dein Blick ihm lacht.
Erst locket deine Huld die Liebenden zu sich,
Dann kommt dein Zorn und würgt die Schwachen in der Schlacht.
Traumscharen dienen dir, Einbildungen, sie ziehn
Mit feurgen Waffen auf als deine Heeresmacht.
Glut trägt dir das Panier der ewgen Herrschaft vor
Und flammt, bis Welten sie hat unter dich gebracht.
Du schickst allaugenblicks ein neues Schreckbild aus,
Das wie ein Kindelein die Seele zittern macht.
Und gibt die Seele sich, und ziehst du siegreich ein,
So kommst du lieblicher, als sie es hat gedacht."

*　*
*

„O Vogel, der nach Freiheit girret,
Und den des Leibes Käfig irret,
O Seele, wenn du frei willst werden,
So lieb' die Liebe, die dich kirret,
Lieb' ist's, die jeden Knoten schürzt,
Lieb' ist's, die jedes Band entwirret.
Die Lieb' ist reines Sphärenrauschen,
Darein kein Hall von Fesseln klirret.
Die Welt ist Gottes reiner Spiegel,
Wenn dir's nicht trüb vorm Auge flirret.
Mit Liebesblick schau in den Spiegel,
Und sei von Gottes Glanz verwirret,
Und preis' ihn, Seele, liebestrunken,
Wie Lerche, die im Frührot schwirret!"

*　*
*

„Klage nicht, daß du in Fesseln seist geschlagen,
Klage nicht, daß du der Erde Joch mußt tragen.

Klage nicht, die weite Welt sei ein Gefängnis;
Zum Gefängnis machen sie nur deine Klagen.
Frage nicht, wie sich dies Rätsel wird entfalten;
Schön entfalten wird sich's ohne deine Fragen.
Sage nicht, die Liebe habe dich verlassen;
Wen hat Liebe je verlassen? Kannst du's sagen?
Zage nicht, wenn dich der grimme Tod will schrecken,
Er erliegt dem, der ihn antritt ohne Zagen.
Jage nicht das flüchtge Reh des Weltgenusses;
Denn es wird ein Leu und wird den Jäger jagen.
Schlage nicht dich selbst in Fesseln, Herz, so wirst du
Klagen nicht, daß du in Fesseln seist geschlagen."

* * *

„Ich bin die Reb', o komm und sei der Rebe
Die Ulm, um die ich meine Ranken webe.
Ich bin der Efeu, sei mein Stamm, o Zeder,
Daß ich nicht dumpf am feuchten Boden klebe.
Ich bin der Vogel, komm und sei mein Flügel,
Daß ich empor zu deinem Himmel schwebe.
Ich bin das Roß, o komm und sei mein Sporen,
Daß ich zum Ziel auf deiner Rennbahn strebe.
Ich bin das Rosenbeet, sei meine Rose,
Daß ich nicht Nahrung niederem Unkraut gebe.
Ich bin der Ost, geh auf in mir, o Sonne,
Erheb dich, Licht, aus meinem Dunstgewebe.
Ich bin die Nacht, sei meine Sternenkrone,
Daß ich im Finstern vor mir selbst nicht bebe."

* * *

„Mit deiner Seele hat sich meine
Gemischt, wie Wasser mit dem Weine.
Wer kann den Wein vom Wasser trennen?
Wer dich und mich aus dem Vereine?
Du bist mein großes Ich geworden,
Und nie mehr will ich sein dies kleine.
Du hast mein Wesen angenommen,
Sollt' ich nicht nehmen an das deine?

Auf ewig hast du mich bejahet,
Daß ich dich ewig nie verneine.
Dein Liebesduft, der mich durchdrungen,
Geht nie aus meinem Mark und Beine.
Ich ruh als Flöt an deinem Munde,
Als Laut' in deinem Schoß alleine:
Gib einen Hauch mir, daß ich seufze,
Gib einen Schlag mir, daß ich weine.
Süß ist mein Weinen und mein Seufzen,
Daß ich der Welt zu jauchzen scheine.
Du ruhst in meiner Seele Tiefen
Mit deines Himmels Widerscheine.
O Edelstein' in meinen Schachten,
O Perl' in meinem Muschelschreine!"